赵剑英 主编
Zhao Jianying Editor

中国社会科学院创新工程学术出版资助项目

Concise Reader of Chinese Culture

中华文化简明读本

干春松 著

By Gan Chunsong

中国社会科学出版社
CHINA SOCIAL SCIENCES PRESS

图书在版编目（CIP）数据

中华文化简明读本／干春松著.—北京：中国社会科学出版社，2017.1
（2017.12 重印）

ISBN 978-7-5161-9315-0

（理解中国丛书）

Ⅰ.①中… Ⅱ.①干… Ⅲ.①中华文化—通俗读物 Ⅳ.①K203-49

中国版本图书馆 CIP 数据核字（2016）第 268751 号

出 版 人	赵剑英
责任编辑	王 茵 孙 萍
责任校对	郝阳洋
责任印制	王 超

出　　版	中国社会科学出版社
社　　址	北京鼓楼西大街甲 158 号
邮　　编	100720
网　　址	http://www.csspw.cn
发 行 部	010-84083685
门 市 部	010-84029450
经　　销	新华书店及其他书店

印刷装订	北京君升印刷有限公司
版　　次	2017 年 1 月第 1 版
印　　次	2017 年 12 月第 3 次印刷

开　　本	710×1000　1/16
印　　张	18
插　　页	2
字　　数	216 千字
定　　价	68.00 元

《理解中国》丛书编委会

出版前言

　　自鸦片战争之始的近代中国，遭受落后挨打欺凌的命运使大多数中国人形成了这样一种文化心理：技不如人，制度不如人，文化不如人，改变"西强我弱"和重振中华雄风需要从文化批判和文化革新开始。于是，中国人"睁眼看世界"，学习日本、学习欧美以至学习苏俄。我们一直处于迫切改变落后挨打、积贫积弱，急于赶超这些西方列强的紧张与焦虑之中。可以说，在一百多年来强国梦、复兴梦的追寻中，我们注重的是了解他人、学习他人，而很少甚至没有去让人家了解自身，理解自身。这种情形事实上到了1978年中国改革开放后的现代化历史进程中亦无明显变化。20世纪80、90年代大量西方著作的译介就是很好的例证。这就是近代以来中国人对"中国与世界"关系的认识历史。

　　但与此并行的一面，就是近代以来中国人在强国梦、中华复兴梦的追求中，通过"物质（技术）批判""制度批判""文化批判"一直苦苦寻求着挽救亡国灭种、实现富国强民之"道"，这个"道"当然首先是一种思想，是旗帜，是灵魂。关键是什么样的思想、什么样的旗帜、什么样的灵魂可以救国、富国、强国。一百多年来，中国人民在屈辱、失败、焦虑中不断探索、反复尝试，历经"中学为体，西学为用"、君主立宪实践的失败，西方资本主义政治道路的破产，"文化大革命"的严重错误以及 20 世纪 90 年代初世界社会主义的重大挫折，终于走出了中国革命胜利、民族独立解放之路，特别是将科学社会主义理论逻辑与中国社会发展历史逻辑结合在一起，走出了一条中国社会主义现代化之路——中国特色社会主义道路。经过最近三十多年的改革开放，我国社会主义市场经济快速发展，经济、政治、文化和社会建设取得伟大成就，综合国力、文化软实力和国际影响力大幅提升，中国特色社会主义取得了巨大成功，虽然还不完善，但可以说其体制制度基本成型。百年追梦的中国，正以更加坚定的道路自信、理论自信和制度自信的姿态，崛起于世界民族之林。

与此同时，我们应当看到，长期以来形成的认知、学习西方的文化心理习惯使我们在中国已然崛起、成为当今世界大国的现实状况下，还很少积极主动向世界各国人民展示自己——"历史的中国"和"当今现实的中国"。而西方人士和民族也深受中西文化交往中"西强中弱"的习惯性历史模式的影响，很少具备关于中国历史与当今发展的一般性认识，更谈不上对中国发展道路的了解，以及"中国理论""中国制度"对于中国的科学性、有效性及其对于人类文明的独特价值与贡献这样深层次问题的认知与理解。"自我认识展示"的缺位，也就使一些别有用心的不同政见人士抛出的"中国崩溃论""中国威胁论""中国国家资本主义"等甚嚣尘上。

可以说，在"摸着石头过河"的发展过程中，我们把更多的精力花在学习西方和认识世界上，并习惯用西方的经验和话语认识自己，而忽略了"自我认知"和"让别人认识自己"。我们以更加宽容、友好的心态融入世界时,自己却没有被客观真实地理解。因此,将中国特色社会主义的成功之"道"总结出来,讲好中国故事,讲述中国经验,用好国际表达,告诉世界一个真实的中国,让世界民众认识到,西方现代化模式并非人类历史进化的终点,中国特色社会主义亦是人类思想的宝贵财富,无疑是有正义感和责任心的学术文化研究者的一个十分重要的担当。

为此,中国社会科学出版社组织一流专家学者编撰了《理解中国》丛书。这套丛书既有对中国道路、中国理论和中国制度总的梳理和介绍,又有从政治制度、人权、法治,经济体制、财经、金融,社会治理、社会保障、人口政策,价值观、宗教信仰、民族政策,农村问题、城镇化、工业化、生态建设,以及古代文明、哲学、文学、艺术等方面对当今中国发展和中国历史文化的客观描述与阐释,使中国具象呈现。

期待这套丛书的出版,不仅可以使国内读者更加正确地理解一百多年中国现代化的发展历程,更加理性地看待当前面临的难题,增强全面深化改革的紧迫性和民族自信,凝聚改革发展的共识与力量,也可以增进国外读者对中国的了解与理解,为中国发展营造更好的国际环境。

赵剑英

2014 年 1 月 9 日

目　录

第 一 章

考古发现与中华文明起源

考古的发现对于了解一个地区文明的形成和发展具有十分重要的意义。如果没有来自考古遗存和传世文献资料方面的证据，那么许多历史的记载就只能算是"传说"。20世纪的中国学术界，一方面是"疑古"思潮泛滥，特别是以顾颉刚为主的"疑古派"对夏朝及尧、舜等古代圣王是否真实存在持怀疑的态度；另一方面，自20世纪20年代中国的考古学科成立以来，有许多重大的考古发现，又为我们了解远古中国人的生活状态提供了可靠的素材。在这些发现中，有包括距今170万年前、具有人种起源意义的元谋人，以及稍后的蓝田人和北京周口店附近发现的北京猿人等，其中北京猿人被认为与黄种人的起源具有一定的关系。

在此之后，与中华文明的起源直接相关的更多考古发现也越发受人关注。这些不断发现的考古材料使我们得以对西周之前乃至夏王朝的历史进行一种轮廓性的描述。这些材料也提示着，《史记》中有关五帝时代的记载，并非只是"虚构"，其中有丰富的历史信息。

◇一 "满天星斗"与"炎黄子孙"

中国是世界文明的发源地之一，从现有的考古发现看，中华文明形成期的空间分布十分广阔，南到广东、北到黑龙江直至目前俄罗斯的贝加尔湖地区。气候条件跨越了亚热带、温带和寒温带。如此广阔的地理区域，自然环境差异很大，形成了不同的经济活动和社会活动方式，留下了面貌各异的物质文化遗存。这也就是为何有人将这样的起源方式概括为"满天星斗"的原因。

综合考古学家的看法，到公元前4000年前后，大约是相当于雅思贝尔斯所说的"轴心时代"，中华文明经历了突破性的发展。其过程可以分为三个阶段。第一阶段是从公元前4000年至前3300年，中原仰韶文化庙底沟期空前繁荣。大约相同的时期，长江中下游也进入了繁荣期。第二阶段自公元前3300年至前2500年或稍晚，以长江中下游、钱塘江南岸的良渚文化为代表的社会有了相当程度的发展，文明的发展达到了一个新的高度。黄河下游的海岱文化区，在公元前3500年前后开启文明化的进程后，稳定发展。以红山文化为代表的辽西地区，其文明化起步的时间和海岱地区相近，许多的考古发现可以证明其曾经的繁荣。第三阶段是公元前2500年至前2000年，长江上游的成都平原突然涌现出一批城址，诸如金沙、三星堆等，而长江中下游和辽西的文明却衰落了。不过，中原文化却在此时"复兴"，陕西、河南、山西等地重新成为中华文明发展的推动者。

这些不同的文化起源和不同阶段的文明发展之间交互作用，互相影响，从而使语言、信仰和习俗等方面不断接近，最终构成一种"多元一体"的中华文明形态。

对于中华文明起源的关注，古人的努力可能要超出现代人的想象，以司马迁为代表的历代史家，根据他们所能收集到的文献材料进行了创造性的综合，虽然有一些"想象"的成分，但亦非完全虚构。比如，中国人一般自称"炎黄子孙"，这个说法，最早可以追溯到

《国语·周语》，该文提出鲧、禹和夏人之后，以及姜姓之后，都是黄帝和炎帝的后代。在司马迁的《史记》中，也将黄帝列为五帝之首。而后来的帝王都是黄帝的直系子孙，由此，黄帝也被视为中华民族的人文始祖，即文明历史开端意义上的开创者。

其实，司马迁将黄帝塑造为中华传统始祖的做法自有其价值的依据。在春秋时代，孔子与他的学生可能就已经开始讨论有关黄帝的传说。据《大戴礼》记载，孔子与宰我有过如下的对话："宰我问于孔子曰：'昔者予闻诸荣伊，言黄帝三百年。请问黄帝者人耶抑非人耶？何以至于三百年乎？'孔子曰：'……生而民得其利百年，死而民畏其神百年，亡而民用其教百年：故曰三百年也。'"在孔子看来，黄帝是否真活了三百年并不重要，关键是生民得其利，而后世的人敬畏和接受其教化共三百年。也就是说，一个人的生命的长度是以他为人类所做的贡献来衡量的。司马迁的《史记·五帝本纪》中的《黄帝纪》即是将上古中国的许多伟大的事功都归结到黄帝身上，因而赋予黄帝以特别的意义。

历史上中华文明区域内的其他民族，有时也会称自己是炎黄子孙，比如辽代的契丹族就在描述他们民族历史的典籍中称自己是黄帝的子孙。这样的说法，也可以看作中华民族"多元一体"的观念在民族观念中的体现。

虽然，对黄帝本人的考证具有许多"想象"的成分，不过，在历史上也一直有人试图进行"实证"性的证明。如宋代学者邵雍《皇极经世》一书，大意在于运用《周易》中数的理论推究宇宙起源和社会历史变迁的规律。在该书中，邵雍说道，黄帝元年距今 4625 年，书中还将尧元年称为甲辰年。据清末民初学者卢景贵考订，认为黄帝元年相当于公元前 2357 年。再据更久远的晋代学者皇甫谧所作的

《帝王世纪》推算，尧以上共有五帝，历时341年。按照这个说法，黄帝元年应为公元前2698年，这一论断后来得到广泛接受。近代以来，随着民族观念的传入，"炎黄子孙"的观念，被用来激励国人团结起来，抗击外侮。针对西方人采用耶稣纪年的做法，许多学者提出了"黄帝纪年"，最著名的例证是1912年当孙中山就任临时大总统时，曾通电各省："以黄帝纪元4609年为中华民国元年。"虽然孙中山的做法有政治上的考虑，不过，将黄帝看作中华5000年历史的起源已经广为接受。

黄帝是传说中的上古帝王，关于他的事迹，尽管夹杂有许多神话传说和比附的内容，然而因为在中国最伟大的历史著作《史记》中，以黄帝作为中国历史的开端，由此确立了黄帝的开端性地位。

◇二 红山文化与"龙的传人"

如果说黄帝是由众多早期的杰出人物而逐渐凝聚的种族始祖，那么"龙"则堪称是文化的图腾。

20世纪70年代，在内蒙古赤峰地区，一位农民在修梯田的时候，发现了一个石洞，在石洞的底部，他发现了一块像钩子一般的石头，这块石头口闭吻长，上棱起翘，吻前伸上翘，身体如铁钩一般细长蜷曲。不过，这件造型独特的石头，在当时并没有引起人们的特别注意。直到20世纪80年代，辽宁省建平县出土了一批玉制品，经考古学家考证，这一批文物与十几年前内蒙古赤峰地区发现的文物属于同一时期的文明类型，并因发现地赤峰而命名为"红山文化"。在这批新发掘的文物中，有一件玉器十分罕见，出土后甚至引起了考古界和学术界的争论。这一玉器形似猪，却身形修长弯曲、首尾相连，体现出龙的特征，猪首含有獠牙，肥头大耳，与赤峰地区的石钩般的玉器颇有相似之处。经著名考古学家苏秉琦先生考证，这两件玉器均属于红山玉龙，是红山文化的重要见证。

其实，在红山的玉龙出土之后，一直有关于"龙"的考古发现。1987 年 8 月，在河南省濮阳市的西水坡遗址发现了一组属于仰韶文化的遗迹。在其中的 45 号墓中，发现了以蚌壳摆放的龙虎图案。龙昂首、曲颈、拱背、体弯曲、长角、大眼、张口露舌、显齿、足端有四个至五个尖爪。这大约能说明当时已经有比较固定的龙的形象，而这件距今大约 6000 年的龙图案，也被称为"中华第一龙"。

在新石器时期的中晚期，即大约距今 6700—4000 年的这段时间不同地区的考古发现中，龙的形象有不同程度的体现。虽然龙的头部形象各有不同，有的是人头，有的是猪头，也有类似马和鹿甚至鱼的头的，然而身上有鳞、体弯曲、有爪等核心特征却是一致的，这表明这种图腾在当时已经广为流传。而在《史记》中，炎帝的出生，就被描述为其母游华阳时与"神龙首"相感而生。也因为龙在中国早期文化中的特殊地位，所以中国人被称为"龙的传人"。

龙不仅出现在考古发现中，也经常出现在古代的神话传说中。在这些作品中所出现的"龙"既能行云布雨，又能飞沙走石，既有禳灾除祸的善行，又有作恶多端的劣运。在各种历史文献中不乏龙的形象，人们熟悉龙的喜好和习惯，甚至熟悉它所生九子的各自不同的功能，屠龙术和叶公好龙的记载也早已成为中国人家喻户晓的故事，龙却是人们在现代生活中早已无法确切对应的神兽。可是，在《左传·昭公二十九年》中，中国古人曾严肃地讨论龙是否真实存在：

秋，龙见于绛郊。魏献子问于蔡墨曰："吾闻之，虫莫知于龙，以其不生得也，谓之知，信乎？"

对曰："人实不知，非龙实知。古者畜龙，故国有豢龙氏，有御龙氏。"

……

献之曰："今何故无之？"

对曰："夫物，物有其官，官修其方，朝夕思之。一日失职，则死及之。失官不食，官宿其业，其物乃至。若泯弃之，物乃坻伏，郁湮不育。故有五行之官，是谓五官，实列受氏姓，封为上公，祀为贵神，社稷五祀，是尊是奉。木正曰句芒，火正曰祝融，金正曰蓐收，水正曰玄冥，土正曰后土。龙，水物也，水官弃矣，故龙不生得。……若不朝夕见，谁能物之？"

在这段文献中，魏献子与蔡墨讨论何以不得见龙的原因，魏献子认为，或许因为龙是最具有智慧的动物，所以人无法捕获而得见。蔡墨却认为，古代有专门负责豢养、驯育各种动物和神兽的职官，这类职官的功能世代相传，亦有相应的名号和姓氏；而豢养龙的职官因为失职，导致龙得不到精心的照料，故而隐匿，人便不得见。但是，蔡墨极其坚定地认为"若不朝夕见，谁能物之"？

从上述对话我们可以了解到古人确信龙是真实存在的，只是没人见过而已。以现在的眼光看，龙是人们综合不同动物的因素而糅合在一起的，并赋予其非凡的"法力"。而这一图腾信仰在后世时间的磨砺中，龙的形象不断演变，其文化含义、思想意蕴愈益丰富，最终成为中华文明乃至华夏民族精神的崇高象征，逐渐成为整个中华文明的共同信仰和统一的意义符号。

◇三　二里头与"夏"

《论语·八佾》篇中记载孔子的话说："夏礼吾能言之，杞不足征也；殷礼吾能言之，宋不足征也。文献不足故也，足则吾能征之矣。"在这里孔子说道，他对夏和殷商的"礼"虽然能言说，但并不能以杞国和宋国来引证，因为文献上的证据并不充分。这里所说的夏和殷，一般指的是中国古代最早的两个王朝，而在儒家的叙事体系中，夏、商、周也被视为理想政治的范型，即所谓的三代之治。

但在 20 世纪很长的一段时间里，夏朝是否存在是饱受争议的，理由依然是缺乏足够的考古材料做证据。1928 年，随着甲骨文的被发现，董作宾等人在中研院考古所的决定下开始发掘安阳殷墟，直至 20 世纪中期，商王朝的存在有了无可辩驳的依据；但是关于夏的存在，无论是在商代的甲骨卜辞中，还是都城遗址，都缺乏足够的证据。所以，杰出的历史学家杨宽和考古学家陈梦家，都否认了夏王朝的存在，他们认为关于夏的种种记载，无非是周人依据神话传说辗转演义而成，或者是从商朝的历史中分出来的。那么，大禹中断了禅让而将帝位传承给启的历史转折，还有荒淫的夏桀的记载难道都是后世的历史编纂者杜撰的吗？

为了解开关于中国早期历史上的种种谜团，徐旭生先生根据文献记载和实地考察，走访二里头一带重要遗址，写成《1959 年夏豫西调查"夏墟"的初步报告》，为夏王朝遗址的考察奠定了重要的基础。李学勤等专家开展了"夏商周断代工程"的重大研究课题，试图利用现代科技手段，来对地下地上文献进行综合研究，以确定早期中国历史的发展过程。

其实，有一处考古发现很大程度上为夏文化的存在提供了线索，这就是二里头遗址。

夏文化的探索，与对二里头文化的认识直接相关。后来称为二里头文化遗存的系列文明遗迹，1953 年在河南登封玉村首次发现，1956 年在郑州曾被称为"洛达庙期"。1958 年发现的河南偃师二里头遗址，在 1959 年豫西"夏墟"调查后进行了系统发掘，二里头文化的命名得以确立。二里头遗址被视为一处都城遗址，总面积约3 平方公里。遗址内发现有宫殿、居民区、制陶作坊、铸铜作坊、窖穴、墓葬等遗迹，已经可以看出有规划的都邑的意图。出土物品中存在大量石器、陶器、玉器、铜器、骨角器及蚌器等遗物，其中的青铜爵是目前所知中国最早的青铜容器。20 世纪 80 年代，人们普遍认为二里头文化或其较早的部分属于夏文化，但近年来亦有学者认为二里头文化属于夏代晚期商代早期的都城，并不能确定无疑地断定其属于夏文化。

与夏文化相关的另一处考古发现是陶寺遗址。据古史传说，在尧活动中心地区的山西南部，考古研究者在襄汾陶寺遗址新发现了距今4300—4000 年的大型城址，其中早期的城址长约 1000 米、宽约 580米，面积为 58 万平方米。到了中期（距今约 4100 年），建成了长约1800 米、宽约 1500 米，面积达 280 万平方米的巨型城址。城内的东北部应为较有地位的人的居住区，这里发现了规模达 1 万平方米的大型夯土建筑基址，在这个基址上出土了一些陶制的瓦片和其他建筑材料。在出土的陶器表面，还发现了疑似文字的刻画，表明当时人们已经开始使用文字。陶寺遗址中出土的以铜为原料的祭祀用品和日用生活用品，说明那时人们已经学会了冶炼金属。陶寺的发掘最初也是作为夏文化的一个可能的遗存而展开的，但最近的研究者越来越倾向于将其认定为尧都平阳。

临汾古称"平阳"，据史书记载，尧帝曾建都于此。而陶寺的种种发现又证实其曾经是一座都城。陶寺延续的时间是公元前2450—前1900年，尧的活动年代是公元前2100—前2000年。陶寺与尧都在空间与内涵上都有较高的吻合度。除了二里头和陶寺，1975年发现的登封王城岗城址，有的学者主张该遗址就是禹都阳城，从而引起了学术界的注意；该遗址属龙山晚期。从这一时期起，诸如河南禹县瓦店、巩义稍柴、偃师二里头、偃师商城、郑州商城、郑州小双桥，以及近年来发掘的安阳洹北商城、河北邢台东先贤等遗址，都有学者指为夏商都邑所在。尽管这些均存在争议，然而，其对了解夏商文明的意义是必须充分肯定的。

◇四　殷墟与早期城市

与夏文化的疑问丛生所不同的是，殷商文化因为殷墟的发掘而得到确证。1949年以前考古学的一项最重要的工作，是1928年到1937年河南安阳殷墟的15次发掘及与之相关的研究。殷墟的发掘和研究，不仅证实了商代历史的客观存在，而且将当时文明的灿烂辉煌展示在世人眼前。1950年，中国科学院即恢复了已中断13年的殷墟发掘。这处遗址的发掘，一直持续到今天。

1950年至1951年，在河南辉县琉璃阁与郑州二里岗的发掘中，确认了早于殷墟的商代前期遗存。1955年，发现了郑州商代前期的城址，经多年探查，大致可以确定其城垣周长近7千米，城内外筑有宫殿建筑基址和各种作坊遗迹，以及墓葬、窖穴，等等。近年又发现了范围更大的城郭。1983年则发现了始建年代与郑州商代城郭相距不远的偃师商代城郭。

原始城市的产生，是古代文明进步的一个重大标志，也是断定该文明发展状况的重要指标。因此，学术界普遍重视城市的产生问题。但什么是城市，原始聚落与城市如何区别，仍是探讨中的问题。多数学者趋向于认为，城市的主要标志是能够反映出阶级的社会结构。城市不一定有城墙，例如中国商代后期的殷墟，经过多年的发掘，只在宫殿基址外围发现防御性的水沟，并未找到城墙（最近发现的洹北商城，时代似早于盘庚迁殷）。另外人口的规模可以作为城市的参考标志。

殷墟是典型的中国古代城市，包括有宫殿基址、陵墓、居住遗址和手工业遗址，其性质是不容置疑的。商代前期的城市，可举出河南偃师尸乡沟商城、郑州商城和湖北黄陂的盘龙城等。偃师商城是1983年发现的，位于偃师西部的大槐树村南，南临洛水。目前已探出东、北、西三面城墙，南北距约1700米，东西最宽处1215米，面积约190万平方米。城内发现了大型建筑基址、道路等。这座城建于商代早期，其地望与古书所载汤都西亳吻合。郑州商城发现于1952年，遗址总面积达2.5平方千米。城东、南墙各长1700米，西墙1870米，北墙1690米。城内发现有大型建筑基址，城外也有许多手工业遗址、墓葬等遗迹。有些学者认为这座城是商王仲丁的都城隞。盘龙城发现于1954年，位于长江北岸不远，城较小，南北约290米，东西约270米，城内也有建筑基址，城外有居住遗址、手工业遗址、墓葬等。这些材料，说明商代前期已有规模可观的城市，而且有的可以确定为王都，有的可能是诸侯国的都邑。

前面曾经提到的河南偃师二里头遗址，距尸乡沟商城不远，很可能属于夏文化的遗存，甚至有人主张这是夏都斟寻。二里头和陶寺一样，都没有发现城墙，但有大型宫殿基址以及居住遗址、手工业遗址、墓葬等。

更早的城址也已有不少发现。

最早发现的是山东章丘城崖的古城。自 1928 年以来，当地曾进行多次发掘，城址已经被发掘出土，但由于技术手段的限制，对城市的时代归属却难下定论。1989 年到 1990 年，在该地重做的勘查试掘证明这是一处龙山文化、岳石文化（与二里头文化大致相当）、周代三城重叠的遗址。位于最下方的龙山文化城址，平面接近方形，南北最长 530 米，东西约 430 米，面积约 20 万平方米。勘查还证明，20 世纪 30 年代发现的城址属于三城中的岳石文化古城。

近年发现的龙山文化城址，有河南登封王城岗、淮阳平粮台和山东寿光边线王等处。登封王城岗城址包括相连的东西两小城，合计面积约 2 万平方米，城内有建筑基址。淮阳平粮台城址为正方形，面积约 3.4 万平方米，城内有建筑基址，城门有门卫房建筑，并发现排水管道等遗迹。寿光边线王城址略呈梯形，面积约 4.4 万平方米，有内外两城，城墙下有奠基牺牲。需要注意的是，平粮台古城南、北两城门与城内建筑基址在一条直线上，已具有后世城市中轴线布局的雏形。

上述这些龙山文化城址，和古书记载的上古都邑具有相合处，如传说太昊都陈，即今淮阳；禹都阳城，即今登封。安阳后冈在殷墟范围内，更不待言。周代，淮阳为陈国国都，寿光为纪国国都，章丘为谭国国都。这种情形，恐怕不会是巧合。

同时，北方地区还发现了夏家店下层文化（相当于二里头文化和商代二里岗期）的城址。这种城址的墙多以石块垒筑，在内蒙古赤峰一带就发现了如此类型的石城43座，面积一般为1万—2万平方米。城内有用石块垒砌的房屋基址，最多的达600处以上。这些石城分布为三群，每群中有一座大城，最大的面积有10万平方米。夏家店下层文化也有夯土城址，如内蒙古敖汉旗大甸子城址，面积6万平方米。附属有相当大的墓地，包括随葬多组陶器的大墓。此外，在内蒙古包头阿善、凉城老虎山也发现年代有可能更早的石城。

赤峰石城群的结构暗示，其中的大城可能是身份高贵者居住的"宫城"。由此类推，龙山文化面积较小的城址也可能是"宫城"，而一般人民则在城外环居。

中国文明的起源一直是科学研究的重大课题，在20世纪70年代以后，更受到学术界的热切关注。对于怎样由夏商上溯，追寻文明的始源及其初期发展这一问题，历史学者、考古学者都进行了长时期的讨论。大家认识到，关于文明起源问题的研究不能离开考古学的成果，而如何从考古学论述文明的起源，又属于具有理论性质的问题。英国考古学者丹尼尔在1968年出版的《最初的文明：文明起源的考古学》中，引用专攻近东文明的学者克拉克洪的论点，提出文明社会必须具有下列三项中的两项，即五千居民以上的城市、使用文字、具有复杂的礼仪中心。中国学者对此多有补充修正，如夏鼐先生列举出城市、文字、冶炼金属作为文明的标志，受到学术界的广泛重视。

关于城市，上面提到的登封王城岗龙山城址，边长仅约百米。随后发现的一系列包括龙山文化在内的文化遗存，其中的城址，规模大多更大，年代也多更早，包括内蒙古、山东、河南、湖北、湖南、浙江、四川等地，已达数十座之多。在山东阳谷、茌平、东阿一带，还发现有由大型中心城（面积约40万平方米）与若干小城构成的城组。

始建年代早于公元前 5000 年的，有河南郑州西山的仰韶文化晚期城址，湖南澧县城头山的大溪文化、屈家岭文化城址，山东滕州西康留大汶口文化城址与阳谷王家庄大汶口文化、龙山文化城址。

在使用文字方面，殷墟甲骨文的研究证明商代已有相当发展的文字系统，字的个数超过四千，同时从文字结构看，汉字书写的所谓"六书"业已具备。这明确表示，在甲骨文以前，文字已经经历了很长的发展过程。

在 20 世纪 50 年代陕西西安半坡仰韶文化遗址的发掘中，发现了大批陶器刻划符号，1963 年出版的《西安半坡》报告中曾提出这些符号可能与原始文字有关。20 世纪 60 年代末以来，很多学者对新石器时代晚期文化的各种符号做了研究。大汶口文化的陶器符号和良渚文化的陶器、玉器符号尤其受到重视，这就意味着，在公元前 4000—前 3000 年，出现了类文字，不少学者认为这就是原始文字。

20 世纪 80 年代中期，考古人员在河南舞阳贾湖的裴李岗文化墓葬出土的龟甲上，发现了若干刻划符号，有的很像殷墟甲骨文"目"字、"户"字，其年代范围为公元前 6600 年至前 6200 年，这可能是世界上最早的与文字有关的符号。

关于冶炼金属，二里头文化中已经包含了不同种类的青铜器，包括礼器、兵器、工具等。其制造工艺相当复杂，甚至在许多器具中还嵌有绿松石等贵重珠宝。近年，在西自青海、东至山东范围内的许多地区，都发现了年代早于或相当于二里头文化的早期铜器或者制作铜器的遗址。

已知年代最早的，是 1973 年陕西临潼姜寨一座仰韶文化房屋基址出土的残铜片，质地是黄铜，基址年代约公元前 4700 年。1975 年，甘肃东乡林家一座马家窑文化房屋基址出土了一柄青铜刀，基址年代约公元前 3000 年。中国文明是世界上为数不多的独立兴起的古代文明之一，将考古发现与经典文献的记载加以参照，并合理利用现代科技手段，对我们研究早期中国文明有很大的促进作用。无论如何，诸多考古发现可以证明，中国文明的起源要远比一些人设想的更早，中国文明在时间的长度上明显地延伸了。

◇五　中国神话与《山海经》

中文中本来并没有"神话"这个概念，"神话"一词直至 1902 年才从日本翻译传入。但作为早期人类理解自然世界、构造社会意义的一种思维模式，中国文化中也具有悠久的神话传统。与古希腊因哲学的产生而导致神话中断的传统所不同的是，中国古代的神话传统一直在延续，特别是因其依附于本土的道教和其他民间宗教，得到了长久的发展。

作为对人类生命源头的猜想与一切文化动力的浓缩，上古神话主要描述了人类与大自然之间的关系，与万物有灵论及上古宗教关系密切。古人无法解释自然和人类中的一些现象，比如日月有规律的运行、自然灾害，人的生老病死，所以便会设想一些具有超越性的力量，并通过神话的方式来体现。神话可以分为很多类型，比如描述自然现象的，最主要的是关于日、月神话。在中国古代神话中，日、月也像人类一样有劳作、有休息。尤其是月亮中的阴影及月的圆缺变化，成为神话的重要母题，关于嫦娥和吴刚的神话，寄托了人间的许多情感。种族的创世神话也是中国各民族神话的重要组成部分：比如汉族的盘古开天辟地，女娲抟土造人；苗族的蚩尤；瑶族的密洛陀；还有彝族的四个创造神：八歌、典尼、支格阿鲁和结支戛鲁，等等。

中国神话中最为常见的是关于英雄的神话。这类神话体现了人类对自然的敬畏和对战胜自然的英雄人物的崇敬。中国古代神话中大量的人物是由英雄人物的事迹加以神化而成，比如大禹治水、伏羲画八卦，乃至后世的唐僧西天取经，这些在现实中真实存在的历史人物，因为其巨大的成就而被人奉为神明。与西方神话中人与神决然分属于两个世界不同的是，中国神话体现出神人之间的"互通"。

当然，也有研究者将中国古代神仙传说和一些妖怪、地方民间传说等纳入神话系统中，这也从一定的侧面反映出中国神话的层次性和驳杂性。

神话叙述是充满想象力的，这方面最有代表性的是屈原的"九歌"。文中对于东皇太一、云中君等人物的刻画，既成为了后世中国诗歌灵感的源头之一，也是对古代神话的一种文学性的描述。

中国古代神话的上述特点也在一定程度上体现了中国古代的思维方式，通过"与神对话"的形式，开启了中华文明的人神相通的精神，形成了"天人合一"的思想基础。清代学者龚自珍说："人之初，天下通，人上通，旦上天，夕上天；天与人，旦有语，夕有语。"这即是描述了中国上古神话时代初期的情形，那时虽然天与人间是相通的，但人要见神还必得"上天"去见，或者通过某种特殊的沟通方式才能听到神的话语，人神之间存在严格界限，在日常生活中是见不到神的，是"民神不杂"的。

中国上古神话最重要的作品是《山海经》。

《山海经》原为说图文字，是中国古神话的主要典籍，也是中国最早的古籍之一，其内容十分丰富，但又艰深难懂，被誉为"天下第一奇书"。《山海经》共有18卷，分为《山经》5卷和《海经》13卷两大类，其中《海经》部分最有价值。尽管它奇特古怪，但持续有人以此为研究课题，并"仁者见仁，智者见智"得出不同的结论。有人将它看作一部地理志，有人认为它是一部氏族社会志，但也有人认为它荒诞不经，是一部巫书，是神话小说。从所涉内容的广泛性而言，它堪称是中国上古时代的一部综合性百科全书，不仅涉及历史、方志、人文、社会、民族、民俗、艺术、语言、神话、宗教，也涉及天文、历法、地理、气象、水利、海洋、地质、土壤、动物、植物、森林、矿产、医药、疾病、食品和生态环境等各个领域。不过《山海经》的作者是谁，以及创作的确切年份，目前还难以确定。

《山海经》之用山、海作为书名，就是因为其中有许多关于名山大川的描述，汉代刘歆在其《上〈山海经〉表》中，指出："《山海经》内别五方之山，外分八方之海，纪其珍宝奇物，异方之所生，水土草木禽兽昆虫麟凤之所止，祯祥之所隐，及四海之外，绝域之国，殊类之人。禹别九州，任土作贡；而益等类物善恶，著《山海经》。"后世的《隋书·经籍志》以及不少史书，也把它列入地理类。而《汉书·艺文志》则把它列入数术类刑法家之首，与《相人》《相六畜》之类的巫卜星相之书混在一起。《宋史·艺文志》则将之列入五行类。明代学者胡应麟在《四部正讹》中称它为专讲神怪之书，即"古之语怪之祖"。清代纪昀在《四库全书总目提要》中，称它是最古的小说，云"究其本旨，实非黄老之言。……诸家以为地理书之冠，亦为未允。核实定名，则小说之最古者尔"。因为后世人们对于地理的认识越发深入，所以《山海经》中诸多的想象成分就只能以小说视之。

晚清以来的两种说法特别值得我们重视，首先是张之洞的《书目答问》已突破了前人的观念局限，将《山海经》看作历史著作，列入"古史类"。其次，鲁迅先生在《中国小说史略》中说，《山海经》

"记海内外山川神祇异物及祭礼所宜……所载祠神之物多用糈,与巫术合,盖古之巫书也"。并说,"中国之神话与传说,今尚无集录为专书者。仅散见于古籍,而《山海经》中特多"。

《山海经》中所记载的神话故事,有许多成为中国民间传说的原型。其中之一是著名的精卫填海的故事。关于这则神话,在《山海经·海外北经》里仅仅一段话,几十个字:"发鸠之山,其上多柘木。有鸟焉,其状如乌,文首、白喙、赤足,名曰精卫,其鸣自詨。是炎帝之少女,名曰女娃,女娃游于东海,溺而不返,故为精卫。常衔西山之木石,以堙于东海。"意思是说太阳神炎帝的小女儿去东海边游玩,不慎掉进了大海,淹死了。她死后,灵魂化作一只"精卫"鸟,它花头、白嘴、红足,长得活泼可爱,为了避免类似悲剧的发生,她不断地从西山衔来一条条小树枝、一颗颗小石子,丢进大海里,想要把大海填平。她不知疲倦地往来飞翔于西山和东海之间。"精卫"这种锲而不舍的精神,善良、美好的愿望,宏伟的志向,受到了当时先民们的敬重,也同样受到了后世人们的敬仰。

另一则关于刑天的故事则表达了中国人不屈抗争的传统精神。《山海经·海外西经》载:"刑天与帝争神,帝断其首,葬之常羊之山,乃以乳为目,以脐为口,操干戚以舞。"据传说"刑天"原为炎帝近臣,武艺高强,勇猛善战。自炎帝于阪泉被黄帝打败,他便跟随在炎帝身边,定居南方。但刑天不甘心失败,他一人手执利斧和盾牌,直杀上中央天帝的宫门之前,与天帝(黄帝)争夺神位宝座。二者相斗,帝终断刑天首级,并把他葬于常羊之山。但刑天魂魄不灭,没有因此而死去,又重新站了起来,竟以乳为目、脐为口,左手握盾,右手拿斧,誓与黄帝战斗到底。晋陶渊明《读〈山海经〉十三首》有云:"刑天舞干戚,猛志固常在。同物既无类,化去不复悔。

徒设在昔心，良辰讵可待！"刑天那种不屈不挠绝不服输的顽强的战斗精神，深深地影响着后世之人。

《山海经》中也记载了许多具有神秘色彩的传说故事，其中最具特色的是记载了许多关于长生的故事。恐惧死亡，渴望长生不老，是人之常情。《山海经》神话里有"不死药""不死国""不死民""不死山"的构想。《海内西经》载，在昆仑山的开明兽之北有"不死树"："开明北有视肉、珠树、文玉树、玕琪树、不死树。"《海内西经》又载，开明兽东面，又有以巫彭为首的几个巫师，"皆操不死之药"："开明东有巫彭、巫抵、巫阳、巫履、巫凡、巫相，夹窫窳之尸，皆操不死之药以距之。窫窳者，蛇身人面，贰负臣所杀也。""不死药"也许是先民们对个体生命长寿的幻想和方士长生久视之术相结合的产物，这种"不死之药"掌握在以"巫彭"为首的"巫抵""巫阳""巫履"等巫师手中。"不死树"生长在昆仑山上，但《大荒南经》又说那里有"不死之国"。而《海外南经》也有"不死民"的记载："不死民在其东，其为人黑色，寿，不死。一曰在穿匈国东。歧舌国在其东。一曰在不死民东。"《海内经》又说："流沙之东，黑水之间，有山名不死之山。"还如，《大荒西经》载："有轩辕之国。江山之南栖为吉。不寿者乃八百岁。"现代的《山海经》研究者发现，这本书中反映的国土观念不同于儒者之"中国"观，乃是一种极为少见的"大世界观"。如蒙传铭所说："古代儒家相传之地理观念，谓普天之下，皆为中国；中国之外，则为四海。而《山海经》之作者，以为四海之内为'海内'，'海内'之中有五山，而中国在焉。四海之外为'海外'，'海外'之外为'大荒'，'大荒'为日月所出入处，且在'海外'与'大荒'之间，尚有许多国家及山岳在焉。故就地理观念言之，儒家所谓天下，犹今言'中国'；《山海经》之作者所谓天下，犹今言'全世界'也。"① 按他的说法，《山海经》对世界的认识，体现了一种政治地理观。《山海经》向读者建构了一种五方四维的、秩序井然的世界结构，这种空间秩序是按照南西北东中的顺序展开的。以位于中央的《中山经》为轴心向外逐层拓展的同心方区域划分，更不是客观的现实世界的反映，而是一种既成的想象世界的结构模式向现实世界的投射。从李约瑟对《禹贡》所做的评语中，可以看出他对这种"同心方"形式的看法：有不少人认为，在《禹贡》中似乎包含有一种朴素的同心方地图的思想。这种看法是从这部著作结尾的几句话产生的。这几句话说，从王都起，五百里之内的地带是"甸服"，再向外五百里调谐同心带之内是"侯服"，再次是"绥服"，再向外是"要服"，最后一个带是"荒服"。但是在文中并没有任何迹象足以证明这些带是同心方这一传统观点。这种观点很可能只是根据地是方形的这种宇宙观所设想出来的。②

把中国与"非中国"统合在同一种空间构架之中的，应该是历史上最早出现的一统性政治信念，诸如"溥天之下""率土之滨"等。以政治强制性话语来创设和维系地缘上的一体认同，这是对地方主义各自为政局面的挑战。因为多元分立为统治者带来离心的麻烦，大一统政治不肯容忍政治肌体轶裂的现象，所以总要力图消解多元，竭力把各种各样的差异放置于众星拱月式的闭锁性空间结构之中，使"多"成为"一"的向心环绕展开方式。作为《山海经》地域观念基础的同心方式想象空间结构就是由此而生成的。随着多民族统一国家的形成，一统天下的政治观必然就要取代小国寡民式的地方主义观

---

① 蒙传铭：《〈山海经〉作者及其成书年代之重新考察》，台北，《中国学术年刊》第15卷，1994年3月，第264页。

② 参见李约瑟《中国技术史》第5卷，科学出版社1976年版，第12—14页。

念。从这个意义上说,《山海经》的叙事模式,正好隐含了中国传统政治观念的演变历程。

《山海经》一书的同心方环绕结构是以"五藏山经"为内环的。它带给人们最直观的印象就是认为世界是规则的方形平面,这个方形有一个永恒不变的中心。东西南北中五方之山就是方形世界的天然坐标。居于中心的区域既是文明程度最高的代表,又是文明向四周蛮荒的边缘区域播散的唯一源头。这种观念可谓源远流长,概括起来可以叫作"中华文明一源中心观"。其古代的表现形态主要是"中原中心观",即认定黄河中下游的黄土高原地带为中国文明的发祥地。《山经》依次分为南西北东中五经,而在五山经中处于轴心位置的则是《中山经》。顾颉刚先生认为:"《中山经》里的山在今山西、河南、陕西、湖北、湖南、四川等省,可见作者指定的中央原是很大的。南西北东四方面都推得很远,有许多山简直不知道在什么地方。"① 常征先生认为《山海经》的《山经》部分为周王朝官府文书,他说:"从《中山经》一百九十三山分为十三组列叙来看,八组在黄河汉水之间,一组在中条山区,二组在江汉间及洞庭湖北岸,这大体便是周王的王畿,故周人视之为天下之中,而列之于《中山经》卷。"② 孔子曾感慨:"周监于二代,郁郁乎文哉,吾从周"(《论语·八佾》),对承继了夏商传统又有所损益的西周文化表示出极大的赞赏和充分的认同。值得注意的是,与《山海经》相互呼应的五服说与同心方"认识地图"式均可溯源于周代的文献。因此可见,《山海经》较早成书的部分与西周以来的文化扩展进程是有关系的。

---

① 顾颉刚:《秦汉统一的由来和战国人对于世界的想象》,载《古史辨》,上海古籍出版社 1982 年版,第 8 页。

② 常征:《〈山海经〉管窥》,河北大学出版社 1991 年版,第 32 页。

第 二 章

天下国家与制度礼俗

◇一　中国的疆域沿革

"中国"这个词最早见于西周初年，到春秋时已经用得很普遍了。但其作为国家的名称还是近代以来的事。最早的"中国"一词更主要指的是处于地理上的中心位置的区域。在早期的中国历史中，主要是指黄河中下游的地区，即周天子的王畿和核心的分封国，比如晋、郑、宋、鲁、卫等国，像越国、楚国等并不能算是中国。到了秦汉时代，大一统的帝国形成，原先的许多比较边缘的区域也建立了郡县，这样也就属于"中国"了。因此，随着时代的变迁，中国所包括的疆域是不同的，目前我们说中国 960 万平方公里的土地，说的是中华人民共和国的疆域，这当然并不包括历史上曾经被中原王朝和少数民族政权统治过的全部区域。所以我们一般使用更为抽象的"疆域"（包括正式行政管理地区、军事驻守地、特别行政区，而不包括朝贡国家），而不是更具有民族国家色彩的"领土"概念来描述不同时期中国的不同地理特征。

中国最早的国家形态是夏朝，尽管在考古和历史学家那里，夏朝是否存在依然存在一定的争议。夏朝约起于公元前 21 世纪，经 400

余年，至公元前 16 世纪灭于商。夏朝的主要控制区域在今河南中、西部和山西南部。

夏之后是商。商族的始祖是契，大约在公元前 16 世纪，契的 13 世后裔成汤（天乙）在先后灭了葛、韦、顾、昆吾等国后灭夏朝，建立了商朝，而自契至汤，商人经常迁移，至盘庚时迁于殷（今河南安阳市），所以亦有殷商的称呼。至公元前 11 世纪，纣（帝辛）为周武王所灭。

自汤至盘庚，商朝几度沉浮，至盘庚的侄子武丁在位时，其统治区域达到最大，武丁北伐鬼方、羌方，南征荆蛮，其势力范围扩大到包括湖北、湖南、江西在内的长江流域。

武王伐纣成功不久，周公辅助成王，开始革命性的制度变革，即建立起分封制度，将自己的血亲和军功人士分封到不同的区域进行管理。周朝有镐京和洛邑两个政治中心，其分封的国家主要分布在今陕西、山西、山东、河南，除此以外还远达甘肃灵台、江苏和湖北等地。其他还有一些归附的周边少数民族政权。

公元前 771 年，西周灭亡，中国历史进入了诸侯争霸的春秋战国时期。

一般来说，公元前 770—前 476 年为春秋时期，公元前475—前 221 年为战国时期。春秋战国时期，周天子虽然依然是天下之共主，但其对诸侯的控制力已经很小，而诸侯之间连年战乱，疆域并不稳定。从总的趋势看，争斗的范围则在不断地扩大，除了中原地区各诸侯国之间"争霸"之外，还有东南部吴越战争、西北边陲秦国的崛起等。

公元前 221 年，秦始皇消灭了其他六国，在此基础上建立了一个统一的国家，并不断扩张自己的统治区域。

公元前 222 年至前 221 年之间，秦国军队进入今浙江南部和福建，设置了闽中郡，以冶县（今福州市）为郡治。

秦始皇三十二年（公元前 215 年），秦派蒙恬率 30 万大军将匈奴人赶出了河套地区，通过设立一系列的郡和修筑长城的方式来巩固北方边疆。

大约在秦始皇三十三年（公元前 214 年），通过数年的征战，秦夺取了今广东、广西和越南东北一带，设置了南海、桂林和象郡三个郡，把南部的边疆拓展到今天越南一带。

在西南，秦朝以成都平原为基地，向西、向北两方面扩张到了今大渡河以北和岷江的上游，并南下到云南曲靖。到公元前 210 年秦始皇去世时，秦朝已经拥有北起河套、阴山山脉和辽河下游流域，南至今越南东北部和广东大陆，西起陇山、川西高原和云贵高原，东至朝鲜半岛北部的辽阔疆域。

秦朝灭亡后，新建立的西汉政权，并没有秦国那样的军事实力，所以许多曾经设立郡县的边疆地区有的自立，有的甚至脱离了汉朝的控制，这样的局面一直到汉武帝即位之后才开始有所改变。经过几十年的休养生息，汉代的国家实力有了很大的提升，所以汉武帝开始以大规模的军事和政治活动来开疆拓土，其中最为宏伟的战略是在北部和西北部边疆的开拓上。与匈奴的战争使西汉的北部边疆恢复到阴山山脉一带。而通过控制河西走廊，通向西域的道路畅通，西汉一度控制了天山南北的一些地区。又经过多次战争，到宣帝神爵二年（公元前 60 年），汉朝终于取得决定性胜利，完全控制了天山北路，设置了西域都护府。

在西南方向，汉武帝通过修筑道路等一系列措施，将川西和云贵高原的许多部属都纳入汉朝的统治，疆域延伸到今高黎贡山和哀牢山一线。

南部边疆也有所拓展，汉朝在南越属地设置了九个郡，其中的交趾、九真和日南三郡都在今天越南的中、北部，珠崖和儋耳二郡在今海南岛上。在东部区域，元封二年（公元前109年），汉武帝用兵朝鲜，次年朝鲜投降，汉朝设置了玄菟、乐浪、临屯、真番四郡，辖境南至今汉江流域。

中间经过王莽短期的新朝统治，刘秀建立了东汉政权，在这个时期，国力时强时弱，也没有谋划大格局的皇帝，总体疆域呈缩小的趋势。

东汉后期，先是魏蜀吴三国鼎立，后又进入西晋和东晋，中国陷入长时段的内乱格局。特别是南北朝时期，北方的少数民族开始进入中原，这进一步加剧了社会的动荡。不过从长时段的历史来看，少数民族在南侵中不断接受汉文化，使各民族之间的联系得到了加强，促进了民族融合。

随着漫长分裂时期的结束，到隋唐时期，中国的疆域又开始了新一轮的拓展。隋朝存在的时间虽然比较短，但在北方和西北的战事中都取得了胜利，并在今天的新疆设立了许多行政管理机构。而在南方，则在海南岛重新设立行政区。

唐代在中国历史上被称为大唐盛世，国力的强大使得其有能力收复并拓展新的疆土。因为对东西突厥战争的胜利，在西北方向，唐朝的实际控制区达到了贝加尔湖以北，设置行政区的范围也扩大到了阴山以北600里。在新疆也设立了正式行政区和都护府。对朝鲜的战争也取得了胜利，并在平壤设立了都护府。都护府虽不是正式的行政区，却拥有管辖权。

唐朝拥有的疆域最西曾经到达咸海，最北曾经到达西伯利亚，最东曾经到达萨哈林岛（库页岛），最南至北纬18°，虽然有些区域的管制时间非常短，但这也从某个角度体现了当时的国力。不过安史之乱后，随着唐朝的衰落，疆域也急剧地缩小。

唐朝覆灭之后，又是漫长的分裂时期，史称五代十国，当时的中国存在许多不同民族建立的政权，这些朝廷都难以控制整个中国，比如西夏和其他一些边疆区域就是在这个时期成为独立的国家的。这样的局面到了北宋时期，形成宋、辽、西夏等多国并存、互相攻击、相对平衡的格局。整体而言，宋代的文化和政治虽然达到了很高的水平，但是，其军事实力始终没有达到鼎盛。

在连续的战争失败之后，北宋朝廷在北方民族的侵扰下南迁而建立南宋王朝，最终是由蒙古族把中国的绝大部分统一起来，建立起疆域辽阔的元帝国。

与汉、唐极盛时期的疆域相比，元朝不仅在面积上大大超过了它们，而且元朝的疆域是稳定的：在北方，西起今额尔齐斯河，东至鄂霍次克海。在东部，拥有朝鲜半岛东北部。在西南，包括今克什米尔地区和喜马拉雅山南麓的不丹、锡金等地，以及今缅甸东北部和泰国北部。

与汉、唐极盛时期相比，元朝在对疆土的控制程度上也有过之而无不及。除了吐蕃地区和今新疆东部三个直属于朝廷的单位（别失八里、哈剌火州、哈密力）以外，元朝在全国都设置了行中书省（简称行省），其中包括汉唐时从未设置过正式行政区的蒙古高原以北和辽河下游以北地区。

元朝在中国的统治被朱元璋等领导的起义推翻之后，一部分蒙古人退回到蒙古高原和西北其他地区。元朝疆域的其余部分归于明朝的控制之下。

在东北地区，明王朝逐渐确定了以鸭绿江作为边界。东北其他地区则试图以一种羁縻政策来稳定与少数民族政权之间的关系，并建立了明朝所特有的军事组织——卫和所，对之进行控制。不过实际控制区域大约在今天辽宁省一带。

在北部和西北部，虽然一度也有所恢复和拓展，但是明朝大部分时间实际控制区域则在今天万里长城一线，限于嘉峪关以东、长城以内了。在南方和西南地区，明朝的疆域也有所退却，对西藏地区的控制权却得以维持。

明朝曾多次派使者去西藏地区，并在西藏大部设置了乌思藏都指挥使司，在昌都地区东部、四川甘孜藏族自治州和青海西南部设置了朵甘都指挥使司，在今克什米尔地区东北部和西藏西部设置了俄力思军民元帅府，进行军政管理。在这个时期，达赖喇嘛逐渐成为西藏地区政教合一的最高首领，始终与明朝保持密切联系。

明朝后期，东北地区女真族的一支在努尔哈赤等人的领导下，逐渐强大，于1616年建立后金，并招抚和吞并了东北大部分地区少数民族政权，女真族具有很强的军事作战能力，不断攻入山海关之内。

1636年，皇太极登位，确定新国号为"清"。清兵骁勇善战，到1643年，清朝的疆域已经扩大到明长城以北，包括今内蒙古、东北三省和俄罗斯北至外兴安岭以北、西起贝加尔湖、东至萨哈林岛（库页岛）间的地区。1644年，即清顺治元年三月，李自成军进入北京，崇祯皇帝自杀，明朝灭亡。吴三桂引清军入关，与清军一起，击败李自成军。清军占领北京，并将北京定为清朝的都城。清朝通过打击明朝的残余势力，到1659年拥有明朝的所有疆域。台湾虽然早在明朝时就由郑成功击退荷兰侵略者，而建立起行政管理体制，但郑成功继续支持明朝，并不愿意归顺清朝。到1683年，清军攻入台湾，郑成功之孙郑克塽投降。次年，清朝在台湾设府、县、总兵等官，隶属于福建省。由此，台湾正式成为中国的一部分。

在西北地区，康熙帝通过打击噶尔丹的势力，控制了包括今天内蒙古和蒙古国在内的区域，并强化对青海和西藏的管理。

雍正六年（1728 年），清朝在西藏设置了驻藏办事大臣衙门，统率驻藏官兵，督导地方行政。乾隆十六年（1751 年），设立西藏地方政府——噶厦，规定凡重大行政事务及藏官的任免、藏军的调动等均应由噶厦请示达赖和驻藏大臣办理。乾隆年间还确定了达赖、班禅等活佛转世的办法，制定了《藏内善后章程》，对西藏的官制、军制、司法、财政、边防、差役及对外事宜等都做了明确的规定。在西北地区，随着天山南北归入清朝的版图，由此，中国终于形成了一个北起萨彦岭、额尔古纳河、外兴安岭，南至南海诸岛，西起巴尔喀什湖、帕米尔高原，东至库页岛，拥有 1000 多万平方公里国土的国家。

不过到 1840 年鸦片战争之后，随着西方殖民者的侵略活动，清朝统治的许多国土逐渐被西方帝国主义国家以及日本等所侵占，香港岛等地被英国强租，日本占领了台湾，西南边疆亦被英国等殖民者所划定。由于地理上的原因，侵占中国领土最多的是沙俄帝国，通过一系列不平等条约，沙俄共掠走中国东北、西北等地 100 多万平方公里的土地。

在中华人民共和国成立之后，中国的国土面积大约是 960 万平方公里。国家恢复了对香港、澳门等地的主权，也在努力实现国家的统一。政府也在积极争取与周边国家就有争议的边界通过谈判而确定。纵观历史，中国疆域的形成，是以汉族为主体，各民族共同努力、开拓，在历史发展和文化融合的合力下，既相对稳定又不断发展变化的过程。

◇二 中国的行政区划沿革

中华人民共和国的行政区划是各省、直辖市、自治区以四级行政区划制度的架构。第一级：省、自治区、直辖市、特别行政区。第二级：地级市、自治州、地区盟（内蒙古），这一层次是除海南省和各直辖市以外的其他省、自治区普遍存在的一种行政单位（即地级行政区）；直辖市的市辖区；直辖市、海南省所辖县、市（含地级市和县级市）等行政单位。第三级：除直辖市和海南省以外的县级市、县、自治县、旗（内蒙古）等县级行政单位（即县级行政区）；海南省和直辖市境内乡、镇等乡级行政单位（即乡级行政区）。第四级：除海南省和各直辖市以外的乡、镇（即乡级行政区）。

其中省级行政区划为 23 个省、5 个自治区、4 个直辖市、2 个特别行政区。这样的行政区划即使在 1949 年之后，也经常发生变化。这种变化包括新设立的省和直辖市，比如 1988 年海南设省和 1997 年重庆设立直辖市。还有则是一些省市的辖区也会有所变化。

行政区划变化的原因很多，其中，地理环境、历史演变和政治经济甚至军事等都是重要的影响因素。

就历史原因而言，中国的行政区划的形成和发展是一个不断演变的过程。

早期中国是由一个一个部落所构成的，其地理概念最主要的是通过想象形成的。经典中有中央和四方，还有分天下为九州的说法，不过，这肯定不是历史事实。中国最早具有行政区划色彩的称谓是"县"，大约在战国时期就已经形成，后来逐渐出现了郡。秦国统一中国之后，实行郡县制，就是在这样的建制基础上形成的。秦始皇在全国设立 36 个郡，郡是高于县的一级机构。

汉承秦制，在行政区划的设置上也沿袭郡县制。确切地说，汉初可以算是郡县制和分封制的混合。郡的数量自秦代开始一直在增加，随着汉武帝开疆拓土，郡的数量增加到 110 个。而伴随郡的数量的增加，汉代便在郡的基础上又设立了一些管理性的机构。公元前 106 年（元封五年）将京畿附近 7 郡以外全国的郡国分成 13 个区域。设置刺史部，来督察各郡县的管理，部的名称借用了《禹贡》九州加上《职方》的 2 个州名，共为冀、兖、青、徐、扬、荆、豫、雍、梁、幽、并 11 州，其中，将雍州改称凉州，梁州改称益州。另有 2 个不在《禹贡》范围内的交趾和朔方，分别管辖今天越南北部和内蒙古、陕西的一部分区域。

到了东汉初年，对西汉时期所形成的行政区域的设置又有一些小的调整，比如朔方入并州，交趾改名为交州，加上司隶校尉部（主要管辖近畿的行政区域），共 13 个监察区。在东汉时期，州的行政权力呈现不断增强的趋势，到东汉末年，州的管理者不仅有省察、举荐和贬黜的权力，还有财政和军事的权力，由此，州就变成了高于郡和县的行政建制。

到魏晋南北朝时期，各地形成了军事割据的局面，虽然在区划上依然沿袭州、郡、县的建制，但具体的划分则十分混乱，而且滥设州郡，有的地方，每州只统辖一两个郡，每郡只统辖一两个县，这样州和郡县之间的行政层级难以区分。隋唐时期，州和郡的建制经常变动，十分复杂。隋朝建立后，于 583 年（开皇三年）废除郡的建制，直接以州来统辖县，以州领县。607 年（大业三年）又改州为郡。唐初又改郡为州，恢复了州县制。

唐代州一级行政区划中还有府。实质上，府的设置更类似于将一些重要的州突出出来，比如首都和皇帝居住、巡视过的一些州，都会被升作府。而实际上州和府在行政上是同级的。这种趋势的发展是越来越多的州都设置了府，以凸显其重要性。

唐代前期国势强盛，其管辖的疆土面积不断扩大。为了加强对新扩展的土地的管理和一些归附的少数民族区域的管理，唐朝政府仿效汉代西域都护府的建制，设立了都护府，采取羁縻府州的制度。羁縻府州是由唐朝政府任命当地少数族首领为都督刺史，颁发印信，可以世袭。各边地共设置了800余个羁縻府州，分别由若干边州都督府和都护府统辖。这种保护当地的秩序风俗的管理方式，成为传统中国以相对自治的方式管理边疆的有重要参考价值的经验。

唐代的藩镇割据，其导致的中央权力难以制约的后果，使后世的统治者特别担心地方势力的坐大。宋初的赵匡胤以其自身获得政权的经验告诫自己要剥夺那些军事领导者的权力。于是，他确立文官统治的原则，在行政区划的设置中实行了州直属中央的政策。不过，大规模的国家必然要有更多的机构来保证行政效率，为了负责各地的税收财赋，宋朝逐渐将全国分成若干区域，成为"路"。不久，路的权力逐渐扩大，由财税扩展到其他的行政事务，这样路拥有了边防、盗贼、刑讼、金谷、按廉之任等多重职能，控制了大多数地方行政事务，形成了分路而治的局面。真宗时（998—1022年在位）考虑到转运使司权力太大，于是设置了主管司法的提点刑狱司、主管军事的安抚司，加上原先的转运使司，构成"三权分立"的状态。北宋的"路"也有增减，最多时达26路。

宋代的路有三个互相制约的官员，并没有集权于一人，与以后的行省并不相同，从某种程度上说，路算不上是真正意义上的一级行政机构，宋代所实行的依然是州（府）县二级制。

元明清时期，中国的行政区划制度发生了很大的变化。元代控制的区域广大，因此借鉴了魏晋以来的中央派出机构的体制，设置行中书省，并逐渐固定，其职能也由只管军事演变为兼及民政，其长官也由中央官演变为地方官。

12 世纪末的大德年间行省逐渐稳定，元朝统治者将中国分成 11 个区域。其首为中书省，即中央机构中书省直辖地区，故又称都省、腹里。辖区相当于今京、津 2 市，晋、鲁、冀 3 省及豫河北部分和内蒙古部分地。另有 10 个行省：辽阳、陕西、河南、江浙、江西、湖广、四川、云南、甘肃、岭北，辖区都很大。

明朝建立之后，对元朝的行省制度进行了改革，主要是改行中书省为承宣布政使司，主管一省民政；设都指挥使司主管一省军户卫所；另有主一省监察司法的提刑按察使司。因明初定都南京，后又迁都北京，所以，明代有 2 个直隶和 13 个布政使司，即京师、南京、山西、山东、河南、陕西、四川、江西、湖广、浙江、福建、广东、广西、贵州、云南，合称 15 省。

明初实行一省布、都、按三权分立，其目的依然是防止地方专权，开始设置大臣为巡抚去监察地方行政。明代督抚作为钦差大臣，其管辖的区域与地方行政区划并不重合，所以依然是省、州府、县三级行政区域。

到了清代，由满族统治者统治中国，因此对于地方行政的管理总体而言是加强了。明代时作为中央钦差的总督、巡抚实质上转变为地方官。乾隆中叶以后，确定全国 8 总督（直隶、两江、闽浙、湖广、四川、陕甘、两广、云贵）、15 巡抚（江苏、安徽、山东、山西、河南、陕西、福建、浙江、江西、湖北、湖南、广东、广西、云南、贵州），成为定制。直隶、四川、甘肃三省由总督兼巡抚事，省区与督抚的辖区保持一致。后来因为战争或其他原因，巡抚和都督有所增减，但总体体制并没有太大的变化。

清代对于边疆的治理有其独特的经验，实行军政合一制度。比如在东北地区设乌里雅苏台，在新疆设将军辖区。西藏、西宁设办事大臣辖区以及由中央理藩院直接管辖的内蒙古盟旗。

中华民国时期，改直隶为河北省，改奉天省为辽宁省，又于边区增设热河、察哈尔、绥远、青海、宁夏、西康 6 省，共 28 省。1945 年，抗日战争取得胜利，台湾回归，设置台湾省。东北 3 省地（伪满时分划为 18 省）分置为辽宁、辽北、安东、吉林、合江、松江、黑龙江、嫩江、兴安 9 省，全国共 35 省。

◇◇ 三　宗族与宗法

人类社会的早期形态可能是母系社会，不过因为文献的不足难以详述。在母系社会之后，中国社会的制度形态十分复杂，经过夏商周的变迁，中国社会逐渐进入了宗法制社会，并成为中国传统社会最关键的特点。所谓的宗法社会，就是男性逐渐成为社会主导角色之后的社会形态。跟宗法制相关的是宗族，"宗"和"族"本义上并不一致，族是指有血缘关系的人的聚集，而宗则是在亲族中选择一个人作为"主"。在儒家的经典中，宗族方面的问题可以区分为三个方面：宗法、庙制和服制。

（一）宗法

通常我们会将宗族和宗法混用，这是因为宗族制度包含有宗法，而狭义的宗法则主要指尊长部分的内容。对此，《白虎通》在"宗族"章中有如下描述：

> 宗其为始祖后者为大宗，此百世之所宗也。宗其为高祖后者，五世而迁者也，故曰："祖迁于上，宗易于下。"宗其为曾祖后者为曾祖宗，宗其为祖后者为祖宗，宗其为父后者为父宗。父宗以上至高祖皆为小宗，以其转迁，别于大宗也。别子者，自为其子孙祖；继别者，各自为宗。所谓小宗有四，大宗有一，凡有五宗，人之亲所以备矣。（《白虎通·宗族》）

从这段话中，我们可以看到：始祖的嫡长子，代代为大宗；其余的子孙各为小宗，而传至五代之后，就不再继续，其成员就跟普通的族人一样了。这或许就是孟子所说的"君子之泽，五世而斩"在宗法规则上的依据。按照王国维在《殷周制度论》里的描述，认为大宗是指国君及其嫡长子，这是万世不迁的。其他的子弟就被分封到不同的诸侯国里，一段时间后，可以另立宗祖，由此不断出现新的宗族。①

宗法制度建立的目的在于凝聚族人，《礼记·大传》云："亲亲故尊祖，尊祖故敬宗，敬宗故收族。"《礼记正义》解释说："'亲亲故尊祖'者，以己上亲于亲，亲亦上亲于祖，以次相亲，去己高远，故云'尊祖'。'尊祖故敬宗'者，祖既高远，无由可尊，宗是祖之正胤，故敬宗。"子亲于父，而父亦亲其父（子的祖父），以此上推，及于大宗始祖，其目的既有大的家族共同体的凝结，也有所分别而产生的小家族的共同体的凝聚，这样构成一个复杂的家族共同体。

---

① 参见王国维《殷周制度论》，载《观堂集林》第 2 册，中华书局 1959 年版，第 460—461 页。

区分嫡庶的尊卑关系，也就是确立先祖和正统继承者的关系，就国家而言，关系到王位继承者这样的大事，对一般的家族而言，也关系到祭祀甚至主持家庭事务的最终决定者这样的问题。据此，还有一个序昭穆的问题。

所谓昭穆，《国语》是这样解释的："夫宗庙之有昭穆也，以次世之长幼，而等胄之亲疏也。"韦昭注说："等，齐也。胄，裔也。"意思是说，昭穆就是确定宗族成员在以大宗为主干的宗族血缘谱系中的位置。

序昭穆是通过什么形式得以实现的呢？《礼记·大传》云："上治祖祢，尊尊也。下治子孙，亲亲也。旁治昆弟，合族以食，序以昭穆，别之以礼义，人道竭矣。"也就是说在家族活动过程中，确定以血缘关系来安排座次和相关礼节，以此明确和强调宗人相互间血缘关系的远近。在传统社会，家族成员在宗子主持的祭祀之后会聚在一起吃饭。大宗内部因为血缘关系远近不一，并不构成一个经济实体。

中国历代的家族制度都十分强调宗族成员之间的互相扶助。后世的儒家推崇合族居住，不过这样的推崇并非无条件的。通常会鼓励堂兄弟之后就应该分家，分家是为了避免纠纷。亲属之间互相帮助被认为是天经地义的，许多人的文章中都鼓励有富余财力的家族成员为大家族做出贡献。

很显然，这样严密的宗法制度，主要是针对有地位的士大夫而言。《仪礼·丧服传》说："大宗者，尊之统也。禽兽知母而不知父。野人曰：'父母何算焉？都邑之士，则知尊祢矣。大夫及学士，则知尊祖矣。'郑玄注：'都邑之士，则知尊祢，近政化也。'"这就是通常所说"礼不下庶人"（《礼记·曲礼上》）。对此《礼记正义》解释说："庶人贫，无物为礼，又分地是务，不暇燕饮，故此礼不下与庶人行也。"意思是说普通百姓既然关注的是温饱，也就无暇收族，宗法制度对他们而言没有实际的意义。

这样严密的宗法制度在西周是否真正落实是有争议的，然而尊卑亲疏的观念一直影响着中国人的生活。

（二）丧服制度

与宗法制度密切相关的就是丧服制度。其核心是依据死者与己关系的亲疏远近相应决定服制与丧期。丧服分为五个等级，分别是斩衰、齐衰、大功、小功、缌麻。血缘越近，则丧服所用布及做工越粗，服期越长。

与宗法一样，在丧服中，也同样要遵循"尊尊"的原则，即同样的血缘远近关系中，儿子对父亲和父亲对儿子所要遵守的服制就不一样，需要减等。比如，为父服斩衰三年，为子服齐衰期，轻重不等。儒家强调称情而立文，意思是礼制的确立要依据人的情感。然则丧服这样的规定，则是从礼制的角度，规定了人的情感随血缘关系的远近而有所不同，这意味着礼制要约束情感抒发，从而达到安顿社会秩序的目的。

斩衰是五服中最重的一种，所谓衰就是丧服的上衣，斩就是衣服不缝边的意思，子为父、父为长子都采用斩衰，而丧期则长达三年，俗称三年之丧。虽然实际的时间并不到三年。

齐衰次于斩衰，因为缝边整齐，所以称为齐衰。分为四等：若是父卒为母、为母之长子，一般要三年，是第一等。而父在为母，夫为妻则是齐衰一年，要用杖，是第二等。第三等是齐衰一年不用杖，主要是为伯父叔父或兄弟亡故而服。第四等是齐衰三月，是为曾祖父母。

大功的期限为九个月，男子为出嫁的姐妹和姑母、为堂兄妹都是大功，而女子则要为丈夫的祖父母、伯叔父，为自己的兄弟服大功。

小功的期限为五个月，主要是为从祖祖父母、从祖父母和从父姐妹所服。

缌麻丧期是三个月，主要是为同一宗族的常备和亲戚所服的丧。

丧服制度与宗族血缘之间构成了正相关的关系，既体现了男方亲属和女方亲属之间的差异，也体现了嫡庶之间的差异，因此，通过丧礼可以强化宗法制度。

《礼记》对于丧服的记载必然有其"理想化"的层面，后世随着家族制度的转变，服丧制度也有许多的变迁，不过以亲疏来决定丧服的层级，其内在的精神则一直延续了下来。

（三）庙制

宗法制度中，与贵族阶层密切相关的是庙制。据《礼记·王制》记载："天子七庙，三昭三穆，与大祖之庙而七。诸侯五庙，二昭二穆，与大祖之庙而五。大夫三庙，一昭一穆，与大祖之庙而三。士一庙，庶人祭于寝。"天子七庙，这大约是周代的建制，包括太祖及周文王、周武王二祧，这是三位有特殊功德的君主，百世不迁。其余四庙即高祖至父，随着世代传承，依次迁庙。诸侯五庙，即百世不迁的始封君，加上依次迁庙的高祖至父。大夫的情况较复杂，别子为大夫，则其子孙为大夫者立太祖庙祭别子，余二庙祭父与祖。若别子非大夫，则大夫三庙乃父、祖与曾祖庙。士虽一庙，兼祭父祖。庶人亦于寝祭祀父祖。

在早期宗法制度中，庙制与丧服、宗法之间的关系十分密切。天子诸侯常祭均止于高祖，大夫、士虽不及高祖，但《礼记·大传》说："大夫、士有大事，省于其君，干祫及其高祖。"这就是说，大夫、士有大功德，可特祭及于高祖。

在分封制被郡县制所取代之后，庙制也有相应的改变，最大的改变就是世家大族一般通过建立家庙来祭祀祖先。一般的仕宦家庭的家庙往往建于房宅之东偏，而普通百姓则主要在自己家房子的正厅。

宋代之后，理学家积极倡导宗法的重建。张载就提出应该把普通人家的正厅一律改成祭祀场所，不居人。程颐则是历史上第一个提出不分贵贱都要建立家庙主张的人。他说："士大夫必建家庙，庙必东向，其位取地洁不喧处。设席坐位皆如事生，以太祖面东，左昭右穆而已。男女异位，盖寡妇生无共坐也。姑媳之位亦同。太祖之设，其主皆刻木牌，取生前行第或衔位而已。"（《河南程氏外书》卷一《朱公掞谈录拾遗》）这个建议是要在家宅之外另建庙，并供奉祖先牌位。

朱熹十分重视礼仪和宗族的重要性，一是重新编订家礼，试图化繁就简，制定一种普遍适用的日常礼仪系统；二是充分强调祠堂和族田对于家族制度的重要意义。朱子在家礼中专立"祠堂"一节，朱子认为祠堂应该是一个专门的建筑，按照家庭的经济实力建立不同规模的祠堂，供奉高、曾、祖、祢四世的神主，由家族的世子世代主持祭祀及其他活动。虽然元明之后的祠堂是祭祀迁祖以来的所有祖先，但朱熹的设计基本上奠定了后世祠堂制度的基本形态。

（四）宋明之后的宗法、家族制度变迁

从战国到秦朝，法家的耕战制度人行其道，法家尤其鼓励分家独立，以激发个人的开拓精神。所以，封建制下的家族制度受到冲击。随着儒家观念在汉代的流行，孝道观念被推崇，家族意识被再度肯定。东汉之后，一种世家大族式的家族制度逐渐形成，其特点就是那些有权势或有经济实力的人，用血缘、政治等手段将同宗子弟聚合在一起，建立起家族共同体。

魏晋时期，世家大族对于政治的参与越发强大，反过来又强化了

血缘关系的纽带，并逐渐发展出带有一定武装组织的特色家族制度，以防止政府或土匪对家族利益的掠夺。

中国的家族制度在宋以后发生了重大的变化。换句话说，近世以降的宗法家族制度主要是宋以后逐渐形成的。敬宗收族成为理学家和朝廷共同提倡的价值导向，目的是要使家庭成为国家和社会稳定的基本因素。怎么才能敬宗收族呢？张载所提出的方案是："明谱系世族和立宗子法"（《经学理窟·宗法》），但由于长期战乱，谱牒系统长期崩坏，所以实际收效的是建祠堂和置族田。建祠堂可以重建对祖宗的敬拜，并与重修族谱有密切关系，而置族田则是通过强化家族的互助机制来强化血缘之间的亲情。

家族制度与国家政权之间的关系也是既一致又有不同，一致的方面包括家族制度协助完成国家的赋税收缴，并辅助里甲、保甲等制度维持乡村的法律和伦理秩序，如果是一般的族内纠纷和族与族之间的纠纷，须先经由族长处置，不能任意经官起诉。

这样的家族制度构成了中国社会中晚期的基本特色，对此梁漱溟先生有十分简练的概括，即中国社会是一种伦理本位的社会，而伦理的内核，是宗族所代表的亲疏远近的血缘关系。这种关系当然体现为上下尊卑的秩序，不过这种秩序的背后，则饱含着人类真切的情感。这即是说："中国之以伦理组织社会，最初是由有眼光的人看出人类真切美善的感情，发端在家庭，培养在家庭。他一面特为提掇出来，时时点醒给人——此即'孝弟'、'慈爱'、'友恭'等。一面则取义于家庭之结构，以制作社会之结构——此即所谓伦理。……（古人）知道孝弟等肫厚的情感要提倡。更要者，就是把社会中的人各就其关系，排定其彼此之名分地位，而指明相互间应有之情与义，要他们时时顾名思义。主持风教者，则提挈其情，即所以督责其义。"①

◇◇四 天下制度

"天下"是一个复合式的观念，一方面，它指称一个地理上的概念，另一方面则意味着一种政治秩序。

如果从地理的角度来看，天下观念也是复杂多变的，不同的时代、不同的文本有着不同的表述。最晚到了西周末年，"天下"一词已经有两层含义：最通常的是指地载天覆的最广大的区域。如《易经·咸卦》之《彖传》说："天地感而万物化生，圣人感人心而天下和平。观其所感，而天地万物之情可见矣"，在这里，"天下"显然是一个空间上的泛指。

然而在有的文本中，天下观念等同于疆域意义上的"中国"。《礼记·明堂位》中说："昔殷纣乱天下，脯鬼侯以飨诸侯。是以周公相武王以伐纣。武王崩，成王幼弱，周公践天子之位，以治天下。六年，朝诸侯于明堂，制礼作乐，颁度量，而天下大服。"这里的天下主要是指殷周统治的区域。

有的文本中"天下"与"中国"同时出现，如《战国策·秦策三》里范雎说的，"今韩、魏，中国之处，天下之枢也，王若欲霸，必亲中国而以为天下枢，以威齐、赵。"在这里中国是天下的中枢和关键。由此，天下既可以仅仅指中国，也可以指包括中国在内的所有区域。

---

① 梁漱溟：《中国文化要义》，载《梁漱溟全集》第三卷，山东人民出版社 2005 年版，第 90—91 页。

但有时，天下有更具体的层级化的表述。比如天子居中、诸侯为外围、四夷更为外围的结构，与人际关系中的亲疏、尊卑的观念相一致。

从地理的视野看，与天下相关的还有关于"九州"和"五服"的说法，《尚书·禹贡》虚构了"九州"与"五服"的体制，并说"东渐于海，西被于流沙，朔南暨，声教讫于四海。禹锡玄圭，告厥成功"。

秦汉之后，"天下"则进一步具体化为基于共有的法令和国家实际统治的区域。

天下观念在最初产生时，带有某种程度的"中心—边缘"的意味，即中国和四方周的地理区域，并与血缘的远近相关，确立起一套亲疏、尊卑的理论。随着秦汉大一统国家的建立，天下体系通过文化的高低建立起一种中国和外部世界的格局，带有文化中心主义色彩。董仲舒从天下的"地中"和"边缘"来讨论文明程度的递减。依他所说，天意是要让文明以中心区域作为示范："三统五端，化四方之本也，天始废始施，地必待中，是故三代必居中国，法天奉本，执端要以统天下，朝诸侯也。"（《春秋繁露·三代改制质文》）所以在天下秩序中，周边国家和中国之间的关系应该是以臣事君、以小事大的关系，边缘地区的文明体要对中华文明抱持一种"向化"心理。而作为中国则要以一视同仁的态度，对待四方之国，导以礼仪，最后达到协和万邦的和平世界。

在中央王朝强盛的时候，王者无外、天下一体的观念会占主动，而在周边民族比较强盛，与中央王朝的矛盾比较尖锐的时候，人们往往会强化夷夏之间的种族和文化上的差别。

儒家的价值虽然本着亲亲仁民爱物而不断扩充，具有一种自近者始的基于血缘和地缘的优先性。但因为儒家认定圣人能"感通万物"，所以这样的爱并不会随着血缘的递减而减弱，反而会导向天地万物一体的普遍的仁爱境界。是以，儒家对于国家和地理边界的认识与现代的民族国家观念有很大的差异。儒家本着天下一家的立场，不是从种族来区分权利和义务，而是从进于礼乐的先后和教化程度高低来区别亲疏。董仲舒说："《春秋》无通辞，从变而移，今晋变而为夷狄，楚变而为君子，故移其辞以从其事。"（《春秋繁露·竹林》）意思是说作为华夏文明的晋国因为违背礼义规范，所以只能被视为夷狄，而原先处于边缘地区的楚国，则因其提升文明而以君子视之。

作为处理中国和周边关系最主要依据的《春秋》的解释者，特别重视"王者无外"的理念，认为王者的最终目标是一统天下，并不是要刻意区分内外，而是基于地理上的远近，先近而后远。"《春秋》内其国而外诸夏，内诸夏而外夷狄。王者欲一乎天下，曷为以外内之辞言之？言自近者始也。"（《春秋公羊传·成公十五年》）

《春秋》一贯的思路是由近及远，由内而外，后来何休完善了三世说，由此确立了以不同的发展阶段来区分文明发展程度的模式。何休说："于所传闻之世，见治起于衰乱之中，用心尚麤觕，故内其国而外诸夏，先详内而后治外。于所闻之世，见治升平，内诸夏而外狄夷。至所见之世，著治太平，夷狄进至于爵，天下远近大小若一，用心犹深而详，故崇仁义，讥二名。"（何休：《春秋公羊传解诂·隐公元年》）《春秋繁露·王道》篇也有类似的说法："亲近以来远，故未有不先近而致远者也。故内其国而外诸夏，内诸夏而外夷狄，言自近而远也。"

与儒家的修齐治平逻辑相一致，儒家认为只要中国达成王道政治，就可以为世界树立其规则，并最终得到诸夏及四夷的认同。或许我们从现实的帝国政治现实中看到实质上差别化的中心与藩属国家之间的不平等，特别是在朝贡体系中超出物资交换所实际存在的尊卑秩序，不过，并不能以此否定儒家的王者无外的理想。

近代以来，中国逐渐由自认的天下中心转变为万国之一，因此，儒家的夷夏观念受到根本性的冲击，但是，经学家依然希望通过对经典的重新解释，来为新的世界格局提供认知的价值基础。比如皮锡瑞，他结合公羊三世说，对夷夏之辨和远近之别问题做了一个整合性的解释，他认为以前之所以有夷夏观念，原因在于时代发展的局限，在升平世的时候，世界还未进入大同世界，种族之间的不平等还未消除，而进入大同世界之后，天下为一家，中国为一人，那么种族问题自然就解决了。他说："圣人心同天地，以天下为一家，中国为一人，必无因其种族不同而有歧视之意。而升平世不能不外狄夷者，其时世界程度尚未进于太平……王化自近及远，由其国而诸夏而狄夷，以渐进于大同，正如由修身而齐家而治国，以渐至平天下。"①

而近代对儒家立论做出更为宏阔的展开的康有为，则在其重要著作《大同书》中，对于社会的基本结构家庭、国家以及性别的差异做了分析，认为这些差别正是人类痛苦的根源，提出了大同世界的构想，在这个世界中，人类舍弃了基于私利的争夺，并逐步建立超越国家的"公政府"来处理人类社会的事务。这样的构想可以看作是儒家面对万国竞逐局面而做出的新的天下主义设计。

许多人都发现了《礼记·礼运》篇中的大同、小康和其他的儒家经典中对社会理想之描述的一些出入，比如说，在一般的叙述中，文武周公是王道政治的体现，而在《礼运》篇中，强调礼义道德的社会

---

① 皮锡瑞：《经学通论·春秋》，中华书局1954年版，第9页。

是一个大道已然隐退的时代，"今大道既隐，天下为家，各亲其亲，各子其子，货力为己，大人世及以为礼。城郭沟池以为固，礼义以为纪；以正君臣，以笃父子，以睦兄弟，以和夫妇，以设制度，以立田里，以贤勇知，以功为己。故谋用是作，而兵由此起。禹汤文武成王周公，由此其选也。此六君子者，未有不谨于礼者也。以著其义，以考其信，著有过，刑仁讲让，示民有常。如有不由此者，在执者去，众以为殃，是谓小康"。显然，小康是一个注重家庭和社会礼仪的阶段，并没有真正达到王者无外之境地，而要达到天下为公，则需进入大同社会。"大道之行也，天下为公。选贤与能，讲信修睦，故人不独亲其亲，不独子其子，使老有所终，壮有所用，幼有所长，矜寡孤独废疾者，皆有所养。男有分，女有归。货，恶其弃于地也，不必藏于己；力，恶其不出于身也，不必为己。是故，谋闭而不兴，盗窃乱贼而不作，故外户而不闭，是谓大同。"这个大同和小康的区分就是从"公"和"私"的角度提出的。

由此，天下观念所指向的是王道荡荡的世界或者为天下大同的秩序，而"各亲其亲，各子其子"的小康社会，则可以被视为大同社会的必要准备，从这个意义上说，"春秋三世"和《礼运》的大同小康有一致之处，这样也可说，有些经典所强调的夷夏之辨，并不能看作儒家的终极秩序，夷夏之别只是人们天下观念的一个"初级阶段"而已。

◈五 封建制与郡县制

早期中国的国家体制，最初大体类似于部落制或部落联盟，因为文献的原因，我们并不能准确地描述，而周代之后的国家基本制度，最为明显的发展轨迹是由分封制（封建制）向郡县制的转变。我们这里说的封建制度，与习惯上将战国到清看作中国封建时期的提法有一些差别。将战国到清定义为封建社会是根据社会发展史的历史发展阶段，而中国传统社会与西方社会的发展有很大的差别，比如中国并没有真正意义上的奴隶制度，而秦国统一之后，中国的社会制度主要是郡县制。

封建制的社会组织和共同体的建构，建基于血缘的宗族组织是最为天然的凝聚纽带，而依据宗族的血缘的远近所进行的封爵建邦的活动就是"封建"。史学界通常认为夏朝和殷朝存在某种形式的封建制，而这种制度的完备则要到周初，并一直延伸到秦汉，乃至更晚近的历史时期。

周作为一个小邦，因武王克商而迅速崛起为一个大国，面临着如何统御广土众民的问题，周公吸收前人分封的经验，把周人的血缘宗法制度作为政权的基础，将宗族中的人员分封到不同的地方去进行统治，即"封建亲戚以蕃屏周"（《左传·僖公二十四年》）。这种制度通过对财产和权力的分配将宗族的内聚力转化为政治的向心力，从而使那些分封的国家成为中央政权的护卫力量。

分封的原则是严格按照血缘的亲疏和长幼的等差，即所谓亲亲和尊尊，天子立国，诸侯立家，等级分别。《礼记·王制》中有比较理想化的记载：

> 王者之制禄爵，公侯伯子男，凡五等。诸侯之上大夫卿，下大夫，上士中士下士，凡五等。天子之田方千里，公侯田方百里，伯七十里，子男五十里。不能五十里者，不合于天子，附于

诸侯曰附庸。天子之三公之田视公侯，天子之卿视伯，天子之大夫视子男，天子之元士视附庸。

当然，实际上封土建邦不可能如此整齐划一，而是根据不同地方的实际地理环境状况，以及所涉及的宗族分支所控制人口的多少，各有不同。总体的原则是强干弱枝，以确保宗主对于各个封地的控制。

封建制与宗族制关系密切，所以其国与国之间的道德亦援引宗族分支之间相处的道德原则，比如"兴灭国，继绝世"。这就是说，诸侯始受封之时必然会有采邑，但后世子孙若因罪被废黜，其封地依旧保留。不过，这样的道德原则在现实政治中经常被破坏，尤其是在血缘关系日渐稀释之后，兼并事件大量发生，许多原则在现实中亦难以维系。

封建之世，天子至尊，天下有道，礼乐征伐自天子出，诸侯国通过朝贡的方式来表达忠诚，而天子则通过祭祀、巡狩等方式来宣示其权威。

周公所完善的封建制度，奠定了周朝数百年的统治基础，所以孔子十分赞叹地说："周监于二代，郁郁乎文哉！吾从周。"（《论语·八佾》）

封建制背后的秩序理想是王道政治，即以德政而非武力来维持社会秩序，即使对于非中心的边缘性政治实体，比如少数民族政权，亦是采取以礼仪之邦的道德力量去感化和吸引他们，而不是以武力去压制和征服。不过在历史的记载中，数位周王有用兵的记录，到了周厉王时期，发生了叛乱，到周幽王时期因为犬戎的入侵而导致西周的灭亡。

许多历史学著作经常将西周的衰落和灭亡归结为周昭王和周穆王

的滥用武力和周幽王的荒淫，这些固然是王朝灭亡的原因，不过西周灭亡的主要原因是维系封建制的血缘和宗法制度在经历一定的阶段之后所必然会产生的结构性矛盾。

西周封建制的基础是血缘宗法，即周天子和诸侯宗奉同一个祖先，天子、诸侯、大夫等级俨然的等差性秩序。经历百年的变迁之后，血缘的纽带逐渐疏远，而封建制下所赋予的各级政治实体的高度自治权走向独立，这就造成了势力强大的诸侯和大夫专权以凌驾天子和国君的状况，这也被称为"礼崩乐坏"。这种礼乐制度废弛的后果是必须寻求一种新的国家治理模式，而战国时期出现的"县"，从文字就可以看出其垂直形结构的特征。

在春秋的中后期，类似于"县"这样的行政机构就已经出现。秦国因为接受了商鞅变法，礼制逐渐被更为普遍化的"法"的原则所取代，法家在秦国的实践核心首先是任贤使能，反对基于亲亲原则的分封，而是量功分禄，根据战功和才能确定权力和财富的分配标准。其次是控制封地的规模，最后是限制地方政治领袖的权力，这一切归根结底是要保证王权的相对集中。

在秦国统一六国之后，许多人亦提出了延续过去那种分封诸侯的想法，而李斯则认为亲亲分封会因为亲缘疏远而难以维持凝聚力，应实行郡县制。在郡县制下，郡守和县令由皇帝直接任命，而不是世袭，郡县制成为随后几千年中国国家形态的基本格局。

取代封建制而建立郡县制的国家体制和官僚制的行政管理系统的过程并不是毫无争议的，这首先是出于现实的政治考量，汉代在取代短暂的秦国之后，认为秦国完全摒弃封建原则亦是其遇到政治危机时难以获得支持的原因，因此在一定范围内恢复了分封制，将皇子封王，功臣封侯。其次，西汉的皇帝很快发现这些割据势力因为拥有军事和财政权力，必然影响到中央政府的管理，因此要收回权力。

儒家在价值上对于封建的肯定和实行郡县制所带来的行政效率一直是历代统治者和思想家对于中国传统国家体制争论的核心。这种争论在唐代因为唐太宗向群臣提出如何才能使国家长治久安而引发了大规模的讨论。讨论的焦点包括何种体制更有利于维护皇权和君臣尊卑、何种体制更有利于改善地方的吏治。

在分封派看来，分封宗亲可利用宗法纽带来维系中央政权与地方封臣之间的关系，有利于巩固皇权；而反对派则坚持血缘的凝聚力难以持久，认为不如以财富和荣誉授予宗亲、功臣，而将权力授予那些有才能的人，这样反而可以激发臣下对皇帝的忠诚。这场争论的标志性作品是柳宗元的《封建论》，他认为国家治理体系的形成并非是圣人随意设定的，而是历史发展的趋势所提出的要求。秦始皇实行郡县制，其意图是为了长久的统治，属于"私"，然其郡县制却是"公"的表现。在柳宗元看来，分封制并非完美，而郡县制更为符合时代发展。他还批驳了秦亡于郡县制的推断，指出秦王朝的灭亡是政治措施的失误，而非政治制度的过错。

唐代之后，历代的政治思想家依然不断就郡县和封建的问题提出自己的见解，比较有代表性的比如顾炎武提出的"寓封建之意于郡县"和黄宗羲的"方镇"说。

从朱熹以来，儒者虽然肯定封建是圣王之制，但亦承认封建和郡县各有利弊。顾炎武所提出的"寓封建之意于郡县"，关注点在于扩大地方的财政和人事权力，县令可以终身任职并世袭，这样做的好处是县令会像关心自己的私事一样关心县政。县令依然要接受皇帝和郡守的领导，如果政绩不符合要求，可以罢黜。

黄宗羲的"方镇"说是从边疆问题出发，提出中原地区可以采用郡县制，而边疆地区则要建立具有财政和行政自主权的方镇，以发挥其抵御外敌的作用。很显然，顾炎武和黄宗羲的关注点有所不同，黄宗羲的"方镇制"有点接近于一个国家内可以实行多种行政制度。

任何社会制度的变迁，都必然要受到社会经济和阶级关系变化的影响。由先秦的封建制转变为秦之后的郡县制，必然要受到中国经济社会发展的影响。但是不同的地区之所以呈现出制度设计上的差异，又与文化价值等观念的影响有关，这是我们在分析中国制度结构时要综合考虑的。

◇◇六 禅让与世袭

历代政治的核心问题必然包括统治权力的更迭问题，这也是儒家政治哲学之核心问题。儒家依据贤者居位的理想，反对政权世袭，主张让有德者来承担领导责任，由此提出了禅让说，并以此来描述尧舜禹三代政治政权转移的实践。

上古是否真正存在禅让的事实，目前存在诸多争议。不过《尚书·尧典》中就记载了尧如何通过一系列的考察而最终将帝位禅让给舜的故事。或许，这个故事并不能被现代人所完全接受，但是，我们可以由此得出儒家对于统治权更替的基本原则。儒家以民意的向背为天命所归的依据，因此，推许禅让制是儒家政治理想的内在要求。也有人认为禅让说起源于墨家，因为墨家在选贤与能这点上与儒家有共同之处。

在战国时期，儒家经典中对于"禅让说"，已经有诸多讨论，不仅在孟子和荀子的作品中有专门的讨论，而且在新的出土文献中也有关于禅让的论说。

在《孟子·万章上》中记载着这样一段对话：

> 万章问曰："人有言，'至于禹而德衰，不传于贤，而传于子。'有诸？"
>
> 孟子曰："否，不然也；天与贤，则与贤；天与子，则与子。昔者，舜荐禹于天，十有七年，舜崩，三年之丧毕，禹避舜之子于阳城，天下之民从之，若尧崩之后不从尧之子而从舜也。禹荐益于天，七年，禹崩，三年之丧毕，益避禹之子于箕山之阴。朝觐讼狱者不之益而之启，曰：'吾君之子也。'讴歌者不讴歌益而讴歌启，曰：'吾君之子也。'……孔子曰：'唐虞禅，夏后殷周继，其义一也。'"

在这个问答中，孟子并没有简单地推崇禅让制。对于当时普遍讨论的大禹放弃了禅让制，而将自己的帝位传给自己的儿子，而不是贤能之人的说法，孟子认为并不能如此简单地讨论。是传给贤能之人还是传给自己的儿子主要看天意。问题还在于禹将帝位传于子也是符合当时的民意的。因此他借用孔子的话说，唐虞之间的禅让制和殷周时期的继承制，其根本原则是一致的。民心和大意是确定谁是继承者的决定性因素。

近年来出土了竹简《唐虞之道》《子羔》等篇，从这些篇章的倾向来看，战国时期的一部分儒家是推许禅让制的。

郭店楚简《唐虞之道》说：

> 唐虞之道，禅而不传。尧舜之王，利天下而弗利也。禅而不

传，圣之盛也。利天下而弗利也，仁之至也。……故唐虞之
【道，禅】也。

孝，仁之冕也；禅，义之至也。六帝兴于古，皆由此也。

禅也者，上德授贤之谓也。上德则天下有君而世明，授贤则
民举效而化乎道。不禅而能化民者，自生民未之有也，如此也。

从这几段文字看，禅让被认为是儒家贤能政治的体现，因为禅让
不传子的做法是有利于天下而不只顾及帝王自己的私利，因此是"仁
之至也"。而若采用禅让制，能有效地教化百姓向善。

有人推断郭店竹简是思孟之间的作品，由此可见，由子思到孟
子，禅让论的呼声呈现越来越弱的趋势。而到了战国后期的荀子，根
本上反对禅让制。他说：

世俗之为说者曰："尧舜擅让。"是不然。……故曰：诸侯有
老，天子无老，有擅国，无擅天下，古今一也。夫曰尧舜擅让，
是虚言也，是浅者之传，陋者之说也，不知逆顺之理，小、大、
至、不至之变者也，未可与及天下之大理者也。（《荀子·正
论》）

在荀子看来，天下是天下人之天下，并非帝王所可私下授予的，
因此，他认为那些关于尧舜禅让的说法都是浅陋之人的虚构而已。从
郭店竹简到孟子、荀子，总体而言，到了战国末期，对于世袭制的肯
定已经是大势所趋，一方面在作品中，提出了一种由禅让制向继承制
转变的历史规律；另一方面，虽然依然有对于禅让的赞同，但在现实
政治中，禅让或是儒家对现实政治秩序不满的批评性武器，甚或是权

臣阴谋夺取政权的借口。

比如《韩氏易传》中有言：

> 五帝官天下，三王家天下，家以传子，官以传贤，若四时之运，功成者去，不得其人则不居其位。（《汉书》卷七七引《韩氏易传》）

这就是说，在汉代的儒家作品中，由禅让向世袭的转变成为发展的一个过程而被确认。

儒家对历史所采用的叙述方式是将政治的发展看作一种不断退化的过程。就实际的制度走向而言，到秦国建立大一统的国家，继承制便成为一种固定的模式而一直延续到清代。

据《史记·秦始皇本纪》记载，秦王嬴政采用皇帝的名号，并宣布"朕为始皇帝。后世以计数，二世三世至于万世，传之无穷"。秦始皇自己的皇位虽然二世而终，不过皇位的继承制则一直延续下来了，即在皇帝在位时，选择一个皇帝的儿子成为皇位的继承者，这就是所谓的"立太子"的过程。皇帝世袭所带来的问题是不可能保证任何子孙都是有能力或有德性担任其职位的；还将面临当某一任皇帝是荒淫无道之君的时候，该如何处置的问题。

对于君臣关系而言，儒家始终存在服从和抗争的紧张，在孔子的思想里，我们既可以看到"知其不可为而为之"的坚持，也可以发现"道不行，乘桴浮于海"的不同流合污的归隐倾向。但在孟、荀那里，则体现出一种基于对"汤放桀"和"武王伐纣"的抗争性的解读，这种立场亦因为"汤武革命"的描述而称为儒家的革命精神。

《孟子》中记载了孟子与齐宣王的一段对话：

> 齐宣王问曰："汤放桀，武王伐纣，有诸？"
> 孟子对曰："于传有之。"
> 曰："臣弑其君，可乎？"
> 曰："贼仁者谓之'贼'，贼义者谓之'残'。残贼之人谓之'一夫'。闻诛一夫纣矣，未闻弑君也。"（《孟子·梁惠王下》）

在孟子看来，桀纣因为不行仁义之政治，因而也就成为独夫民贼，对待他们便无须顾及君臣之伦。对此，荀子的看法也类似。

> 世俗之为说者曰："桀纣有天下，汤武篡而夺之。"是不然。……故桀纣无天下，而汤武不弑君，由此效之也。汤武者，民之父母也；桀纣者，民之怨贼也。（《荀子·正论》）

在荀子看来，汤武作为民之父母，故而成就其政治合法性，他们以革命的方式获得政权无非是顺天应人之举。

这种革命性的精神，即使在秦汉时代的大一统时期，依然有很大的影响。从公羊学的角度来看，视孔子为素王，即是将孔子作为万世制法之圣人而确立其影响现实政治的合法性，虽然这样的观念会被越来越强大的皇权所打压。

《史记·儒林列传》记载了汉景帝时辕固生与黄生的一次争论：

> 清河王太傅辕固生者，齐人也。以治《诗》，孝景时为博士。与黄生争论景帝前。黄生曰："汤武非受命，乃弑也。"辕固生曰："不然。夫桀纣虐乱，天下之心皆归汤武，汤武与天下之心

而诛桀纣，桀纣之民不为之使而归汤武，汤武不得已而立，非受命为何？"黄生曰："冠虽敝，必加于首。履虽新，必关于足。何者，上下之分也。今桀纣虽失道，然君上也。汤武虽圣，臣下也。夫主有失行，臣下不能正言匡过以尊天子，反因过而诛之，代立践南面，非弑而何也？"辕固生曰："必若所云，是高帝代秦即天子之位，非邪？"于是景帝曰："食肉不食马肝，不为不知味。言学者无言汤武受命，不为愚。"遂罢。是后学者莫敢明受命放杀者。

辕固生与黄生的争议其实就是对政权继承方式的一次争议，其核心是关于如何理解汤武革命。在黄生看来，汤武革命是一种谋杀皇帝的行为；而辕固生则延续了儒家对于统治合法性的论说，认为不符合民意的皇帝就是可以推翻的。其紧张之处在于打天下的理由与守天下的依据之间的张力。汉对秦的取代本身是符合儒家革命论的，然一旦刘氏皇权确立，再讨论放逐皇帝的革命观念，自然成为对现有秩序的挑战。因此，儒家政治中强调上下尊卑的观念便逐渐占主流，即儒家只是作为匡正政治失误的建议者，而不再强调其用暴力手段推翻的方面。

不过即便董仲舒等儒家学者建构屈民而伸君、屈君而伸天的天君民一体结构，经由《白虎通》等逐渐确立了儒家与政治秩序的合作，但禅让论依然以不同的方式影响着中国不同时期的政权转移实践。西汉末年，王莽就是以禅让的方式建立起新莽政权。而在东汉末年到魏晋时期，曹魏和司马氏家族的晋朝，禅让一再成为政权更替的依据，尽管在史书上，这个过程经常被描述成篡夺。

◇◇七　天子与皇帝

在周代，出于对天人关系的理解，以及对最高权力的神圣性的强调，称最高的统治者为"天子"。在秦始皇统一中国之后，将自己称为"始皇帝"，从此，皇帝便成为中国最高统治者的称呼，不过皇帝依然会沿用"天子"的名号。

由天子转变为皇帝，也经历了一定的发展过程。在战国时代的一些著作中，开始有三皇五帝的说法，这样做的目的是将漫长的传说时期的统治者组织成一个谱系。不过三皇到底是谁，五帝又是谁，并无一致的说法，以伏羲、神农作为二皇并没有争议，但第三位是指燧人氏、祝融或是女娲似乎并没有定论。

五帝之所指相对确定，《史记·五帝本纪》记载，黄帝、颛顼、帝喾、帝尧、帝舜为"五帝"。在司马迁的撰述中，这些传说中伟大的人物被抟合到一个血亲谱系中，这个抟合有很重要的文化和价值上的意义：它反映了汉代大一统国家世袭体系观念的影响，但更重要的是体现了历史上在共同的土地上生活的各个部族，逐渐凝聚为中华民族的过程，三皇五帝则被"塑造成"我们这个民族的共同的祖先。在这个谱系中，尧舜禹的意义尤其突出。在后世的历史叙述中，他们之间的政权转移被称为"禅让"，体现了中国传统的贤者居位"公天下"的理想。作为民族形成过程中的重要的历史人物，他们也的确不同于此前的部落首领，即既作为自己统治的邦国的首领，又作为邦国联盟的"共主"，因此得到天下人的拥戴。

夏朝的建立，王位的"家族继承制"取代了以前的众人推举的方式，从夏启开始，王位的获得主要是依赖血缘，但同时依赖家族的力量和神权的信仰来支持其统治的合法性。

取代夏的是商朝，起初，商代的王权继承并无定制，有兄终弟及和父死子继等多种形式，经常发生王位的争夺，一直到盘庚和武丁时期，商朝的实力才达到顶峰。周朝建立之后，宗法制度逐渐形成，从而确立了嫡长子继承制。在国家结构上，也形成了中央政权和地方分封国以及附属国等早期国家的层级支配形态。借助宗教等因素而确立的王权的绝对性得到进一步强化。

武王克商之后，周朝建立，诸侯国尊奉周为天下之大宗。周公辅成王期间，为了稳固统治，开始了对亲属和功勋集团的大规模分封。分封制的主要内容是"天子建国""诸侯立家"，即周天子作为天下的共主，而他将自己的子弟、军功人员或臣服的旧邦首领，分封到指定的地点去治理。然而诸侯又将大部分土地分封给卿大夫，如此，构成了封建制度的基本模式。虽然各诸侯国有高度的自治性，但在王位继承上，严格实行嫡长子继承制，周天子握有最高的权力。

周朝的封建制十分稳固，不过，在经历了一定的时期之后，依靠血缘和军功所分封的诸侯因为发展不平衡而产生了强弱之别。一些强大的诸侯国逐渐不听从天子的命令，也不定期向天子纳贡、朝觐，所以出现了诸侯争霸的局面，许多诸侯国的国君开始直接称"王"，齐国和秦国的国君甚至称"帝"。这种逾越礼制的行为也就是一般所说的"礼崩乐坏"。

在诸侯间战争频发的新情势下，各诸侯国为了在竞争中取得优势，纷纷开始变法，其中以秦国的变法最为有效。秦国致力于建立起一种更有动员力的垂直管辖体制，即后来所确立的郡县制的雏形，最终在战国末期，秦国取得了胜利。

秦始皇采纳李斯的建议，以郡县制取代了权力分散的封建制。他从主宰宇宙万物的"天皇、地皇、泰皇"的名称中取其"皇"字，又从上古帝位之号中取其"帝"字，定名为"皇帝"。

对于中国社会而言，皇帝制的确立意味着新的政治秩序的形成。除了皇帝仍为世袭之外，其他的官员，皆通过政绩和德性的考察而任用，不能世袭，由此造成了社会的开放。不过因为皇帝是世袭，在总体上保留了家天下的一些特质，皇帝依旧视天下为他个人的私产。

皇帝制度确立之后，先秦儒家那种君臣之间的互相制约甚至对抗的精神，日益被君臣尊卑关系所取代，比如《白虎通·号》说："或称天子，或称帝王何？以为接上称天子者，明以爵事天也。接下称帝王者，明位号天下，至尊之称，以号令臣下也。"这段文字将天子和帝之间的关系做了勾连，指出之所以称皇帝为天子，是因为皇帝这个地位是上天所赋予的；而称为帝，则是要强调其对于臣下的号令。皇帝的地位从天意所赋予而获得合法性，其职责就是指挥命令臣下。在这里，臣的地位就被规定为对于皇帝的服从，而天意与民意之间的关系则被遮蔽了。《白虎通·号》中说："臣下谓之一人何？亦所以尊王者也。以天下之大，四海之内，所共尊者一人耳。"

在历代的政治制度中，不断强化着皇帝所关联符号的独占性。一部分儒家凭着他们对于传统仪礼的熟悉，对于建构这些独占性的符号和仪式体系可以发挥很大的作用，比如，汉初的叔孙通就是通过制定朝仪来凸显帝王的尊贵性。又如蔡邕说："汉天子正号曰皇帝，自称曰朕，臣民称之曰陛下，其言曰制诏，史官记事曰上。车马衣服器械百物曰乘舆，所在曰行在所，所居曰禁中，后曰省中，印曰玺。所至曰幸，所进曰御。其命令，一曰策书，二曰制书，三曰诏书，四曰戒书。"（蔡邕《独断》卷上）这些规定大多被后世的帝王所沿袭。

不过皇帝的权力也非绝对地无限制。首先是祖宗之法，即所谓前代皇帝，特别是开国之君所立下的一些规矩，后继的皇帝一般而言就应该接受。其次是朝议和台谏制度，虽然，这样的制约可能会因为皇帝的强势与弱势的不同，其制约的力度也有所差异，不过关于君主的废立，特别是嫡长子以外的人出任继承人的情况，或者其他重大法案的确定，都需要皇帝与其他官员讨论决定。

对于皇帝的制约还有精神性的层面，即儒家的德政观念对现实政治权力的制约。从孔子开始，儒家就确立了"以道事君，不可则止"（《论语·先进》）的观念，孔子观念的继承者孟子和荀子都强调"从道不从君"（《荀子·臣道》）。即使是在董仲舒的天人之学中，他虽然对君尊臣卑的等级制度有所肯定，但亦强调"屈君而伸天"，试图通过天的崇高地位来制约现实政治权力；并提出"谴告"的思想，认为如果君主们不能将天意和民心放在政治活动的核心地位，那么上天就会通过自然灾害的方式来警告他们。

后世的儒家一直没有放弃这样的价值观念，他们始终以王道政治的理念来批评和规训现实的政治，虽然他们在实际的操作中亦希望通过教育、矫正皇帝的行为来落实他们的政治理想，但道统对于政统和治统的制约性始终存在。正因为这样的制约性，所以王朝一旦面临重大的火难和政治变故，皇帝就要发布罪己诏书，向上天忏悔自己的过失，并通过举贤良、赦罪犯、免官吏等方式来改正自己的行为。

皇权和儒家政治意识之间在很长时间内构成了一种共谋关系，皇帝本身需要儒家的意识形态来证明其统治的合法性，更离不开主要由儒生构成的官僚体系。因此，皇帝要与官僚分享一些权力。这样的结构十分稳定，皇权虽迭经更替，但儒家政权模式始终没有变化。

皇帝制度的存在，还附带产生了几种相关的政治势力，深刻地影响了中国历史。

首先是宗室，中国是一个宗法制的国家，但是在由封建制转向郡县制的秦朝，因为商鞅变法，剥夺了宗室的特权，导致中央权力遇到危机时皇室孤立无援的局面。因此，汉代在继承郡县制的大背景下，又局部恢复了对于亲属的分封制度。但接着发生的吴楚七国之乱，皇帝又强化了对宗室权力的限制。

皇帝与宗亲之间的关系在不同的朝代有不同的表现，但宗室始终是皇权重要的影响力量，一些强势的宗亲可以左右类似皇位继承等一系列的问题，会影响王朝政治的走势。

其次是外戚。皇权体制的另一个副产品是后宫。皇帝的众多嫔妃所构成的后宫体系，自有其严格的秩序。不过，嫡长子继承制，依然会导致许多的变数，其中还包括历史上经常出现的嫡长子死，立长孙，而长孙年幼，不能独立处理政事，而后出现太后揽权的局面。尤其是当皇帝去世没有子嗣的时候，太后往往会拥有策立皇帝的权力。

而后宫临朝，一般会依赖父兄辅助，所以会产生外戚集团，比如西汉昭帝和宣帝时期的霍光，长期把持朝政。这种现象在中国的主要朝代里都有发生。

最后是宦官。宦官是皇帝后宫的奴仆，然亦因为此，最能与皇帝接近，故而常常获得与其社会地位所不符的政治影响力甚至政治权力。在中国历史上经常出现宦官专权的现象。

在政治清明，皇权对统治秩序有掌控力的情形下，宦官不可能分享很大的权力。宦官势力的增长起因于皇帝本身对于行政机构的不信任，这时候，皇帝会利用宦官来制约、监督权力。或者皇帝本人疏于政事，将一部分权力赋予宦官，这都会导致宦官的专权。在中国历史上，秦、汉、唐、明等朝代，都是宦官专权比较严重的时期。因此，宦官专权也可以看作皇权时期皇帝与外戚、权臣等政治斗争的一种类型。

◇◇八　辅政制度与中国古代的文官系统

到春秋战国时期，中国的国家形态开始转变，封建制的解体，要求建立一个新型的政府来作为社会治理的中枢，核心设置是将与相。以齐国为例，在丞相以下，有大田、大行、大谏、大理、大司马五官组成的文官体系，分别管辖农业、司法、谏议等一系列社会政治事务。

春秋战国时期，最早设立"相"官职的是齐国，随后为各国所效仿。从史料记载可见，当时的君主十分依赖相的支持，如作为齐国的相的管仲辅佐齐桓公而成霸业。

秦国统一六国之后，虽然从官制的建构上，有丞相、太尉和御史大夫，但太尉和御史大夫的地位不能与丞相相比，所以，有人将秦汉之际的政治称为"丞相制时代"。比如秦国之李斯、赵高，汉初之萧何、曹参等。尤其是汉初，皇帝虽然掌管一切权力，但是具体的政务一般而言则交付丞相管理，甚至皇室的事务，丞相也会参与管理。

汉武帝时期开始让侍中、常侍、左右曹、给事中、尚书等帮助他处理政事，形成了皇帝周围的秘书集团与行政系统两套机制，称为内朝与外朝，特点是内朝主决策，外朝主执行，由此，丞相的地位由最高决策层而退居为执行机关。

对后世官制有很大影响的是尚书，尚书本来只是给皇帝发布文书的小官，但是因为与皇帝接近，容易取得皇帝信任，因此，逐渐代替御史大夫而成为皇帝的秘书机关，代替皇帝处理政事。到了东汉，尚书已经开始管理各种政府事务，由此，尚书丞相化，成为权力的象征。

魏晋南北朝，政局动荡，政府机关之权力迭有变迁，而权力主要集中在权臣手中，传统宰相之职位逐渐为尚书等其他机构所替代。

从唐代开始，中国的行政体系发生重大变化，受《周礼》的影响，其政府组织构成包括三师（太师、太傅、太保）与三公（太尉、司徒、司空），这些位置备极尊荣，但并无实际行政管理的职能。而行政核心由中书门下担纲，分为三省：（1）中书省。其官员包括：中书令，辅佐皇帝制定大政方针；中书侍郎，参与议论大政；中书舍人，负责起草诏书，辅佐宰相判案等具体行政事务。（2）门下省。其官员包括：侍中、门下侍郎、给事中，主要负责审议、驳正中书省的决策。（3）尚书省。尚书省为行政执行中枢，包括都省、吏部、户部、礼部、刑部、工部。

主管皇帝内务的称为侍从三省，包括掌管皇帝图书的秘书省、生活饮食的殿中省和后宫事务的内侍省。其他还包括掌管法律事务的御史台，以及其他日常祭祀、财务、刑赏等事务的九司。

钱穆先生在《中国历代政治得失》中指出，在唐代的政治中形成了台谏分职的体系，前述御史台是负责纠察百官的失误，而谏官之职主要是指出皇帝的不是，谏官的任命由宰相做出，这样就构成了互相监督的机制。

唐玄宗之后，有两种力量逐渐侵削相权，一是翰林学士，二是宦官。宦官问题乃中国传统政治的一大痼疾，这里主要说翰林学士。翰林学士本为给皇帝起草文书的官员，但因为直接服务于皇帝，所以当皇帝有意疏离行政系统的时候，便会加重对翰林学士的倚重，这样许多实际的决策便出自翰林学士，宰相反成一个执行官。

至宋代，相权进一步削弱，在汉唐时期，相权亦因皇帝自身的关系而时有起伏，但总体而言，民政、军事和财政等事务都在其职责范围内；但是，宋代则将宰相的权力三分，其中由中书省负责民政、枢密院负责军事、三司主财政。这样的设置看上去是权力互相制约，但因为没有行政总其成者，所以各行政部分不能分工配合。比如，当财政困难之时，枢密院可能还在增兵；百姓穷困已极，三司还在增税，这样必然会引发行政无序状态。

宋代的一个关键变化是，将谏议官的设置变成由皇帝任命。本来唐代的谏官是由宰相任命，旨在监督皇帝，但改由皇帝任命之后，谏官变成钳制宰相的职位，加上原先台官本来就是纠察官员的，这样，在制度设置上没有对皇帝加以制约的，而只有对官员进行监督的。中国政治发展中皇权日趋专制的现象就是经由这样的制度变革而日渐推进的。

到宋神宗元丰改制，宰相的权力又逐渐增强，财政和司法权力最终归宰相统属，虽然兵权依旧由枢密院掌管，但经常由宰相兼领枢密使之职位；到南宋中叶，则固定由宰相兼管枢密院。

到了明代，宰相的权力又被彻底废置，《明史·职官志序》说："自洪武十三年罢丞相不设，析中书省之政归六部，以尚书任天下事，侍郎贰之，而殿阁大学士只备顾问。帝方自操威柄，学士鲜所参决。其纠劾则责之都察院，章奏则达之通政司，平反则参之大理寺，是亦汉九卿之遗意也。分大都督府为五，而征调隶于兵部，外设都、布、按三司，分隶兵、刑、钱谷，其考核则听于府、部。"这就是说朱元璋因为明初几个左右丞相权力甚大，所以他决意将丞相之职废弃，并创立了一个祖训，告诫后代说不许立丞相，如果大臣中有敢提出这个奏议的，将之凌迟处死。

如此将权力集中于皇帝之身，固然可以防止大权旁落，但也会造成皇帝负担过重，甚至明后期皇帝厌倦政事，给了宦官专权的机会。

面对繁重的政务，皇帝势必要组织身边的人来分担他的工作，明代皇帝所信任的是"大学士"。内阁学士本为皇帝之随从，官阶只为五品，所以当有为之君当位，这些人权力甚轻。但明代的集权制又导致皇帝所担负之职责过重，因此，当皇帝厌倦政事的时候，这些起草文件的人实际上成为决定政策之人。因此这些内阁大学士又会被加尚书、侍郎之头衔，实际上获得了前代宰相的权限。到明后期又在众多的内阁学士中设立首辅，这样，首辅的权力甚至要超过前代宰相。张居正就是例证。

问题还在于，真正的宰相所发布的政令只是在其权限之内，因此上有皇帝的命令，下有台谏的制约，权力之间互相制衡。而明代内阁所拟的政令概以皇帝的名义发布，因此有大于宰相的权力，却不用担负宰相之责，所以明代政治走向宦官和特务操纵的黑暗境地，在许多人看来主要是因为废除了宰相制而又不能建立一个有效的替代性制度。

清朝取代了明朝，因为其带有部族政权的特点，所以各个亲王之间的权力争夺在入关之前多有发生，加强绝对皇权乃是清王朝统治大帝国的必然选择，尤其是到雍正帝时设立军机处，皇权专制乃得以充分展现。

有学者指出，清朝的政权结构与传统中国政权结构有所不同，其最大的不同乃在于皇权的绝对化。比如皇帝的旨意由军机大臣拟定、以皇帝名义发出，根本无须通过相关部院的过目。各部尚书一般配置满汉各一人，都可以直接向皇帝论事，而且各部的侍郎亦可以直接向皇帝提出建议，而不必通过尚书，这样使得各部主要首领的权限受到很大的削弱。任用大臣的命令也由皇帝直接决定，而不必通过吏部，地方官的任命也要突出皇帝的旨意，以表明皇帝对权力分配的掌控。

清代的权力中枢在军机处，该处的设立本是基于保护军事机密的考虑，后来内阁的权力逐渐移转至军机处，大学士必须同时充任军机大臣才有资格参与政治决策。

军机处的最主要职能是恭拟上谕，主要包括两类：涉及巡幸、上陵、经筵、救济以及内臣自侍郎以上，外臣自总兵、知府以上官员的任免事宜，要广而告之，这称为"明发上谕"；而告诫臣工、沟通作战方案、查核政事、责问刑罚之不当者，谓之"寄信上谕"。寄信上谕密封交由兵部专人送达，这意味着这类事宜可以不与任何人商量而由皇帝直接决定。而内阁所上之奏章是否要报送皇帝，也由军机处审定，如此，军机处成为清朝皇帝政治权谋的最直接体现。

满族政权极端限制人们的言论，除中央政府的各部院首领和地方的督抚之外，不准其他官员专折言事，民间的言论更受控制，每个府县的明伦堂都立一块碑，规定生员不得言事，也不得结社，更不能刊刻自己的作品。

中国的皇权政治自秦始皇到晚清的最后一位皇帝溥仪，共延续了两千多年，其间或有雄才大略之明君，亦有晦暗无道之昏君，构成了中国集权政治之最显著的特征。且传统的士人，虽在政治理念上期待清明的君主，但在实际的政治运作上并没有设计出最高政治权力更替的有效途径，因此，在实际的政治活动中，不免经常站在皇帝的一面参与治理。

皇权的专制虽然存在，但并不能说专制是中国政治的全部，亦不能据此得出士人乃皇权之帮凶。其实，中国自汉代以来除皇帝是世袭的之外，其他政府机构的人员向来是向所有人开放，因此，读书人可以通过不同类型的选举方式进入政府，担任官吏。到隋唐之后，这样的选举方式逐渐统一为科举考试的形式。职是之故，按钱穆先生的说法："实以中国两千年来，有一传统的士人政府。政府力量，不在贵族，不在军人，不在商人，而在一辈有特殊教育与特殊理想的士人手里。"[①] 而这里所谓的特殊教育，就是儒家的经典教育，儒家经典通过科举考试的形式成为士人必须掌握的知识。而这些经典又传达了儒家的特殊理想，即以仁义道德为本的修身齐家治国平天下的人生理想，在这样的理想下，儒家的政治理想始终对现实的政治秩序产生一种批判性的力量，也成为士人批评现实政治的价值衡准。因此，朱熹就会批评秦汉以来儒家的"王道政治"无一日得行于天下；黄宗羲可以批评后世的君主违背了天下是天下人之天下的政治原则，而将天下视为一己之私产，并由此提出了他自己的政治改革方案。

固然，经由科举产生的许多官员与皇权同流合污，但亦有许多以道抗势之士，在皇权体制下，为生民立命。因此，我们既不能美化传统政治，但亦要用历史的眼光来看待中国人在秩序建构中所做出的独特探索，只有这样才能真正发现适合中国人价值观的社会治理之道！

◇九　察举制与九品中正制

据《周礼》的说法，司徒之官职就是负责教育和举荐贤能之士的，而其中乡大夫和乡老则要不断推举人才，然后再进行专门的训

---

① 钱穆：《国史新论》，生活·读书·新知三联书店2001年版，第124页。

练，以服务社会。古代的选官制度大约是世袭和选贤的结合。世臣因是恩礼相结，所以容易建立起忠诚感。不过权力世袭的缺陷是继承者骄奢淫逸，不能任事；所以终究要向游士或其他群体吸纳贤能之士。对于大多数游散之士而言，其获得职位，乃是衣食之所需，即所谓稻粱谋。所以，就先秦儒家的观点而言，选贤与能与培育共同体的意识，乃是建立稳定的社会秩序的关键。

汉初的几代帝王以黄老道学为立政之基，汉高祖和汉文帝举行过一些诏举"贤士大夫""贤良方正"等选官的活动，但并无定制。在叔孙通、贾谊、董仲舒等人的努力之下，儒家的价值观不断得到强化。董仲舒在给汉武帝的对策中说：现在天下的官员多出于官宦之家，这些人未必有真才，因此，应该鼓励地方的官员举荐贤能之士，由此便有了举茂才、孝廉的政策。

汉武帝元光元年（公元前134年）设立的"举贤良""举孝廉"的察举制度是以儒家价值观选拔官员的肇端。他规定：

> 郡国口二十万以上岁察一人，四十万以上二人，六十万三人，八十万四人，百万五人，百二十万六人；不满二十万，二岁一人；不满十万，三岁一人。限以四科：一曰德行高妙，志节清白；二曰学通行修，经中博士；三曰明习法令，足以决疑，能按章覆问，文中御史；四曰刚毅多略，遭事不惑，明足决断，材任三辅县令。（杜佑：《通典》卷十三，《选举一》）

但在实际的执行中，以政事为主的举贤良受到重视，而以奖掖社会风气的举孝廉则颇受冷落。为了改变这种现象，汉武帝说要对那些不积极推举孝廉的人治罪，并批准了有司所奏：

夫附下罔上者死，附上罔下者刑；与闻国政而无益于民者斥；在上位而不能进贤者退，此所以劝善黜恶也。今诏书昭先帝圣绪，令二千石举孝廉，所以化元元，移风易俗也。不举孝、不奉诏，当以不敬论；不察廉，不胜任也，当免。（《汉书·武帝纪》）

由于当权者带有强制性的倡导，举孝廉逐渐成为汉代选官的最主要的途径，朝廷的官员群体逐渐转变为以孝廉而获得升迁的人。举孝廉注重品德和办事能力的统一，但在实际的操作中，往往是以孝为先。举孝廉既改变了汉初承续秦制所造成的酷吏遍地的状况，又使儒家的血缘伦理与官僚制度的能力原则得到结合。

察举等制度的推行，使得民间社会中的优秀人士，可以获得一种流动的机会，从而使统治阶层不断获得新的支持力量，形成社会对于新的政治秩序的向心力。汉武帝的雄才大略之所以得以施展，汉代的统治之所以可以绵延长久，此制度可谓有奠基之功。

察举制在推行了 200 多年之后，其弊端日益严重，比如察举的权力主要控制在官员手里、孝廉的德和才并不一定兼备、社会竞相博取孝名而弄虚作假、人数过于庞大而难以安置等，因此东汉顺帝在阳嘉元年（132 年），采纳了左雄的建议，要求所举之孝廉必须在 40 岁以上，同时，要得到任用必须经过考试。考试的内容是"诸生试家法，文吏课笺奏"；并正式确定"诸生通章句"才能应孝廉之选，这样就进一步将通晓儒家经典和选拔官员联系起来，为最终以科举取士奠定了基础。

魏晋初期曹操所推行的是"唯才是举"政策。"唯才是举"显然是对察举制中道德至上主义的反拨，更多考虑到实际的才能。不过魏晋时期，更为受人关注的是"九品中正制"。"九品中正制"在最初的设计中，并非是为了巩固门第，而是根据汉末动乱所造成的人才流动的情况，所以确定"九品中正"，试图突破当时由少数人评议而造成的舆论压力，从而强化政府对于"清议"的控制和利用。

在制度设计上，九品中正制是能力本位和道德要求的妥协性表达。九品官人法的选择标准为家世、德、才三项，不过，任何制度都会产生变异，在实际操作中，家世逐渐成为选人的最关键者。而因为人物品评的权力在于中正官个人，所以更易受社会环境之影响，法久必弊，渐渐地重要的职位便为世家大族所控制。

> 九品之制，初因后汉建安中天下兵兴，衣冠士族多离本土，欲征源流，虑难委悉。魏氏革命，州郡县俱置大、小中正，各取本处人任诸府公卿及台省郎吏有德充才盛者为之，区别所管人物，定为九等。其有言行修著，则升进之，或以五升四，以六升五。傥或道义亏缺，则降下之，或自五退六，自六退七矣。是以吏部不能审定核天下人才士庶，故委中正铨第等级，凭之授受，以免乖失。及法弊也，唯能知其阀阅，非复辨其贤愚，所以刘毅云："下品无高门，上品无寒士。"南朝至于梁、陈，北朝至于周、隋，选举之法，虽互相损益，而九品及中正，至隋开皇中方罢之。（郑樵：《通志二十略·选举略》）

九品中正制虽然直到隋朝才被正式废止，但在南北朝时期，随着士族势力被摧折，察举和学校入仕之途又开始恢复。而察举的方式也逐渐由举荐向通过考试转变，士人得官主要依据于策试和"明经"考试。察举的标准也由孝悌、吏能、经术并重，转向以考察对于儒家经典的熟悉程度的文化考试为主。由此察举制和学校制度的关联也更为密切。更为重要的是成为后来科举根本性特征的自由投考制度在北朝开始萌芽。

◇十　中国传统教育制度

孟子说："设为庠、序、学、校以教之。庠者，养也；校者，教也；序者，射也。夏曰校，殷曰序，周曰庠，学则三代共之，皆所以明人伦也。人伦明于上，小民亲于下。有王者起，必来取法，是为王者师也。"（《孟子·滕文公上》）这是孟子对于夏商周三代时期学校教育情况的描述。不过，由于文献的缺失，我们无法准确了解远古中国的教育状况。我们可以有把握地推论，随着国家的成立，相应的教育体系亦会随之建立，只不过古代的教育其核心在于教育人伦和礼仪，而教育的对象主要是贵族子弟。

对于周代教育制度的认识，我们通常会依据《周官》，当然，该书的形成时间存有争议，《周官》所描述的教育体系也未必能在西周真正落实。不过，周代的教育体系已经开始细化，王朝已经设立专门的教育官员，如师氏、保氏。

师氏主要教三德、三行。

以三德教国子：一曰至德，以为道本；二曰敏德，以为行本；三曰孝德，以知逆恶。教三行：一曰孝行，以亲父母；二曰友行，以尊贤良；三曰顺行，以事师长。居虎门之左，司王朝，掌国中失之事，以教国子弟，凡国之贵游子弟学焉。（《周官·地官司徒》）

而保氏则主要教六艺、六仪。

> 保氏掌谏王恶，而养国子以道。乃教之六艺，一曰五礼，
> 二曰六乐，三曰五射，四曰五驭，五曰六书，六曰九数。乃
> 教之六仪，一曰祭祀之容，二曰宾客之容，三曰朝廷之容，
> 四曰丧纪之容，五曰军旅之容，六曰车马之容。（《周官·地
> 官司徒》）

这里所说的教育主要是指国中的贵族子弟所必须掌握的基本技能和礼仪。这些内容基本上是当时政治生活中所要涉及的核心问题。其实庶民则是另外一套教育方式。除此之外，还有更为高等级的教育体系，比如《周官·春官宗伯》说："大司乐掌成均之法，以治建国之学政，而合国之子弟焉。凡有道者，有德者，使教焉。"主要教授的内容包括祭祀之礼仪和乐舞。朱子《大学章句序》曰：

> 人生八岁，则自王公以下至于庶人之子弟，皆入小学，而教
> 之以洒扫、应对、进退之节，礼乐射御书数之文。及其十有五
> 年，则自天子之元子、众子，以至公卿、大夫、元士之适子，与
> 凡民之俊秀，皆入大学，而教之以穷理、正心、修己、治人之
> 道。此又学校之教、大小之节所以分也。

进入春秋战国之后，封建制度崩溃，王官之学逐渐废弛，平民教育逐渐兴起。社会的变动，需要一大批掌握新知识的人才，更重要的是贵族制度的解体，导致人们可以依靠自己的知识技能获得社会地位。在这个转折时期，孔子所开创的"有教无类"的教育原则，成为

后世中国教育的立基之所。孔子以六艺教人，虽然是古代教育所流传下来的基本内容，然孔子教育思想中特别注重君子人格的培养，即将教育之内容与社会风尚的培育结合起来，因此成为春秋战国时期最为成功的教育体系，并形成了儒家学派。当时私人教育的团体除儒家而外，比较成功的还有墨家、阴阳家等，他们之间因不同的政治和学术理念所展开的争论，构成了中国思想的百家争鸣。

秦代有挟书令，禁止儒家经典的私人传授，不过经典的传承并没有中绝，有些人甚至通过背诵的方式把经典的内容都记在脑中。同一经典在不同的传授者那里形成其独特的解释系统，在汉初逐渐形成了不同的经典传承谱系，并经由家法和师法的培育，而形成不同的学派。随着独尊儒术政策的实施，官方设立五经博士，很显然顾及了经典的不同传承脉络。

五经博士是汉武帝时沿用战国和秦时已经有的博士职位，而为儒家经典的教育和传承设立的一种专门官职，并随之给五经博士配备博士弟子，使学习经典成为风尚。据史书记载，公孙弘建议说："闻三代之道，乡里有教，夏曰校，殷曰庠，周曰序。其劝善也，显之朝廷；其惩恶也，加之刑罚。故教化之行也，建首善自京师始，由内及外。今陛下昭至德，开大明，配天地，本人伦，劝学兴礼，崇化厉贤，以风四方，太平之原也。古者政教未洽，不备其礼，请因旧官而兴焉。为博士官置弟子五十人，复其身。太常择民年十八以上、仪状端正者，补博士弟子。"（《汉书·儒林传》）

虽然经典传承的官学化会导致经典解释的僵化，但一个时代的教育必然需要一种价值导引，以整顿秩序和推行教化，所以五经博士及其博士弟子的设立，为经典的社会化打下了基础。

王莽当政之时，特别推尚教育，在各行政机构设立学府，配备经师。而到东汉，设立太学制度，其最大规模甚至达到三万余学生在学。"建武五年（29 年），乃修起太学，稽式古典，笾豆干戚之容，备之于列，服方领习矩步者，委它乎其中。中元元年（56 年），初建三雍。明帝即位，亲行其礼。天子始冠通天，衣日月，备法物之驾，盛清道之仪，坐明堂而朝群后，登灵台以望云物，袒割辟雍之上，尊养三老五更。飨射礼毕，帝正坐自讲，诸儒执经问难于前，冠带缙绅之人，圜桥门而观听者盖亿万计。其后复为功臣子孙、四姓末属别立校舍，搜选高能以受其业，自期门羽林之士，悉令通《孝经》章句，匈奴亦遣子入学。济济乎，洋洋乎，盛于永平矣！"（《后汉书·儒林传》）从中我们可以看出，皇帝亦会去太学讲学，而匈奴等其他少数民族政权的子弟亦会遣人来此求学。

魏晋南北朝时期，社会动荡，世家豪族的势力十分强大，体现在教育领域，则是官学相对式微，而私人教育十分发达。因为教育是门第的维持基础，所以，魏晋时期特重家风、家规等教育，与此相连的，则是经学中礼学的发达。

魏晋的思想，玄风大炽，士人崇尚清谈和其他各种艺术修养，这也促使了相关专门之学的发展，比如律学、音乐教育等。

魏晋南北朝时期还有一点值得提出的是寺院教育的兴起，许多寺院本身附设有教育机构。随着佛教的传入和佛经的翻译，魏晋时期的高僧也接受弟子，最为著名的有北方的道安和南方的慧远，都有大批信众追随。

到了隋唐时期，中国古代教育进入了一个新的阶段，特别是制度的设置，使人才选举和教育制度之间建立起密切的关系。《新唐书·选举志》说："唐制，取士之科，多因隋旧，然其大要有三。由学馆者曰生徒，由州县者曰乡贡，皆升于有司而进退之。其科之目，有秀才，有明经，有进士，有俊士，有明法，有明字，有明算，有一史，有三史，有开元礼，有道举，有童子。而明经之别，有五经，有三经，有二经，有学究一经，有三礼，有三传，有史科。此岁举之常选也。其天子自诏者曰制举，所以待非常之才焉。"这段文字说明，唐代的教育内容十分丰富，除了我们熟悉的经史之学之外，还有算学、医学等教育。从科举的角度看，我们可以看到唐代取士之途皆经过考试，而考试按时间来分，则有每年定期举行的与不定期举行的两种。定期考试的生源主要来自学馆和乡贡。

唐代的学馆是按不同的家庭背景来确定学子所能进入的学习系统。比如三品以上的子孙可进入国子学，五品以上的子孙可以进入太学。七品以上的子孙以及老百姓中的杰出者，可以入四门学。而八品以下和一般百姓的孩子可以学习律学、书学、算学。除此之外，还有宏文馆和崇文馆，不过招收的学生并不多。

除了中央的学校之外，在地方也逐步建立起各级教育体制，包括府学、州学和县学。所有府州县市各学校统属直系，由长史掌管。629 年，唐王朝还命令州设医学。到开元年间（713—741 年），府州县学已经很完备，府学可收儒经学生 50—80 名，医学生 12—20 名；州学可收儒经学生 40—60 名，医学生 10—15 名；县学可收儒经学生 20—40 名。由于大量的遣唐使进入长安等地学习，唐代实际上开始了有规模的留学生教育。

宋代的学校设置亦由国子监和太学等构成。"凡学皆隶国子监。国子生，以京朝七品以上子孙为之，初无定员，后以二百人为额。太学生，以八品以下子弟若庶人之俊异者为之。及三舍法行，则太学始定置外舍生二千人，内舍生三百人，上舍生百人。始入学，验所隶州公据，试补外舍，斋长、谕月书其行艺于籍。"（《宋史·选举志》）

这里提到的"三舍法"是王安石变法时所实行的，内舍、外舍和上舍。三舍分别招收不同数量的学生，官宦子弟可以免试入学，而平民子弟则要通过考试，才能入学。这些学生再通过一定的考试，可以获得科举的身份。三舍法的设立本意是为了补科举偏重文词之缺陷，然实际上则将太学变成一个科举的附属体制。

宋代的太学也设立了一系列专门的教学内容，比如律学、算学、医学，甚至还有书画。

不过，宋代因为整体国力绵弱，虽然经范仲淹、王安石、蔡京等屡次兴学，官学体系始终没有恢复到唐代之盛，无论是国子监还是州县的教育体系，都是如此。这从另一方面催生了民间书院的勃兴。正如朱熹在《衡州石鼓书院记》中所说："予惟前代庠序不能，士病无所于学，往往相与择胜地，立精舍，以为群居讲习之所。"

书院之出现约在唐宋，唐代的集贤院书院主要的功能是藏书，并因藏书而逐渐发展为读书治学的场所，又因官府藏书和私人藏书两种形式而产生书院之公私两种形态。

宋代初年，由长期战乱而导致的官学体系崩溃使书院在很长的时间里替代了官学的功能。即使在 1044 年庆历时期诏令天下兴学之后，书院依然发挥重要的作用。因为书院的教育模式与官学有很大的不同，书院适合于发展独立的思想体系。

宋代的儒生比较喜欢在书院讲学，并影响了那个时代的风气。比如，北宋三先生胡瑗、石介与孙复主讲泰山书院，力辟佛老，使书院成为儒学复兴的基础。南宋的书院讲学之风更盛，当时儒学的代表人物朱熹、陆九渊等先后主持过一些书院。当时的书院，其中以"四大书院"名动天下，即白鹿洞书院、岳麓书院、应天府书院和嵩阳书院。这些书院有些有官方的支持，有些纯粹是私人筹集资金创立的。

书院在宋代的兴盛与理学的发展关系密切，不可否认书院相对独立的地位是士人追求圣贤人格的理想场所，而科举的兴盛对儒家精神的抑制也是理学家们醉心于书院的重要原因。陈淳关于"圣贤之学"和"科举之学"之区分的一段话，可作为理学家对官学体制反思的一种自觉。"或曰：今世所谓科举之学，与圣贤之学何如？曰：似学而非学也。同是经也，同是子史也，而为科举者读之，徒涉略皮肤，以为缀缉时文之用，而未尝及其中之蕴。止求影像仿佛，略略通解可以达吾之词则已，而未尝求为真是真非之识。穷日夜旁搜博览，吟哦记忆，惟铺排骈俪无根之是习，而未尝有一言及理义之实。自垂髫至白首，一惟虚名之是计，而未尝有一念关身心之切。盖其徒知举子蹊径之为美，而不知圣门堂宇高明广大之为可乐；徒知取青紫伎俩之为美，而不知潜心大业趣味无穷之为可嗜。凡天命民彝大经大法人生日用所当然而不容阙者，悉置之度外，不少接心目，一或扣及之，则解颐而莫喻。于修己治人齐家理国之道，未尝试一讲明其梗概，及一旦蹑高科、蹑要津，当任天下国家之责，而其枵然无片字之可施，不过直行己意之私而已。若是者，虽万卷填胸，锦心绣口，号曰富学，何足以为学？峨冠博带，文雅蕴藉，号曰名儒，何足以为儒？"[1] 这段话颇具道学家之风采，也揭示了科举制度之后，即将经典作为升迁之途之后，虽然人们自幼及老一直诵读经典，但目的只是功名利禄，不再关心经典的真正意义所在。

因为书院的兴起源于儒生对于独立精神的追求，所以必然会威胁到朝廷统治，因此，朝廷对于书院的态度迭经变异，对书院的管制处于松紧不定的状态。

---

[1] 陈淳：《似学之辨》，《北溪大全集》卷十五。

书院的兴衰受书院主持人个人的影响很大，书院本身在发展过程中功能也日趋多元化，一般而言可分为讲学型、教化型和科举型，实际上许多书院也具有为科举服务的功能。

经过元代的短期统治，朱元璋建立起明朝，并立意恢复教育，特别重视国子监。到明成祖迁都北京之后，复又设北京国子监，因此，太学生有南北之分。最初的时期，国子监的出身受到特别的重视，这是因为严格的教育体系。国子监设祭酒、司业及监丞、博士、助教、学正、学录、典籍、掌馔、典簿等官。分六堂来因材施教：率性、修道、诚心、正义、崇志、广业。教学内容除经史之外，还有律学、策论等实用知识。

地方学校的体制也日渐完备。朱元璋时期大建学校，府设教授，州设学正，县设教谕，各一。俱设训导，府四，州三，县二。生员之数，府学四十人，州、县依次减十。而这些学生都有良好的生活保障。明朝在府州县学之外，还有社学，其目的是教授民间子弟，培养良好的社会风俗，派遣老师去教授婚丧嫁娶之礼节。

不过，国学制度不久就被科举应试教育所破坏，所以士大夫又延续宋代的风气，开始创办书院。

明代的书院尤其是江南一带的书院与阳明学的兴起有很大的关系，这个时期的书院首先特别注重民间讲学，提倡觉民行道，因此，经常举行讲会活动。书院有很强的学会化倾向，被统治者所忌惮。比如东林书院，学者经常在此汇集，轮流主讲，议论政治，因此被魏忠贤矫旨禁毁。阉党政治结束之后，书院才逐步恢复。

清朝的国学教育仍沿袭了明朝的体制，不过，因为其属于满族的政权，因此教学内容上也有许多新的特点。比如设立了专门为满族贵族子弟服务的宗学：顺治十年（1653 年）八旗各设，"凡未封宗室之子年十岁以上者，俱入宗学"，学习清、汉书、骑射。宗学地位最高，这些学生不用经过科举考试，可以直接进入殿试环节而获得官职。其他还有觉罗学：招清朝创立者觉罗氏子弟八至十八岁入学，教学内容、入学年龄与宗学略同。旗学：专为旗人子弟开设的规模最大的学校，分为八旗官学、八旗义学、八旗蒙古学、景山官学、咸安官学，课程同宗学。算学馆：康熙五十二年（1713 年）开设，招八旗子弟学习算法，主要为钦天监培养后备人才。俄罗斯学馆：雍正六年（1728 年）设置，招收俄罗斯留学生，聘请俄人教授满族贵族子弟学习俄文。

清朝的文化政策比较严厉，其表现就是政府强力介入书院的管理，因此，书院虽然十分繁荣，但独立的学术见解则难以出现。1840年鸦片战争之后，许多书院开始了新式知识的教育，培养了一大批投身变革社会的新式知识分子，从而成为传统教育向现代教育转化的一个过渡性机构。新式书院也逐步成立，比如康有为在广州创办的万木草堂，就与以科举为目标的大多数书院不一样，而是以传播新知为其特点。

戊戌变法提出了创办新学的主张，具有划时代意义的是京师大学堂的成立。其他如天津的北洋大学等一批大学也相继成立，现代教育在晚清已经走出了第一步。

◇十一　科举与书院

科举制度是一项选官制度，最根本的目的是选拔合适的人才进入官僚阶层，其前身是中国古代的各种官员选拔制度。然而，科举制度的设计深刻地影响了中国隋唐之后的教育制度，因此，科举制度亦可视为中国传统教育制度的重要组成部分。

周朝以前，虽然上层的职位是世袭的，但是，地方的贤能依然有被选举而升迁的机会。《礼记·王制》中记载："乡老论士之秀者，升诸司徒曰选士；司徒论选士之秀者，而升诸学曰俊士；既升于学，则称造士；大乐正论造士之秀者，以告于王，而升诸司马曰进士；司马辩论官材，论进士之贤者，以告于王，然后因其材而用之。"这样的描述多少有些理想化的成分，不过我们还是可以看到"选士"和"造士"，也就是即使是将有才能德性的人选拔出来，也还要进一步教育提升。

到春秋战国时期，社会的变动使得学校和选士制度难以维系，诸侯公卿便通过养士的手段来获得自己所需要的人才。我们读到过很多养士的故事，比如孟尝君的"鸡鸣狗盗"之徒，还有那些侠义心肠的刺客们。

而学在民间和私人讲学制度的兴起，使更多的身份低的人通过学到的知识上升到士的阶层，这导致了学术的多样化和百家争鸣的局面。与此相应的是，一个相对独立于宗族和国界的"士"的阶层兴起。

秦汉皇帝制度确立了家天下的体制，秦朝的时候是法家之徒独领风骚，汉初是黄老道学。随后则是儒生和文吏共存，在贵族制度解体之后，形成了一系列选拔官员的制度。汉以后到科举制度实施之前，主要的选举制度有察举（举孝廉和举贤良）、辟举、九品中正制、学校、荐举、征召、上书自荐、技艺入仕等，这些制度理论上是主张"以德取人""以能取人""以文取人"的原则，并在实践中也有一定程度的呈现，但不受门第等因素影响的相对客观的选士制度直到隋唐才建立起来。

一般的说法，隋炀帝大业二年（606 年），开始设置"进士科"，策试诸士，这样开启了科举的时代。虽然那些举荐的制度仍然存在，但是，以纯粹的考试形式来选拔人才占据越来越重要的地位。

唐代的考试制度主要沿袭隋朝的制度，但更为完备。其中最受重视的是贡举，《新唐书·选举志》记载贡举的考试内容时说："其科之目，有秀才，有明经，有俊士，有进士，有明法，有明字，有明算，有一史，有三史，有开元礼，有道举，有童子。而明经之别，有五经，有三经，有二经，有学究一经，有三礼，有三传，有史科。此岁举之常选也。"这么多的科目，可以看出主要的内容为儒家经史和礼乐知识，而且面相当广，有利于士子们选择。在这些科目中，进士科和明经科最受人追捧。

为了与选士制度的变革相适应，隋唐时代开始建立起完备的从国子学到地方的官学系统，这些学校系统以学习经典、掌握行政技艺和熟悉礼仪为主要教学内容，这样儒学的传播和学习开始与社会升迁建立起一种制度化的联系。

宋代的科举制度虽然因为不同政治势力的角力而屡经反复，其基本格局依然继承了唐代制度。但在考试的规则上有进一步的完善，比如出现了"糊名""誊写""保任"等防止考试作弊的办法。所谓糊名，就是将考生的姓名"封印"，即考官在评价的时候并不能知道考生的姓名；"誊写"算是"糊名"的补充，通过将考卷誊写成统一的字体，可以防止从笔迹来了解考生的信息。这些原则主要是为了保证考试的公平性。而"保任"是让一些地方的官员为该地方的考生的道德品质做出担保。

明代的科举在选拔人才的过程中更为重要，甚至一度为了遏制奔竞之风而专以科举取人。后虽又有变化，但专重科举已是毋庸置疑了。《明史·选举志》说："科目者，沿唐、宋之旧，而稍变其试士之法。专取四子书及易诗书春秋礼记五经命题试士，盖太祖与刘基所定。其文略仿宋经义，然代古人语气为之，体用排偶，谓之八股，通谓之制义。"从这段话中我们可以了解到，首先，明代的考试范围有了变化，以四书五经作为考试的内容；其次，答题的方式有了一种标准化的文体，即八股文。后来，又逐步确定了朱熹的四书集注作为科举考试的保准解释。

考试的方式也有一些变化，开始实行每三年一次的"大比"。整个考试分为三个阶段：乡试（在考生所在的省举行的考试，中式者为举人）；会试（各地的举人到京师参加的考试，中式者为进士）；殿试（会试成功者，由皇帝直接在宫廷里策试，分一、二、三甲，一甲三人，分别为状元、榜眼和探花）。

明清之后科举逐渐成为进入权力核心和国家行政管理机构的唯一途径，因为自从明英宗天顺年间之后，规定非科举出身的人不能进入内阁。而明代的京官清要均任用进士出身的人，其他的机会也都是首先考虑这些科场上的成功人士。

明代的各级官学，因为科举制度的强大吸引力，不自觉地成为科举的预备机构。清代的科举制度基本上也是依照明代的方式，略有损益。

毫无疑问，科举作为儒家思想与权力之间的一种特殊连接方式，对儒家经典的传播厥功至伟。不过，有一利必有一弊，科举与权力的结盟，日益使读书人远离对经义本身的理解而转变为对于制艺也就是考试技术的重视，科举使经典获得广泛的传播，也客观上束缚了儒学的创造性发展。顾炎武曾痛言"八股盛而六经微，十八房兴而廿一史废"，所谓十八房就是刻印科举参考书的印刷机构，意思是大家都看这些科举书籍而不再真正留意经典。顾炎武把八股对儒学的损害比之于焚书坑儒。①

在这些选拔性的考试之外，还有童生的考试。所谓的童生，并不是完全按照年龄来判定的，无论年齿大小，凡是没有取得县、府学生员的都称之为童生，这个资格也很重要，它是参加选拔考试的基本条件。

科举考试的自由参选的前提，极大地激发了全民研读儒家经典的热情。一般的家庭也以"耕读之家"为标榜。在没有公共教育的传统社会，私塾成为开蒙的主要途径，所学习的程度虽然不一，但客观上都普及了儒家经典。

科举制度无论是考试的形式还是内容均处于不断变化发展过程中，不过其结果却是考试的内容越发集中于少数几部儒家的经典。自北宋的王安石改革科举内容起，一种根据儒家的经典阐发义理的"经义"之试便确立了。这种"依经按传"代圣贤立言的考试方式被延续下来。到了明代（明清两代的科举形式基本上一致），"乡试三场，首场试四书义、经义，另一场试论、判、诏、诰、章、表，一场试经史策论。三场所重在首场，首场的经义或称五经文，仿四书文，亦用八股文式。所以论者称明以时文或四书文取士者，乃就其所重者而言"②。

八股文③的出现，使考试不断向技术化转化。甚至可以这么说，

---

① 顾炎武：《日知录》卷十六。

② 王德昭：《清代科举考试制度研究》，中华书局1984年版，第23页。

③ 八股文要求每篇文章均按一定的格式、字数来写作。所谓八股，即破题、承题、起讲、入手、起股、中股、后股、束股。破题是用两句话将题目的意义破开，承题是承接破题的意义而说明之。起讲为议论的开始，首二字用"意谓""若曰""以为""且夫""尝思"等开端。"入手"为起讲后入手之处。起股、中股、后股、束股才是正式议论，以中股为全篇重心。在这四股中，每股又都有两股排比对偶的文字，合共八股，故名八股文。题目主要摘自四书、五经，所论内容主要据宋朱熹《四书章句集注》，不得自由发挥、越雷池一步。一篇八股文的字数，清顺治时定为550字，康熙时改为650字，后又改为700字。

八股文的形式使得儒家经典的内容已演化为一种道具,让位于严整的形式,也即当人们将注意力集中到如何应对八股的技巧的时候,对于经典所要呈现的儒家观念反而会忽视。随着思想的制度化和意识形态化,其所要传达的价值理想反而被掩蔽了。

儒家的榜样性形象是圣人,现实目标则是成为君子。虽然对于君子和圣人可以有许多种解释,但关键是这些人士能够对"上天"通过自然和人类社会体现出的宇宙秩序——"道"有所体会。在这种基本背景之下,中国人的知识指向更多是关注社会秩序的建立及与之相关的内容,包括人如何维护这种社会秩序。因此起码从制度化儒家确立的汉代开始,中国的教育内容就是如何灌注儒家的这种思想倾向,即《中庸》所谓"修道之谓教"。正因为儒家所要造就的就是"君子",所以作为儒家制度化的核心内容的科举,其所要选拔的便不是专门的管理人才或技术人员,而是一种对于儒家的秩序观念有着深刻认同的"君子"。

儒家的人才理念与现代教育日趋专业化的倾向之间的矛盾在西方的军事挑战和经济强势面前,很快显现出来。儒家所着力培育的人才根本无力应对西方人所依凭的坚船利炮,所以改革学校和科举制度逐渐成为舆论共识,并逐渐落实到具体的措施上。如在设立学校方面,鉴于与外国交涉需要外语人才,所以在建议设立"总理各国事务衙门"之时,奕䜣还建议设立专习外国文字的"同文馆",并于1862年正式建立。此后上海的广方言馆和洋务学堂开始出现,1867年同文馆奏请招收正途的学生,这样,在制度化的知识传播途径中非儒学的成分逐渐进入,使得儒家的独占性优势开始被削弱。

一开始,人们对于科举改革的想法主要是试图在原有的考试内容上做一些变动,也有人主张特设一科,来专门选拔有造船、制造、驾驶、测量的人才。在经过无数次的质难和辩驳之后,1888年举行的戊子乡试，首开算学科，并决定只要报名人数在 20 名之上者，就可以开考。这项改革数次均因报名人数达不到要求而停罢。

随着中外冲突的不断加剧和中国一次比一次惨重的失败，许多人逐渐将不满的情绪指向科举。特别是甲午战争的失败，科举成为战争失败的替罪羊。在十分情绪化的年代里，人们不仅将目标对准科举的内容，甚至主张连科举这种形式也应该废除。如康有为就认为晚清缺乏人才就是因为大家都醉心于八股文，而不读西方的著作，由此，教育变革首先要做的就是废除八股文。

梁启超的分析开始意识到了"君子不器"的科举理念和西方的教育体系在提升国民素质上的不同之处。梁启超以西方的普及教育为坐标，认为中国的科举考试则是趋中国人于愚昧的境地，因此应该废弃。他以现代教育的立场指出科举不利于儒家的传播，而且是使儒家思想与民众阻隔的主要障碍。

在这种社会氛围之下，朝廷开始接受有关国家治理制度重构的建议。光绪二十一年（1895 年）设立"官书局"，以选择翻译外文书籍和各国报纸，传播新知识。光绪二十二年（1896 年）于京师设立大学堂，并在各省、府、州、县设立学堂的建议也被采纳。科举的改革继续进行，光绪二十四年（1898 年）经济专科设立，这样在传统的科举之外又别设一途，与正途相类。同年科举中的八股文体被废除，而改试策论等。

戊戌政变在推行了 100 多天之后被叫停，许多新政的措施很快被废止，唯有京师大学堂因为外国教习已经聘任等原因而继续，其他的教育改革措施在光绪二十七年（1901 年）开始也陆续恢复。清廷在西安宣布将在光绪二十八年（1902 年）废除时文诗帖，而改用经义和策论来考试，并停止武科。并在回北京之后下令"将宗室、觉罗、八旗等官学，改设小学堂、中学堂，均归入大学堂办理……各省驻防官学、书院，一律改为小学堂"①。

学校教育和以科举为核心的教育其实是完全不同的两种教育类型，虽然在培养国民的惯习方面，古代的教育和现代教育之间有类似之处，但科举考试并不提供日常知识的学习，或者说并不涉及除做官之外的职业技能的培养，当然也不涉及西方教育体系中最为核心的"科学"。与此相应的是，科举和新式教育在社会功能也就是社会地位和社会资源的获得上也有巨大不同，因此，科举的存在必然成为新式学堂发展的障碍。

许多新派人士均将科举视为学堂的敌人，张之洞就说过："夫学堂虽立，无进身之阶，人不乐为也。其来者必白屋钝士，资禀凡下，不能为时文者也。其世族俊才，皆仍志于科举而已。……使乡试会试仍取决于时文，京朝官仍絜长于小楷，名位取舍惟在于斯；则虽日讨国人而申儆之，告之祸至无日，戒以识时务、求通才。救危局，而朝野之汶暗如故，空疏亦如故矣。故救时必自变法始，变法必自变科举始。"② 光绪二十九年（1903 年）袁世凯、张之洞等人以科举阻碍学堂为名，要求逐年减少学额，直至最后"舍学堂别无进身之路"。1906 年，科举正式被废除。

◇◇十二 礼法合治与中国古代的法律制度

在如何建构社会秩序方面，儒家有其独特的思考，主张德治、仁

---

① 《清德宗实录》卷四八六。

② 张之洞：《劝学篇·变科举第八》。

政。孔子在《论语·为政》说："道之以政，齐之以刑，民免而无耻。道之以德，齐之以礼，有耻且格。"孔子推崇的是那种基于道德伦理的礼治秩序，并认为建立在刑罚基础上的服从，会导致百姓缺乏遵守秩序的自觉意识。这也影响到儒家对于法律制度的基本态度。

公元前536年和前513年，发生了中国法律史上具有重大意义的两个事件：这两个年份中，先是郑子产铸刑书，后是晋铸刑鼎，也就是颁布成文刑律。从法制发展的角度而言，颁布成文的法律是法律发达的标志，因为这可以使人有法可依。但叔向和孔子都对公开颁布法令的行为提出了批评。晋国的叔向对郑子产铸刑书提出批评：

> 昔先王议事以制，不为刑辟，惧民之有争心也。犹不可禁御，是故闲之以义，纠之以政，行之以礼，守之以信，奉之以仁，制为禄位，以劝其从，严断刑罚，以威其淫。惧其未也，故诲之以忠，耸之以行，教之以务，使之以和，临之以敬，莅之以强，断之以刚，犹求圣哲之上、明察之官、忠信之长、慈惠之师，民于是乎可任使也，而不生祸乱。民知有辟，则不忌于上。并有争心，以征于书，而徼幸以成之，弗可为矣。……民知争端矣，将弃礼而征于书，锥刀之末，将尽争之。乱狱滋丰，贿赂并行，终子之世，郑其败乎？（《左传·昭公六年》）

这段话与前引《论语·为政》的大意相同，即认为以严厉的制裁而建立起来的秩序并不稳定有效，只有建立在礼义忠信基础上的秩序才能获得百姓的真正支持。几年之后，晋国也决定铸刑鼎，孔子予以批评，虽然他主要是从变乱制度的角度出发的，认为如果都依赖法律条文，谁还会去尊重那些社会榜样，谁又能成为这样的表率之士呢？

晋其亡乎，失其度矣！夫晋国将守唐叔之所受法度，以经纬其民，卿大夫以序守之，民是以能尊其贵，贵是以能守其业。贵贱不愆，所谓度也。文公是以作执秩之官，为被庐之法，以为盟主。今弃是度也，而为刑鼎，民在鼎矣，何以尊贵？贵何业之守？贵贱无序，何以为国？且夫宣子之刑，夷之蒐也，晋国之乱制也，若之何以为法？（《左传·昭公二十九年》）

从这些记载可见，儒家认为建立秩序，要依赖礼制和道德，以敦风化俗、礼乐谐和为上。先秦儒家的作品反复强调古代圣王之所以制礼作乐，主要是为了消除人们的争夺之心，所以礼制里面体现的是儒家的一些基本的道德原则。这种观念在后世儒家思想家中也一直恪守着。宋代大儒程颐说："生民之道，以教为本，故古者自家党遂至于国，皆有教之之地。民生八年则入于小学，是天下无不教之民也。既天下之人莫不从教，小人修身，君子明道，故贤能群聚于朝，良善成风于下，礼义大行，习俗粹美，刑罚虽设而不犯，此三代盛世由教而致也。后世不知为政之本，不善其心而驱之以力，法令严于上，而教不明于下，民放辟而入于罪，然后从而刑之，噫！是可以美风俗而成善治乎?!"① 即使是讨论法律，程颐的立论依然是如何避免违法的事件发生，因此，风俗良美是治理之要道。

即使是做出了司法判词，地方的官吏们也不忘以各种手段教化那些喜欢打官司的人。宋代的胡石壁有判词说："今世之人，识此道理者甚少，只争眼前强弱，不计长远利害。才有些小言语，便去要打官

---

① 《为家君请宇文中允典汉州学书》，《无刑录》卷二《刑本·下》。

司，不以乡曲为念。且道打官司有甚得便宜处，使了盘缠，废了本业，公人面前赔了下情，着了钱物，官人厅下受了惊吓，吃了打捆……冤冤相报，何时是了。人生在世，如何保得一生无横逆之事，若是平日有人情在乡里，他自众共相与遮盖，大事也成小事；既是与乡邻雠隙，他便来寻针觅线，掀风作浪，小事也成大事矣。如此，则是今日之胜，乃为他日之大不胜也。"①

　　这段话是中国人倾向于调解而非法律手段化解纠纷的比较典型的说法，也是孔子所主张的"无讼"②观念在法律实践中的体现。

　　不过，儒家虽然不推崇刑律，但并不完全否定刑的作用。《礼记·乐记》中说："礼以道其志，乐以和其声，政以一其行，刑以防其奸。礼乐刑政，其极一也，所以同民心而出治道也。"认为礼乐刑政各有侧重，只有互相配合，才能使民心一致而形成"治道"。荀子的"隆礼遵法"思想，集中体现了劝善和惩恶并举的治国理念。荀子说：

　　　　以为人或触罪矣，而直轻其刑，然则是杀人者不死，伤人者不刑也。罪至重而刑至轻，庸人不知恶矣，乱莫大焉。凡刑人之本，禁暴恶恶，且惩其未也。杀人者不死而伤人者不刑，是谓惠暴而宽贼也，非恶恶也。故象刑殆非生于治古，并起于乱今也。治古不然。凡爵列、官职、赏庆、刑罚，皆报也，以类相从者也。一物失称，乱之端也。夫德不称位，能不称官，赏不当功，罚不当罪，不祥莫大焉。（《荀子·正论》）

---

① 《名公书判清明集》卷十，"乡邻之争劝以和睦。"
② 孔子说："听讼，吾犹人也，必也使无讼乎。"见《论语·颜渊》。

在荀子看来，刑律主要是针对那些不愿意遵循社会风俗的人而言的，如若完全放弃，则失去了制约性的手段。对此，《大戴礼记》认为用这礼乐刑政四种方式相配合的方式治理国家，犹如自然界存在四个季节交替，是符合天道自然的。

若夫庆赏以劝善，刑罚以惩恶，先王执此之正，坚如金石，行此之信，顺如四时；处此之功，无私如天地尔，岂顾不用哉？然如曰礼云礼云，贵绝恶于未萌，而起信于微眇，使民日从善远罪而不自知也。（《大戴礼记·礼察》）

当然，讨论中国的法律传统，法家和名家的思想也很重要，尤其是法家。

依法家的立场，要建立一种有效率的制度，就要对所有人一视同仁，不能以礼制中尊卑、上下等级的"例外"来施行不同的法律原则。同时，法家相信刑罚要比道德劝说更有作用。法家的基本原则可以用法、术、势三个字来概括，所谓的法就是法律，术就是统治技巧，而势则是掌握的权力。与儒家反对将法律条文公开化的做法不同，法家认为法必须"显"，也就是让所有的人都知道。韩非子说：

人主之大物，非法即术也。法者，编著之图籍，设之于官府，而布之于百姓者也。术者，藏之于胸中，以偶众端，而潜御群臣者也。故法莫如显，而术不欲见。是以明主言法，则境内卑贱莫不闻知也，不独满于堂；用术，则亲爱近习莫之得闻也，不得满室。（《韩非子·难四》）

法家的出发点是基于他们对人性和人的状况的判断。法家认为这个社会上，像尧舜这样的人是很少的，同时像桀纣这样的恶人也是很少的，大多数是一些普通人，而普通人是怎么样的呢？

> 夫圣人之治国，不恃人之为吾善也，而用其不得为非也。恃人之为吾善也，境内不什数；用人不得为非，一国可使齐。为治者用众而舍寡，故不务德而务法。夫必恃自直之箭，百世无矢；恃自圆之木，千世无轮矣。自直之箭、自圆之木，百世无有一，然而世皆乘车射禽者何也？隐栝之道用也。虽有不恃隐栝而有自直之箭、自圆之木，良工弗贵也，何者？乘者非一人，射者非一发也。不恃赏罚而恃自善之民，明主弗贵也，何则？国法不可失，而所治非一人也。故有术之君，不随适然之善，而行必然之道。（《韩非子·显学》）

法家的重要代表人物商鞅将仁、义、礼、乐、孝悌、诚信这些儒家所看重的价值看作六种"虱子"，他尤其鄙视那些害怕打仗的行为。

既然仁义的行为和愿意行仁义的人，在现实世界难觅踪影，那么对于一般人而言，最好的办法就是以利益去鼓励，以刑罚去威胁甚至镇压。法家主张以刑去刑："重刑少赏，上爱民，民死赏；多赏轻刑，上不爱民，民不死赏。利出一空者，其国无敌；利出二空者，其兵半用；利出十空者，民不守。重刑明民，大制使人，则上利。行刑重其轻者，轻者不至，重者不来，此谓以刑去刑，罪重而刑轻，刑轻则事生，此谓以刑致刑，其国必削。"（《韩非子·饬令》）

法家的思想在秦国取得了成功，不过，其成功所持续的时间是如此的短暂，以至于代秦而起的汉代思想家反思只依赖刑罚所建立的秩序的脆弱性。不过，汉代的儒生提出的是德主刑辅的主张，比如汉代儒学的代表性人物董仲舒，一方面坚持任德，"天道之大者在阴阳。阳为德，阴为刑；刑主杀而德主生。是故阳常居大夏，而以生育养长为事；阴常居大冬，而积于空虚不用之处。以此见天之任德不任刑也"。同时也肯定刑罚作为天道的一部分。"故圣人法天而立道，亦溥爱而亡私，布德施仁以厚之，设谊立礼以导之。春者天之所以生也，仁者君之所以爱也；夏者天之所以长也，德者君之所以养也；霜者天之所以杀也，刑者君之所以罚也。繇此言之，天人之征，古今之道也。"（《汉书·董仲舒传》）董仲舒是以四季的寒暑变化来比附刑德，并论证两种手段都有存在的必要。

从汉武帝开始，儒家的治理之道受到推崇。在制度建设上，除了经学独尊之外，官员的选拔一般也以儒学的价值为指向。如此导致汉代的官吏集团逐渐儒家化。通过在法律判例中引入儒家经典所强调的原则，特别是以《春秋公羊传》的经文作为判决的依据，儒家的价值逐渐渗透到法律体系中。比如，董仲舒曾经根据春秋公羊义讨论过儿子误伤父亲的定罪问题。该案例说，甲的父亲乙与丙斗殴，丙拿出刀来刺乙，甲见状手持一棍杖击打丙而试图救父，但不巧反而误伤了自己的父亲，按照当时的法律，殴打父亲，当斩首，并不考虑是否是误伤。对此，董仲舒说，春秋里面有一个许止的故事，许止的父亲病了，许止在给父亲吃药之后，父亲病故了，《春秋》认为许止并没有要毒死他父亲的主观故意，所以，应该赦免。

儒家思想对法律体系的渗透被有的学者概括为"法律儒家化"。法律的儒家化，在汉之后一直在发展，其核心是礼法的结合。瞿同祖先生认为，中国法律体系的儒家化倾向，经历了北魏、北齐，约三个世纪之久，到隋唐集大成，其最关键的标志是"一准乎礼"，即在基本原则上，法律规则要与礼制相协调，并以礼为准则。①

与法律内在要求的平等性相比，礼所注重的是差别性的原则，即所谓"礼者所以定亲疏，决嫌疑，别同异，明是非也"（《礼记·曲礼上》）。礼教的着力点在于贵贱、尊卑、长幼、亲疏之差别，并认为这是人道之自然状态。一般认为《唐律》是法律儒家化的典型。在《唐律》中，"可以完整地看出有关礼的内容。除八议、官当、十恶、不孝、留养、按服制定罪之外，还有不少条文是来源于礼的。礼，子当孝事父母，于是子孙违反教令，供养有缺成为专条，徒二年。祖父母、父母在而子孙别籍异财者，徒三年。父母老疾无侍委亲之官徒一年，并免所居官。礼，父母之丧三年，于是匿不举哀，释服从吉，冒哀求仕，居丧生子、嫁娶、兄弟别籍异财皆有罪。《大戴礼》有七出三不去之文。于是成为法定的离婚条件"②。而儒家著作中的互隐说法，成为亲属容隐的法律依据。

在司法制度的设计上，地方的行政官员往往兼施法律权力。只有很高的行政机构中才设有专门的司法机构（刑部、大理寺等）和司法官员。而在县一级的行政机构中，县令往往会需要与民众发生直接的关联，尤其是需要处理司法案件。

传统中国的政治制度，给宗族和乡村社会保留了一定范围的非正式管理权，其中也包括进行道德教育，对一些违背道德原则或其他违背社会规范的行为进行处置。

家长或族长拥有一定的处置权，这是因为家有家法（家规），对于家法的法律地位，可能是一个需要讨论的地方，至少，家规在某种

---

① 参见《瞿同祖法学论著集》，中国政法大学出版社 1998 年版。

② 瞿同祖：《法律在中国社会中的作用》，载《瞿同祖法学论著集》，中国政法大学出版社 1998 年版，第 400 页。

程度上与国法有衔接。比如，《宋史·陆九龄传》中是这样描述家规和国法之间的关系的："子弟有过，家长责而训之，不改则挞之，终不改，度不可容，则言之官府，屏之远方。"这就是说，"家族是最初级的司法机构，家族团体以内的纠纷及冲突应先由族长仲裁，不能调解处理，才由国家司法机构处理。这样可省去司法官吏的许多麻烦，并且结果也比较调和，俗话说清官难断家务事，是有其社会根据的。有许多纠纷根本是可以调解的，或是家法便可以处治的，原用不着涉讼，更有些家庭过犯根本是法律所不过问的，只能由家族自行处理。家长除了生杀权以外，实具有最高的裁决权与惩罚权"[①]。尽管在实际生活中，我们亦可以看到以家法处死一些严重违背道德秩序的族人的例子。

◇十三　近代法律转型中的礼法之争

西方国家在对中国的侵略中设立了一系列的新租界，并获得了许多不遵守中国法律的特权，因此，如何使中国的法律与国际通行的法律接轨是晚清法律变革的核心诉求。这样的变革也是在一个巨大的变革背景下展开的。

1898年的戊戌变法失败之后，清政府面临的危机并没有消失。1900年的八国联军进入北京以及辛丑条约所带来的巨大的财政危机，也迫使清政府必须有所改变。与此同时，对国家的前途带有深度焦虑的中国人产生了制度决定论的倾向。

---

① 瞿同祖：《瞿同祖法学论著集》，中国政法大学出版社1998年版，第27页。

1905 年在中国土地上进行的日俄战争，日本打败了国土数倍于自己的俄国。中国舆论界很快将之阐释成立宪与专制之战。舆论认为日本因立宪而强大，而俄国则是因专制而落后的范型，因此，立宪被当时的人们看作中国摆脱困境的唯一出路。

1905 年朝廷派出以载泽为首的五大臣出洋考察，同时又设立专门的"考察政治馆"，选择各国法制中与中国国情相适宜者供朝廷参考。回国后，载泽给慈禧太后上了一道密折，提出立宪的三大好处为"皇位永固""外患渐轻""内乱可弭"，这使朝廷下定了立宪的决心。1906 年 9 月 1 日清政府发布了《预备仿行宪政》的谕令，立宪从此成为新政的核心内容。清政府还进一步提出了改革官制、修订法律等一系列措施。对于整个政治制度而言，新政最重要的成果是制定和颁布了两个"宪法性文件"，即《钦定宪法大纲》和《重大信条十九条》。

清末宪政改革的整体设计是改革旧的法律结构，制定新的法律。变革法律从其根本原因说是近代以来许多新的事物的出现，已经非旧的法律体系所能涵盖。而现实的起因则是西方国家在一系列谈判中，将中国整顿本国法律和取消"治外法权"相联系，这也激发了清政府的修律热情。

1902 年，清廷下诏提出："中国律例，自汉唐以来，代有增改。我朝《大清律例》一书，折衷至当，备极精详。惟是为治之道，尤贵因时制宜。今昔情势不同，非参酌适中，不能推行尽善。况近来地利日兴，商务日广，如矿律、路律、商律等类，皆应妥议专条。著名出使大臣，查取各国通行律例，咨送外务部。并著责成袁世凯、刘坤一、张之洞，慎选熟悉中西律例者，保送数员来京，听候简派，开馆纂修，请旨审定颁行。总期确实平允，中外通行，用示通变宜民之主意。"①

---

① 《清德宗实录》卷四九五。

1903 年修订法律馆成立，沈家本和伍廷芳被任命为修订法律大臣，中国的法律改革才算真正开始。基于当时的经费和人才结构，一系列新法律的制定主要是在日本专家的指导下，移植经日本改造过的西方法律体系。在短短的几年中制定了《商律》《刑事民事诉讼法草案》《法院编制法》《违警律》《大清新刑律》《国籍法》《大清刑事诉讼律草案》《大清民事诉讼律草案》《大清民律草案》《大清现行刑律》等法律，这种以救亡图存为目的、大规模地将西方的法律及与之相应的观念移植到依然以农业社会为主导的中国社会和被儒家的礼治观念熏染了几千年的中国人心里，其所带来的不适应是自然的。因此围绕礼教准则和新法律的关系，在晚清上层统治者中间展开了礼教和法律关系的争论。

很显然，这种争论的核心并不在于对具体的法律条文的争论，而是两种完全不同的法律观念和社会控制理念之间的争论，说到底就是如何看待儒家所一直提倡的"出礼入刑"将法律作为礼教补充的观念问题。

与此相关的则是有关制度建构的问题。如果按现代意义的司法系统来衡量的话，中国也不存在专门的独立的司法系统。在中央政府虽然设有刑部，但它最多被看作政治权力的附属品。而在地方政府如府、县一级，刑事事务往往由地方官员担任。

而西方近代的法律观念则是建立在个人而非家族基础上的，其核心的价值是平等和自由；在制度设计上司法独立，而不受制于任何政治权力。对于中西法律从观念到制度的差异，当时竭力主张学习西方的严复有明确的分疏。严复认为西方法律是君民共同制定的，所以对所有人有约束力，而且三权分立，防止权力过于集中，关键是在法律原则上，在西法是"首明平等"，中法则最重三纲①，强调亲亲和尊尊。

这种礼法的差异，在沈家本等人试图根据"中外通行"的原则制定新法律并交由大臣们讨论的时候，就引发了礼法之争。

1906 年，沈家本等人编就的《刑事民事诉讼法》草案，在下发给大臣讨论的时候，张之洞便做出了措辞严厉的批评，其理论根据就是儒家的法律观念。他说："盖法律之设，所以纳民于轨物之中，而法律本原，实与经术相表里，其最著者为亲亲之义，男女之别，大经地义，万古不刊。"对此，张之洞提出了他对于法律变革的设想。"今日修订法律，自应博采东西诸国律法，详加参酌，从速厘订，而仍求合于国家政教大纲，方为妥善办法。"② 张之洞显然已经认识到了修订法律和儒家基本制度之间的内在冲突，也就是说意识到了以西方为摹本的新法律对于儒家价值原则的颠覆性。

在遭受如此严厉的攻击之后，《刑事民事诉讼法》很快便销声匿迹了。但是对于新法律和旧制度之间的争论则随着修法活动的深入而更为激烈。随之，张之洞对清末法律改革中出台的最重要的法律《大清新刑律草案》的攻击则更为尖锐。他说：

> 窃维古昔圣王，因伦制礼。凡伦之轻重等差，一本乎伦之秩序，礼之节文，而合乎天理人情之至者也。《书》曰："明以五刑以弼五教。"《王制》曰："凡听五刑之讼，必原父子之亲，立君臣之义以权之。"此我国立法之本也。大本不同，故立法独异。

---

① 严复：《论世变之亟》，载王栻主编《严复集》第一册，中华书局 1986 年版，第 3 页。

② 《张文襄公全集》卷六九。

我国以立纲为教，故无礼于君父者，罪罚至重。西国以平等立教，故父子可以同罪，叛逆可以不死。此各因其政教习俗而异，万不能以强合者也。今将新定刑律草案与现行律例大相剌谬者，条举于左：

——中国即制刑以明君臣之伦。故旧律于谋反大逆者，不问首从，凌迟处死。新律草案则于颠覆政府僭窃土地者，虽为首魁，或不处以死刑；凡侵入太庙宫殿等处射箭放弹者，或科以一百元以上之罚金。此皆罪重法轻，与君为臣纲之义大相剌谬者也。

——中国即制刑以明父子之伦。故旧律凡殴祖父母父母者死，殴杀子孙者杖。新律草案则伤害尊亲属，因而致死或笃疾者，或不科以死刑，是视父母与路人无异。与父为子纲之义大相剌谬者也。

——中国即制刑以明夫妇之伦。故旧律妻殴夫者杖，夫殴妻者非折伤勿论。妻殴杀夫者斩，夫殴杀妻者绞。而条例中妇人有犯罪坐夫男者独多，是责备男子之意，尤重于妇人，法意极为精微。新律草案则并无妻妾殴夫之条，等之于凡人之例。是与夫为妻纲之例大相剌谬者也。

——中国即制刑以明男女之别。故旧律犯奸者杖，行强者死。新律草案则亲属相奸，与平人无别。对于未满十二岁以下之男女为猥亵之行为者或处以三十元以上之罚金；行强者或处以二等以下有期徒刑。且曰犯奸之罪，与泥饮惰眠同例，非刑罚所能为力，即无刑罚制裁，此种非行，亦未必因是增加。是足以破坏男女之别而有余地。

——中国即制刑以明尊卑长幼之序。故旧律凡殴尊长者，加凡人一等或数等。殴杀卑幼者，减凡人一等或数等。干名犯义诸条，立法尤为严密。新律草案则并无尊长殴杀卑幼之条，等之于凡人之例。是足以破坏尊卑长幼之序而有余也。

……

窃意今日改律之要，当删繁减轻。减轻一节，已经明谕罢除凌迟枭首等刑，而且停止刑讯，整顿监狱，朝廷仁厚恻怛之至意，已为各国所同钦，万民所共仰矣。要在内外刑官实力尊行。至于删繁一节，前此修律大臣奏请删定现行法律，实为扼要办法。拟请饬下该大臣将中国旧律旧例，逐条详审，何者应存，何者可删。再将此项新律草案与旧有律例逐条比较。其无伤礼教只关罪名轻重者，斟酌至当，择善而从。其有关伦纪之处，应全行改正。总以按切时势而仍不背于礼教为主，限期修改成书，再行请旨交宪政编查馆核议后，恭呈钦定，颁行海内，庶几收变法之益，而不贻变法之害。①

由此可见，张之洞的攻击重点就在于新法律对于礼教的违背。因此他要求沈家本等人将"有关伦纪之处，应全行改正。总以按切时势而仍不背于礼教为主"。

刑律做了局部修正之后，劳乃宣又再度提出新的批评。劳乃宣在批评《修正刑律草案》向宪政编查馆所上的《修正刑律草案说帖》（1910 年）中，对于儒家的注重礼仪教化的法律观念有着极高的认同感。"且夫国之有刑所以弼教，一国之民有不遵礼教者，以刑齐之，然后民不敢越。所谓礼防未然，刑禁已然。"而新的刑律"其立论在

---

① 《清朝续文献通考·刑改六》。

离法律与道德教化而二之，视法律为全无关于道德教化之事。惟其视法律为全无关于道德教化之事，故一味摹仿外国，而于旧律义关伦常诸条弃之如遗"。因此"上谕内'凡我旧律义关伦常诸条不可率行变革'之宗旨，必当以恪守矣。收回领事裁判权之说，道德法律不当浑而为一之说，乃说者恃以抵制纲常名教之说之坚垒也，今既已摧陷廓清，无复余蕴矣，则旧律有关伦纪礼教各条，万无另辑中国人单行法之理，必应逐一修入刑律正文无疑矣"。因此劳乃宣提出的办法是"本旧律之义，用新律之体"①。当时许多人提出，要将新法中与礼教精神不合的条文完全删掉。

的确，新法律和礼教之间，并不仅仅是社会控制和社会治理方式的不同，更实质的是秩序观的差异。

面对强有力的反对，修律大臣和法部，在修订刑律的过程中，将涉及纲常伦纪的违法行为的处罚加重，并在全律中加以凸显。即便如此，争论并没有结束，随着新式知识阶层的介入，争论的核心转移到家族主义和国家主义的主题上。对此，法理派认为应将道德和法律分开，而礼教派则认为两者之间并没有根本冲突，但在预备立宪的强大外在力量推动下，《大清新刑律》终于在1910年获得通过，而守旧者的意见被搁置。

晚清所制定的许多新法律由于种种的原因，并没有及时地颁布。即使已颁布的部分，由于与中国的传统习俗有很大的距离，在实际的执行上会有很大的偏差。值得注意的是，这些法律在民国成立后相当长的一段时间内一直有效，如以修订后的《大清刑律》为基准的《核定现行刑律》直到1928年依然有效。

---

① 劳乃宣：《修正刑律草案说帖》，《桐乡劳先生（乃宣）遗稿》（二）。

经历了中华民国和中华人民共和国，中国逐渐建立起一套系统的司法制度，然而，如何提高人们对新的法律体系的认同感，依然是一个漫长的过程。

◇◇十四 中国古代的军事制度

"国之大事，在祀与戎"，在早期中国社会，最重要的事件就是祭祀和打仗。自从有了人类社会，必然会有争夺，比如，土地、人口、资源。也有人说，世界历史从某种角度看就是世界战争史，所以，当国家或城邦存在之后，如何组织军队和进行战争是国家政治活动中最为重要的内容。

国家治理能力的增强包括军事组织能力的提高。无论是内部秩序的维持还是对外的防御或扩张，都离不开军事力量的支持。

军事制度所涉及的范围很广，主要包括征兵制度、军队指挥系统、军队的建制等。从最早的部落社会到清朝的军事帝国，中国古代的军事制度随着时代的发展而不断变迁。

一般地说，中国历史上最早的国家是夏，据现有的少量记载可见，当时夏的统治者还没有常备军，只有一些卫队。一旦有战争，则需要临时组织军队来进行战争。《尚书·甘誓》中记载了夏朝和有扈在甘之野这个地方作战前的一段出征誓言："嗟！六事之人，予誓告汝：有扈氏威侮五行，怠弃三正，天用剿绝其命，今予惟恭行天之罚。左不攻于左，汝不恭命；右不攻于右，汝不恭命；御非其马之正，汝不恭命。用命，赏于祖；弗用命，戮于社，予则孥戮汝。"这段话首先说了为什么要作战的理由，然后就开始宣布作战纪律，从中，我们大概可以了解夏朝军队已经有多个兵种，誓词激励士兵要勇敢作战，否则会受到惩罚。

商朝的兵制与夏朝接近，只是征兵的规模有所扩大，商军出现了"师"和"旅""行"这样的编制单位。大约是一旅 1000 人，三旅构成一师。军队已经有车兵和步兵等多兵种，到商朝的后期，借助兵车作战已经成为主要的战争形式。商王对王朝军队和方国的军队都有统率权，也经常率领士兵出征，时间有时甚至长达一年，这说明商朝已经建立起比较有约束力的军事纪律。

西周时期已经出现了常备军，西周天子直接掌握的军队有两支：宗周六师和成周八师，分别守卫宗周镐京和成周殷地，故称"西六师"和"殷八师"。人数的说法比较多样，有人说 5 万人，也有人说有 14 万人以上。贵族大臣及各诸侯国也拥有各自的武装，按礼制的规定，他们要听从周王的统一调遣，即所谓"礼乐征伐自天子出"，由大司马来协调。天子的护卫从贵族子弟中征募。而一般兵车的士兵则来自"国人"，更为下层的士兵则来自底层的民众。但随着诸侯力量的增强，诸侯有越来越多的独立性，兵制也随之发生相应的变化。西周军队仍以车兵为主，步兵为辅。

春秋战国时期，中国社会结构发生了巨大的变化，诸侯之间的兼并战争频发，这导致了军事制度和军事技术的重大变革。最为重大的变革就是各诸侯国纷纷建立了自己的常备军，贵族大臣的私人武装被禁止，武装力量的组织和指挥权力越来越集中在诸侯国的国君手中，不再听命于周天子。这也意味着诸侯国拥有越来越多实际上的独立性。

春秋战国时期诸侯国之间的战争就是血缘团体逐渐崩解的后果，在儒家看来，这种破坏周公制定秩序的战争都是非正义的，所以孟子说"春秋无义战"。在这个战争频繁的时代，军事组织手段和军事哲学都有很大的发展。

如果说如何取胜成为战争的第一要务，那么兵法就很重要，基于现实的要求，许多军事著作在这个时期涌现出来。比如《孙子兵法》《吴子》《六韬》《孙膑兵法》《尉缭子》《司马法》等。对于诸侯国内部而言，当时的诸侯国的政权组织方式接近于军政府，国君独揽军队的组建、调动大权。封建制的瓦解，意味着社会开始重组，社会阶层流动加剧，大量的流散群体出现，兵的来源也呈现出多元化的趋势。过去军队主要由贵族构成，到这个时期，大量的农民和社会底层人员开始加入军队。在军队管理模式上，文武开始分职，军队系统的管理和训练有了新的分工体制。

在诸多的军事制度的变革中，最为成功的是秦国，秦国建立起一套耕战制度，秦孝公接受商鞅的建议，决定凡行伍中人，不论出身门第，一律按照其所立军功的大小接受赏赐。即便是秦国的宗室也是这样：宗室未立军功者不得列入宗族的簿籍，不得拥有爵位。秦国的士兵只要斩获敌人"甲士"（敌军的军官）一个首级，就可以获得一级爵位"公士"、田一顷、宅一处和仆人一个。斩杀的首级越多，获得的爵位就越高。军功爵是可以传子的，即父亲的战功可以由儿子继承。一人获得军功，全家受惠。这些激励措施导致秦国的军队在战国时期具有无可比拟的战斗力。

秦统一后，开创了以皇帝为核心的军事领导体制。皇帝执掌全国最高的军事权力，全国的军事首领由太尉充任。不过太尉只有带兵权，并无调兵权。凡调动士卒超过50人，必须持有皇帝的虎符为凭才能允，否则，就是违法。在地方，郡、县、乡均有专职武官，这也体现了秦国作为一个军事帝国的特征。秦在军事体制上确立了以中央军为主力，兼有地方军、正规军与地方武装相结合的武装力量体制。

在征兵制度上，秦国实行普遍征兵制，也就是所有人都有当兵的义务。从 17 岁到 60 岁的男子都需要登记，成为"傅籍"。一生中需要服兵役两年左右。其中有一年守卫京师或边疆，另一年守卫本籍。不过，因为秦国连年征战，许多秦国人实际当兵的时间可能要超过两年。因为战争的需要，秦国经常强行征兵。秦朝军队的编制形式是部曲制，每部之下管辖若干曲，曲以下再设立不同的官职来统领不同数量的士兵。为了适应大一统国家的需要，秦国需要进行大规模的军事设施建设，比如秦国完善了周代已经开始的邮驿制度和烽火台设置，并在地方设立"亭"这样的类似于警察功能的建制。

汉承秦制，并进一步将秦代的军事制度加以完善，国家的最高军事行政机构仍以太尉为首，但汉代的太尉既无发兵之权也无统兵之权，只负责军事行政。统兵权逐渐由大将军担任。鉴于秦国的教训，汉初一定程度恢复了封建制，也就是分封一些皇族和功臣到地方郡国，并给了他们设立武装的权力，地方郡国的部队由太守掌握发兵权，而郡都尉负责领兵。汉代中央政府为加强对边疆地区的防卫而设立了一些直属中央的军事行政机构，如在轮台等地设置使者校尉、在西域地区设置西域都护等。

汉朝军队中统辖部队的将军一般不常设，战时由皇帝任命，作为最高军事指挥。另选派列将军分领各路兵马，大将军和列将军在战时自有一套指挥机构，称作"莫府"，其成员由将军自主选择再经过皇帝批准。

西汉的兵役制度以普遍征兵制为主，每个 23 岁到 56 岁的男丁一生要服两年兵役，每年服一个月的劳役。到汉武帝时，因为军事活动的增多，常规的兵源不敷使用，所以，兼行募兵制。最初募集的士兵主要是那些熟悉北方少数民族事务的人，而且募兵制又没有服役期限的限制。因为募兵制有效地解决了兵源缺乏的问题，所以经常招募，其对象主要是农民甚至是罪犯。

公元25年，东汉王朝确立，东汉的兵制与西汉基本一致，其最大的特点是推行罢兵政策，即削减地方的郡国兵，而把军事指挥权集中到郡守一个人身上，这种军政权力一体化所造成的后果是，地方行政首脑内掌民政、外领军马，逐步成为地方割据势力。

东汉的兵役制度有很大的变化，由于撤销了州郡的武装建制，征兵制度基本废除，一旦有军事活动的需要，就临时通过募兵来招募士兵。募兵的兵源主要是农民、商贾和少数民族人士。

募兵制的实行，使地方上的刺史等便乘势招募士兵，扩充忠于自己的地方武装，形成了割据一方的强豪，比如董卓、袁术、袁绍等。东汉灭亡之后，中国历史进入了长时期的军阀混战阶段，从魏晋到南北朝，大约有500年之久。

就兵制而言，三国时期最为重要的事件是世兵制的形成。长期的战乱，有大量的士兵缺口，募兵比较困难，为了缓解这个困境，确定一部分的家庭户专服兵役，世代为兵，史称"世兵制"，也就是职业军人家庭。为了防止士兵逃跑，对这些士兵的家属也采取集中管理的方式，相当于成为人质，一旦士兵逃跑，可以向其家属追责。

到东晋，世兵制走向衰落，连年战乱导致兵户的减少，而门阀制度的形成，也导致兵户的社会地位更趋衰落。面对这种情况，当权者只能采用搜捕逃民、揭发隐户等方式来增补军户。世兵制的衰落导致募兵制再度复兴。

在南北朝时期复杂的政治军事形势下，西魏、北周时期形成的"府兵制"成为军事制度的创新之举。西魏时期的府兵制结合了世兵制、募兵制和少数民族的部落军事制度的因素，并加以综合。民众所编入府兵者，包括全家，不编户籍，另立军籍，不属州县管理，不承担国家赋税，社会地位较高。统兵将领中的汉族将领和其他民族将领，均改为鲜卑姓氏，士兵也跟其主将改姓，这样的做法具有很浓厚的部落化军队的色彩，但可以使士兵有归属感。

后来，北周武帝对府兵制进行了多方面的改革。主要措施有：严格限制开府招募兵员，府兵直接由皇帝统辖，削弱了府兵部落化的倾向，将府兵的征募范围扩大到汉人。开皇十年（590 年），隋文帝对府兵制又进行了一些变革。措施包括将军户编入农户，改归州县管理。府兵可按均田制受田，本人免除租调。府兵平时从事农业生产，有防戍与作战任务时出征。衣粮、驮马和部分轻武器自备，不服役时归军府所在地的州县管理。经此变革，府兵的身份由西魏、北周时兵农分离的职业兵变为兵农合一的终身兵（21 岁到 60 岁）。这样，寓兵于农、兵农合一成为隋朝府兵制的显著特点。

唐初的军事制度主要继承了隋朝的府兵制，不过做了许多改变，比如在地方政府系统之外，设置军事机构，称"折冲府"。折冲府下有团，每团 200 人，折冲府有上中下三等，上府 6 团 1200 人，中府 5 团 1000 人，下府 4 团 800 人。唐代最多时设军府 634 个，总兵力约 65 万人。其中 1/3 部署在关中地区，其余分布在全国各地，原则是军事要地分布要多于其他地区。

府兵制实行的是自给自足的体制，甚至于有的军事装备也是自备的，所以，国家并没有太多财务上的负担。在有重要的军事任务的时候又可以随时调配部队，这都是府兵制的优点。其缺点是府兵实行轮番服役，服兵役时间短，许多时间和财务其实是浪费在赴任的途中。由于平时主要从事农业生产，军队的训练时间有限，战斗力也会受到影响。在有军事任务时由将领临时抽调士兵组成军队，将不识兵，指挥也难以实施，会制约部队的战斗力。

府兵制所要面对的最为严峻的问题是，随着土地兼并，作为府兵制基础的均田制被破坏，而到玄宗开元年间府兵制崩溃，因此唐玄宗被迫转而实行募兵制。

与府兵制相比，募兵制就是雇佣兵役制度，它是唐后期及宋的主要兵制。募兵则是自由招募，招募来的士兵的职业就是打仗，将领长期统率一支军队，兵将之间能建立起有效的联系，这样就保证了部队的战斗力。但募兵制最大问题是这些数量巨大的职业士兵需要有强大的财政支持才能支撑，在财政匮乏的时期，其弊端很快就会显现出来。

在历史上，募兵制对传统帝国最大的危险就是将领们会因为其所拥有的武装力量而对抗权力系统。唐代所设立的节度使便拥兵自重，甚至起兵反叛。唐代中期的安史之乱及其后地方割据势力猖獗，都可以看作募兵制的后果。

唐以后中国陷入了混乱，经过许多小的政权，终于赵匡胤凭借其军事力量建立宋朝。基于自己的经历，他对骄兵悍将对皇权稳定所可能带来的危害深有体会。据此，他所建立的军事体制的原则就是要防止拥兵自重的现象，即"重文轻武、以文制武、相互掣制"。由文臣主持的枢密院为最高军事行政机关，直接秉承皇帝旨意、调发全国军队。禁军统领权一分为三即"三衙"（殿前司、侍卫马军司和侍卫步军司），枢密院与三衙分握发兵权和管兵权，以取得相互钳制的功效。

宋代军队在作战时受枢密院调发，由皇帝临时派遣统帅，这样可以防止将兵之间的联络。宋朝军队主要有两个系统：保卫京师的禁军和驻守地方的地方军。在征兵制度上，北宋承唐中期以来的募兵制，为了防止人民反抗，往往收编盗贼为兵。这样做的后果是部队中充斥了大量老弱没有战斗力的人，或是军纪很差的士兵。因为这些缘故，北宋的部队战斗力很弱，但依然需要大量的财政开支。所以在与辽金等北方少数民族政权作战时，胜少败多，最终是北面称臣。宋代的军队还有一个广受诟病的特点是军队经商，这也被认为是军队缺乏战斗力的原因。

蒙古军队和元朝的军事体制，具有游牧民族的军队的特征，即全民皆兵，政治和军事之间的界限不明。在军队组织和部队首领的选拔上具有部落统治和血缘统治等特征。依赖血亲关系很容易组成具有强大战斗力的利益共同体，所以蒙古军队一度横扫欧亚大陆而难寻敌手。

蒙古军队最高统帅是大汗，下面有宗王、万户长、千户长、百户长、五十户长这样的垂直体制，所谓宗王就是属于成吉思汗的家族血统之内的成员。蒙古军队包括蒙古族士兵、色目士兵和汉族士兵。因为元兵最具战斗力的是骑兵，所以士兵的地位也按血缘和战斗效能来辨别高低。依据种族，以蒙古士兵为最高、色目士兵其次，而以汉族士兵为最低。无论是成吉思汗时期还是忽必烈即位后所成立的枢密院，其核心的领导必须由蒙古人和色目人担任，汉人只能担任相对低级的管理职务。忽必烈还设立了行中书省，来负责地方的军事和政治。

在征兵制度上，蒙古时期和元朝时期，凡蒙古族则是全民皆兵，而汉族地区则采用的是世兵制，没有合适人丁来当兵的则充任贴兵户，补贴那些军户。

元朝的统治区域过于辽阔，在强有力的军事领袖去世之后，其统治能力也很难维护，在一系列起义之后，朱元璋建立了明朝。

总结唐宋灭亡的教训，朱元璋创立了卫所制。这个制度其实就是唐代府兵制度的变种。大的兵区称卫，小的兵区称所。州设千户所，县设百户所，一个千户所辖有十个百户所。全国军队均按此制编入卫所。五个千户所设一卫，称为卫指挥使司，卫的长官是指挥使，卫的上级机构是都指挥使司，都指挥使司的长官称都指挥使，掌一省或一方军政。都指挥使司又分别隶属于中央五军都督府，都督府是最高军事机关，掌管全国军队，遇有战事，则由兵部奉旨调兵。皇帝临时任命将领、总兵统率军队作战。战争结束，将归朝廷，兵归各卫所。

卫所兵源来自军户制，卫所军士都是世袭的，单独编列户籍，叫作军户，属都督府管辖，不受地方行政长官的约束。朱元璋说他养兵百万，不费百姓的钱粮，主要是因为部队实行屯田。在明初期，几乎所有的部队都设置屯田。卫所制使明军在其前期雄锐精武，极富战斗力，抵御了蒙古人对北部边疆甚至倭寇对东南海防的侵扰。

但明朝的卫所制遇到了与唐代府兵制同样的困境，随着军户地位的下降，士兵纷纷逃亡，导致兵力不足。因此，明中期后只能实行募兵制。然而募兵制所需军费日趋巨大，随着财政能力削弱，王朝难以支持庞大的军事支出，最终败于李自成的农民军和女真部落骑兵的持续打击。

随着努尔哈赤统一女真部落，女真部队原先实行的氏族部落式的治军形式已不能适应新的形势。早期女真族征战以牛录为基本单位，每十人为一牛录，十人中设一首领，称为牛录额真。随着统治区域的扩大，万历二十七年（1599年），努尔哈赤把原来的牛录组织整编扩充为每300人为一牛录；万历二十九年（1601年）努尔哈赤在牛录之上设四旗，以黄、白、红、蓝四种颜色作旗帜，称为黄旗、白旗、红旗、蓝旗，初创了旗制。万历四十三年（1615年），随着兵员人数的增加，又增设镶黄、镶白、镶红、镶蓝四旗（红镶白边，黄、白、蓝均镶红边）；原不镶边的四旗，则称为整黄旗、整白旗、整红旗、整蓝旗（整俗称正）。至此，八旗制度正式形成。

后来清朝又控制了蒙古和中原，在原有的八旗外又添置汉军八旗和蒙古八旗，实际是二十四旗，但习惯上仍称为八旗。八旗各有旗主，皇帝是八旗旗主之上的最高统帅。八旗是军政合一、兵民合一，集军事、行政和生产于一体的社会组织，各部族人户都要编进牛录，平时耕猎为民，战时披甲当兵。

皇太极时八旗制度由兵民合一走向兵民分离，这一转变至康熙帝时完成，在军队领导体制上氏族统治取消，代之以由高度集权的皇帝所率领的军机处所统领。军机处的成员并不确定，一般由亲王、大学士和尚书等人担任。

在武装力量体制上，清统一全国后，把八旗兵分为京营和驻防两大部分。京营八旗负责保卫皇帝和拱卫京师，由领侍卫内大臣及御前大臣掌管，驻防八旗分驻北京以外的全国各重镇要地。

清朝也设有兵部，但兵部的权限比较小，主要负责绿营的事宜。绿营由明朝降兵和新招的汉兵构成，因采用绿色旗帜，以营为基础建制单位，故称绿营。绿营兵配合八旗兵驻守北京和各省，在北京的由步军统领衙门掌管。清朝把八旗兵和绿营兵交错分布在京师和各省，既可充实旗兵之不足，又便于八旗兵监督和控制绿营兵。

八旗士兵由于一直受到特殊的优待政策，在漫长的和平时期之后，八旗士兵逐渐失去战斗力，遇有军事需要，朝廷要依靠绿营作战。面对洪秀全的太平天国起义，绿营也已经难以抵抗，清政府只能允许地方官员训练组织士兵。其中，曾国藩等所创建湘军，以家乡关系为纽带，以儒家纲常为价值指南，有很强的战斗力，逐渐镇压了洪杨起义军。

湘军的体制亦不能抵御西方现代的坚船利炮的冲击，武器在很大程度上决定了现代战争的核心战斗力。从洋务运动时开始，清政府购买新式军事装备并训练新军，新军的出现标志着中国古代兵制的全面崩溃而近代兵制开始确立。

◇◇十五　中国古代的土地制度

《汉书·食货志》根据《周礼》《孟子》和《韩诗外传》等经典的记述，勾画出上古中国的井田制，其言曰："理民之道，地著为本。故必建步立亩，正其经界。六尺为步，步百为亩，亩百为夫，夫三为屋，屋三为井，井方一里，是为九夫。八家共之，各受私田百亩，公田十亩，是为八百八十亩，余二十亩以为庐舍。出入相友，守望相助，疾病相救，民是以和睦，而教化齐同，力役生产可得而平也。"其大意是说，每九百亩地住九家人，每家各有私田百亩，公田十亩，余下的二十亩则是大家集体居住的地方。《食货志》说，这样可以使百姓出入相友、守望相助、疾病相救。并说百姓二十岁的时候，接受分配，到六十岁则将田归还，七十岁以上则由公田所产出来扶养，而且具体说明了不同等级的田地休耕和轮作的制度。

很显然，这样的制度是被后世史家理想化的结果，不过史家亦认为，井田制虽不一定如此完美，但一定曾以某种形式存在，并视之为原始公有制的一种形态，一直到战国时期，依然有所遗存。而孟子之所以建议滕文公实施井田制，亦是看到井田制所可能带来的稳定的生产和治理秩序。不过，这样的理想终究敌不过以商鞅变法为典型体现出的土地私有化倾向所带来的国家实力的增强。因为孟子提倡井田制的核心意图是"均",而商鞅所推行的开阡陌封疆来推广耕地的办法,以及家有二男以上必须独立经营生活的方法,客观上激发了人们开拓新的生活空间的意愿。

商鞅变法之后,是通过重新划定爵位的方式,按对社会贡献的大小,将土地按不同的标准分配给不同爵位的人。这种制度称为"名田制",每户所拥有的名田可以通过授予、继承和买卖的方式获得。这样的土地制度也被汉代所继承,因此,汉代的土地制度形成了土地国有制、大土地私有制和小土地私有制三种形态的混合所有制。所谓的国有制,是指一切荒地、山泽等无主和无人认领的土地,皆归国家所有。然后通过授田或出租的方法,进入土地流转过程中。其中也包括军队的屯田所产生的土地。而大土地私有制主要是权势人物和豪强之家拥有大量的土地。小土地私有制主要是指自耕农因为授田或购买而获得的小块土地,这些人所拥有的土地随时可能会因为自然灾害或其他的社会原因而被大地主所攫取。

因土地兼并而出现的社会问题,向来为儒家人士所批评,亦获得统治者的认同,因此,会不断出现不同内容的限田政策,比较激进的是均田思想。西汉末期,王莽改制的重点就是试图恢复远古的土地国有制。

> 下令曰:"古者设井田,则国给人富,而颂声作。秦为无道,坏圣制,废井田,是以兼并起,贪鄙生,强者规田以千数,弱者曾无立锥之居。汉氏减轻田租,三十而税一,而豪民侵凌,分田劫假(分田,谓贫者无田而取富人田耕种,共分其所收。假,如贫人赁富人之田。劫者,富人劫夺其税,欺凌之也),厥名三十,

实什税五也。富者骄而为邪，贫者穷而为奸，俱陷于辜，刑用不错。今更名天下田曰王田，奴婢曰私属，皆不得买卖。其男口不过八，而田满一井者，分余田与九族、乡党。"（马端临：《文献通考·田赋考》）

从出发点而言，这个法令并无不妥，问题在于王莽时期大量的土地在豪强手中，所以要强行使土地私有者缴出所有权，必然会引发巨大的社会反弹，因此，三年之后，这个政策就废止了。但均田的思想并没有消失。东汉和魏晋是世家豪族大量积聚土地的时期。然而在南北朝混乱的政治格局下，出现了在中国土地制度史上占有十分重要地位的"均田制"。

颁布于公元485年的北魏拓跋氏的均田制是否真正实现尽管有一定的争议，然而其产生有一定的必然性。在某种程度上，均田制可以视为北魏长期存在的"计口授田"政策在汉族地区的推广；同时，也是加强国家对小农控制的手段，更是对世家豪族控制土地的打击。更为重要的是，在长期战乱之后，有大量的土地可供分配。

诸男夫十五以上，受露田四十亩，妇人二十亩，奴婢依良；丁牛一头受田三十亩，限止四牛。所授之田率倍之，三易之田再倍之，以供耕休及还受之盈缩。人年及课则受田，老免及身没则还田，奴婢、牛随有无以还受。诸桑田不在还受之限，但通入倍田分，于分虽盈，不得以充露田之数，不足者以露田充倍。诸初受田者，男夫一人给田二十亩，课莳余，种桑五十树，枣五株，榆三根；非桑之土，夫给一亩，依法课莳榆、枣，奴各依良。限三年种毕，不毕，夺其不毕之地。于桑、榆地分杂莳、余果及多种桑、榆不禁。诸应还之田，不得种桑榆枣果，种者以违令论，地入还分。诸桑田皆为代业，身终不还，恒从见口，有盈者无受无还，不足者受种如法。盈者得卖其盈，不足者得买所不足。不得卖其分，亦不得买过所足。诸麻布之土，男夫及课，别给麻田十亩，妇人五亩，奴婢依良，皆从还受之法。诸有举户老小残疾无受田者，年十一已上及疾者各受以半夫田，年逾七十者不还所受，寡妇守志者虽免课亦授妇田。诸还受人田，恒以正月。若始受田而身亡及卖买奴婢、牛者，皆至明年正月乃得还受。诸土广人稀之处，随力所及，官借人种莳，后有来居者，依法封授。诸地狭之处，有进丁受田而不乐迁者，则以其家桑田为正田分，又不足不给倍田，又不足家内人别减分。无桑之乡准此为法。乐迁者听逐空荒，不限异州他郡，唯不听避劳就逸。其地足之处，不得无故而移。诸人有新居者，三口给地一亩以为居室，奴婢五口给一亩。男女十五以上，因其地分，口课种菜五分亩之一。诸一人之分，正从正，倍从倍，不得隔越他畔。进丁受田者恒从所近。若同时俱受，先贫后富。再倍之田，放此为法。诸远流配谪无子孙及户绝者，墟宅、桑榆尽为公田，以供授受。授受之次，给其所亲；未给之间，亦借其所亲。诸宰人之官，各随所给公田，刺史十五顷，太守十顷，治中、别驾各八顷，县令、郡丞六顷。更代相付，卖者坐如律。（《魏书·食货志》）

在上述复杂的制度设计中，可注意者有：为防止兼并，露田永远是公田，而只有桑果田可以成为世业。即便如此，桑果田的买卖依然有很多限制。不采取强制的手段迁移农民，只是鼓励那些愿意迁移的人。比较受人非议的地方是家里的牛和奴婢属于计口范围，每家的牛

可以授田三十亩，以四头为限。而奴婢则没有限制，这样导致那些豪
强之家大量蓄奴，从而致使许多的土地依然集中于少数人手里。不过
在这个制度下，那些原先无地的贫民也能拥有可以糊口的耕作之地。

均田制的实施大约延续到隋朝和唐初。然而这个制度的崩溃是必
然的。首先，唐朝统治稳定，人口急剧增长，因此，按原先的授田
法，实际上所产生的是土地根本不足分配的问题。其实，在长期的均
田法之后，因为不断地授田和归还，实际上导致土地不断地零碎化，
这样一家人所获得的土地可能在相隔很远的地方。还有一点，均田制
的基础是准确的户籍记载，而战乱所造成的地籍与户籍的丧失，也为
均田的实施造成困难。

宋代之后，中国的土地制度发生了很大的变化，赵匡胤的杯酒释
兵权政策，是通过授予大量土地的方式来分解军功集团的权力的。同
时也采用了与前朝授田制所不同的土地政策，采取"田制不立""不
抑兼并"的土地政策（《宋史·食货志》）。这就是说，国家承认并保
护土地私有产权的合法性及土地的商品化，甚至国家也参与其事，即
国家将大批的国有土地通过类似于拍卖的方式而进行私有化。

土地私有化的产生给宋代的经济带来了巨大的变化，首先是直接
刺激了人们开垦荒地和兴修水利的积极性；其次，土地的集中导致一
种新的雇佣关系的产生，即租佃制，土地拥有者要将所拥有的土地出
租给农民种植，并按照契约进行收入分成。而地主和佃户之间的关系
也呈现出新的状态，租户会尽量提高产出以获得更多的利益，而地主
也可以通过竞争机制引入新的佃户，具有人身自由的佃户也可以选择
不同的地主建立契约关系。因此，土地拥有者如果经营不善就有可能
失去土地，而佃户亦可以通过剩余资本而购买土地，变身为二地主，
甚至地主。土地自由流转制度的形成，间接刺激了土地买卖的法律体

系的完善，并刺激了宋代商品经济的发达。

朱元璋建立明朝之后，为了消除长期战乱对民众生活的影响，鼓励开垦荒地，并实施一定程度的限田措施，所以，明朝初期的全国自耕农占了农耕人口的大部分，土地兼并现象并不严重。

到明朝中叶后，土地越来越高度集中。皇帝大量设置皇庄，是这一时期土地兼并的突出特点。皇庄始于永乐时期，也就是皇室直接经营的田产，基于皇权的独特性，所以皇庄的扩大意味着皇室对于平民土地的侵吞。皇庄的泛滥也刺激了亲王们的仿效，洪熙、宣德以后，亲王庄田逐渐增多。他们占田多通过钦赐、奏讨、纳献、夺买和直接劫夺等手段，诸王都是明代大地主。此外，外戚宦官同样夺民业为庄田。明廷规定，王府及功臣之家田土，亩收子粒银三分，但实际征收往往超过这个规定数。这些擅自提高的赋税都成为这些权贵人士的私产。

屯田制度本来是明初鼓励开荒和明朝兵制的重要举措，然而土地兼并的恶性发展，致使屯田制度也被各级权力阶层所侵吞，而军丁则成为他们的雇佣者。太监、军官不仅侵占屯田，同时还役使军丁为他们耕种。军户不堪剥削和虐待，被迫逃亡。1438 年（正统三年），逃军数目竟达 120 余万人。屯田本来解决了明朝军队的粮食供应问题，但军屯制的破坏，不仅影响了政府的收入，军队的力量也遭到削弱。

清代的土地制度主要是模仿明朝。其土地也分为官田、民田两大类，官田又分庄田、屯田、营田等类；根据土地的归属，庄田有内务府庄田，礼部庄田，光禄寺庄田，王、公、宗室庄田，八旗庄田，等等。在雍正时期，为了解决一部分生活无着的八旗子弟的生活，还实行过一段时间的井田制，但因为长期的优待生活，许多八旗子弟已经不能承受艰苦的劳动，所以大量地从井田上逃离，这套制度也就难以维持。清代的民田，以土质分上、中、下三种，以耕种情况和用途分为：荒地（未开垦的土地），荒田（垦而未种的土地），熟地，小地（畸零地），灶地（直隶、沿海煮盐的土地），备荒地（专用以备荒），其余皆称为白地。如果说清朝与明朝的土地制度有什么不同的地方，则是其土地税制极为混乱，各地有不同的田赋和税制。

◇◇十六　中国古代的赋税制度

先秦的田税制度，其确切的情况已无可考，一般依据孟子在《滕文公》篇中所说的贡、彻、助三种方法来梳理。孟子在讨论有恒产才有恒心的问题时说："夏后氏五十而贡，殷人七十而助，周人百亩而彻。"对于这个说法，历来有很多的争议，比如，这是否就是在讨论夏商周不同的田赋制度，还是一种虚拟的说法，难以有定论。

大致来说，贡就是贡纳，即原始部落社会中所实行的财产公有制，每个人将自己的收获贡纳给部落，然后再进行分配。而所谓的"助"，是劳动者在自己的一小块私田耕作之外，还需要到"公田"进行无偿的劳动，这个助也称为"籍"。比较复杂的是"彻"，我们借用朱熹《孟子集注》的说法，"周时一夫百亩，乡遂用贡法，十夫有沟；都鄙用助法，八家同井。耕则通力合作，收则计亩而分，故谓之彻"。这里的关键是"通力合作""计亩而分"。这样的合作方式，在土地越来越集中的春秋战国时期，变得不可能，所以一种新的田赋制度就出现了，即"初税亩"。

随着社会结构和社会关系发生重大变化，封建制度解体，原先在井地上耕作的农民纷纷抛田逃离，而且战争等其他开支也需要新的财政来源，所以，在齐国，由齐桓公和管仲设计，推出了"相地而衰征"的策略，意思是说，按土地的肥瘠的差异收取不同级差的税，而且年成的好坏也可以成为收税多少的因素，其目的是要稳定甚至吸引人口的流入。与此同时，鲁国则实行"初税亩"，具体的情况不详，但从《公羊传》和《谷梁传》对初税亩政策的批评来看，他们都认为这种"履亩而税"的办法，即规定不论公田（井田）和私田，一律按实际亩数来征税是对古老的王制的破坏。它破坏了原先"什一而籍"的制度。这种制度规定即十分之一的公田收入用来支持公共开支，剩下的则是通过公共服务来完成公共事务。

秦汉以后，中国的基本社会结构由封建制转变为郡县制，这个重大的制度变革，废除了贵族分权制，而产生了国家以户为单位统一籍录居民的制度，称为"齐民"，国家按照登记的人口进行授田、授爵，而这些民则为国家提供赋税、徭役和兵役。编户制在先秦时期已经形成，但"编户齐民"的说法则是在汉代才出现。当时农民的负担有四项：田租（土地税）、算赋和口赋（人头税）、徭役、兵役。总体而言，汉初采用与民休息的政策，所以轻徭薄赋，甚至采用十五取一，甚至三十取一的政策。

汉代的田赋虽然比较轻，但人头税比较重。汉代的人头税也就是口赋和算赋。汉代的口赋、算赋，按人征收，属于人头税性质。按人头征税，征收对象是 7 岁至 14 岁的少年儿童。汉武帝时甚至提前到 3 岁。公元前 203 年刘邦下令，规定凡是年龄在 15—56 岁的人出赋钱，每人 120 钱为一算，这就是算赋（东汉时也称口算），从此成为定制。口赋的收入主要是供皇室开支，而算赋则支持政府开支。不过随着汉武帝时期的国家的扩张，所以采取国家垄断盐铁经营的方式来获取财富，这也引发了关于政府是否应该参与经营的一场争论。

隋唐时期的田赋，称为租庸调制。所谓租就是国家授田给百姓来耕种，而租田者则按一定的比例缴纳租金，待年老时再把土地还给国家。庸指的是劳役，唐制每人每年服役二十天。调是各地土产要贡献给朝廷，但主要是征收丝织物和麻织物。

租庸调制起始于隋朝，至唐朝得到完善。总体而言，这种政策减轻了农民负担。劳役时间的缩短并可以用土特产来代替，客观上保证了农民有足够的时间来经营自己的田地。从唐前期的"贞观之治"到"开元盛世"，唐代获得了一百多年的经济繁荣期，有赖于此。中唐以后，因人口激增，户籍统计紊乱，官吏徇私舞弊，政府收税难度较高，租庸调制难以落实。为解决征税难的问题，当时的杨炎设计了"两税制"，一年分夏秋两次征税，原有租庸调三项税赋并入两税，不再另行征收。

两税制与以前的税制的最大不同是改变了原先量入为出的原则，而变成"先度其数而赋于人，量出以制入"。即按政府开支的需要来征收。两税制改变了战国以来以人丁为主的赋役制，而是以人们的财产为主，这样客观上放松了土地对人的束缚。操作上的优点是税制简便，征收的原则不再是根据人口，而是根据家庭的贫富差异征收不同数额的财产税和土地税。尤其是税收货币化促进了货币经济的发展，是一种进步。

但两税制的缺点也是明显的，量出而入的政策，必然会导致政府一旦财政拮据便随意加税。而劳役本来是合并到两税中的，后来在两税之外，又重新征收劳役。货币化的做法所引发的副作用是百姓要将自己的产出出售之后变成货币再交税，而在交易的过程中普通的百姓往往会被商人赚取一定的利润，造成百姓的财产损失。

两税法实施之后，一直延续到清朝的覆亡。但不同的时期依然有不同的税制出现，比如王安石变法时采用的募役法和方田均税法。

募役法是熙宁四年（1071 年）王安石变法中的一项法令。这个法令的目的是使原先必须轮流服役的农民可以选择以交钱的方式来代替徭役，这样可以使服役者免去浪费在赴役途中的大量时间，而改由政府利用缴纳的服役款来就近雇人服役。募役法的实施导致原先拥有免役权的一些权贵也需要交钱充役，遭到了司马光等人的反对，而被最终废除。

方田均税法则是针对北宋时大地主大量隐瞒土地的状况。由于宋初开始允许土地的流转，因此地籍混乱，富者田产增长，所要支出的田赋并不增加，而贫者虽然田产减损但所缴纳的田赋并不减少，据统计大约只有 3/10 的人才真正纳税，政府的财政得不到保障。

王安石任宰相后，推出《方田均税条约》，分"方田"与"均税"两个部分。"方田"是每年九月由县长举办土地丈量，按土壤肥瘠定为五等；"均税"是以"方田"丈量的结果为依据，制定税数。

王安石所推出的方田均税方案事实上是两税制的一个修补性的方案，到明代中后期实施"一条鞭法"之前，中国的税制基本上沿袭两税制。两税制根据个人的财富确定缴税额度的做法，其实有一定的合理性。但周期性出现的问题是，在传统中国的行政能力下，掌握每个家庭的财富状况是一个十分困难的问题。政府试图通过不断丈量土地等方法了解财富变更的状况，但拥有巨大财富的家庭则往往可以通过其拥有的特权隐瞒自己的收入，从而将自己的税负转移给贫民。这样的问题随着王朝的更迭而周期性地发生。所以当明代中后期社会矛盾逐步爆发，政府需要有更强的财政汲取能力的时候，就设计了"一条鞭法"。主要内容是：以州县为单位征收，原有赋役总额不变；改粮长征收为政府统一征收、解运；改里甲轮流充役为官府统一雇役；田赋、银差、力差、额办、派办、京库岁需及官府所需其他物品一概以地计丁，并为一条，统一征收银两。

通过大规模地丈量土地，一些原先被地主所隐瞒的土地，就需要缴纳赋税，这样，相对减轻了农民负担。而将所有的税负统一的办法，使农民与地主，甚至国家的人身依附关系得以缓解，从而刺激了商品经济的发展。特别是统一征银的办法，客观上确立了银本位的货币体系，有利于商品流通。

不过这项由张居正推行的税制改革，并没有真正得到落实，随着明末政府的腐败，横征暴敛愈加严重，直到明朝覆灭。清朝建立之后，清政府认为明代的赋税制度使农民负担过重，人头税使隐蔽人口现象严重，所以制定了摊丁入亩的税收政策。

摊丁入亩的基本思路是由康熙帝所提出，他认为人口虽然不断在变化，但土地面积并没有增加，所以按人口来征收税收并不合理，所以提出以康熙五十年（1711年）的固定人数为基准，"滋生人丁，永不加赋"。正式的摊丁入亩，始于雍正元年（1723年），当时直隶巡抚李维钧鉴于本省"无地穷丁"甚多，而"北五府（顺天、保定、河间、永平和宣化）丁浮于地，尤为苦累，故条奏摊丁（入亩）"。后经户部等机构核准，直隶省"于雍正二年为始，将丁银摊入地银之内，造册征收"。到雍正七年（1729年）在全国推行。

摊丁入亩的政策，首先一举取消了人头税；其次是平均了税负；再次，人口数量不再是税负的依据，因此，也促进了人口的增长；最后，稳定的环境提升经济能力，保证了清朝在很长一段时间的繁荣。

纵观几千年的历史，中国的税制处于不断的变革过程中，其制度的设计并非不合理，而是不断在调适中趋向合理化，但在实际操作中，不断将税收合并的方案，不但没有减轻民众的负担，反而在特定的环境下，成为贫民负担加重的原因。对此，黄宗羲在《明夷待访录·田制三》中评论说：

> 唐初立租庸调之法，有田则有租，有户则有调，有身则有庸。租出谷，庸出绢，调出缯纩布麻……杨炎变为两税，人无丁中，以贫富为差。虽租庸调之名浑然不见，其实并庸调而入于租也。相沿至宋，未尝减庸调于租内，而复敛丁身钱米。后世安之，谓两税，租也，丁身，庸调也，岂知其为重出之赋乎？使庸调之名不去，何至是耶！故杨炎之利于一时者少，而害于后世者大矣。有明两税，丁口而外有力差，有银差，盖十年而一值。嘉靖末行一条鞭法，通府州县十岁中，夏税、秋粮、存留、起运之额，均徭、里甲、土贡、雇募、加银之例，一条总征之。使一年而出者分为十年，及至所值之年一如余年，是银力二差又并入于两税也。未几而里甲之值年者，杂役仍复纷然。其后又安之，谓条鞭，两税也，杂役，值年之差也。岂知其为重出之差乎？使银差、力差之名不去，何至是耶！故条鞭之利于一时者少，而害于后世者大矣。万历间，旧饷五百万，其末年加新饷九百万，崇祯间又增练饷七百三十万，倪元璐为户部，合三饷为一，是新饷练饷又并入于两税也。至今日以为两税固然，岂知其所以亡天下者之在斯乎！使练饷、新饷之名不改，或者顾名而思义，未可知也。……嗟乎！税额之积累至此，民之得有其生者亦无几矣。

按黄宗羲的说法，杨炎改租庸调为两税法，将劳役和贡纳统一到地租里。但因为庸调之名不在两税制之名中出现，客观的后果是，庸调之费本来已并入租中，但统治阶层为了增加财源，又重复收取。如此，每一次并税改革，名为减负，实际上都增加了百姓的负担。如此现象亦出现于"一条鞭法"中。因此，任何的税制改革本身要从如何平衡百姓的利益与政府的收益之间着眼，而这样的理想并不能依靠税制自身的改革，而是要奠基于政治制度的合理性。

第 三 章

思想与信仰

◇ 一　早期中国思想的形成

世界上有几个重要的文明源头，比如古埃及、古印度、古巴比伦、古希腊等，中华文明也是其中之一。这些早期文明因为地理环境、种族等原因，其价值观和思维方式也有很大的不同。因此，人们也习惯于从文明比较的视野来描述不同文明之间的特征。但有一点则是共识，即中国文明是世界上少数没有中断的文明形态，中国思想也因此展现出问题意识和思考进路的一致性，这是世界上其他的文明所不具备的。

思想的内在一致性并不意味着形态的单一性。在中国思想的发展进程中，思想与社会现实互动，不断吸收各种不同的思想资源，呈现出丰富多彩的面向。

从哲学的角度看，中国哲学具有不同于印度哲学和希腊哲学的鲜明个性。这种个性的形成，是基于思想家们对世界和宇宙问题，即天人问题的不同看法。

（一）天道观与人道观

在中华文明早期的模糊的图像中，颛顼进行的"绝地天通"的宗教改革，对于中国思想的变化影响巨大。根据《国语·楚语下》的记载：古代一般的百姓和神之间并不沟通，只有那些具有特殊禀赋的人，才有能力与上天沟通，这些人中的男性称为"觋"，女性则称为"巫"。从这段话中我们可以看到"民神不杂"才是一种合理的状况，因此一个名为颛顼的古代圣王，他命令不同的官员来管理天上的神事和地上的人事，这个过程叫"绝地天通"。也就是说，通过对天地之间职能的区分，给人和神之间划分出一道适当的界线。在远古时代，这一改革的意义是深远的。颛顼"绝地天通"对中国文化的影响，初步确立了天神崇拜与祖先崇拜的信仰体制，后来发展成为敬天法祖的宗法性宗教，这构成了中国人对于天人关系的基本理解，即一方面强调信仰和人事之间的差别，另一方面又肯定人的行为对于天意的影响。中国人信仰中的理性化色彩始终是中国宗教最明显的特征。

虽然"绝地天通"确立了人道与天道之间的区分，但是如何使天道与人道之间建立起一种既联系又区分的张力，是中国思想发展的革命性因素，这是所谓的"汤武革命"成为后世儒家思想源头的原因。所谓的"革命性"因素，主要在于"汤武革命"蕴含了一种"天心即人心"的民本思想。周人在取代殷商的统治之后，继承并强化了以德配天命的观念。在"天视自我民视，天听自我民听"（《尚书·泰誓》）的基础上，重视人在社会秩序中的主动性，认为只有爱护百姓和民众，才能享受上天所赋予的地位。这样，"天"在中国人的观念中，便不复只是自然之天、主宰之天，而是有了道德之天的含义，人的活动在天意的表达中成为关键性因素，从而进一步丰富了对"天"的理解和把握。

周代文化被视为中国礼乐文明的起点。王国维说："中国政治与文化之变革，莫剧于殷周之际。……周之制度典礼，实皆为道德而设，而制度典礼之专及大夫士以上者，亦未始不为民而设也。周之制度典礼，乃道德之器械，而尊尊、亲亲、贤贤、男女有别四者之结体也。此之谓民彝。"① 这种建立在氏族制度基础之上、以祖先崇拜为信仰核心的文化范式，便是周代礼乐文化的精神所在。陈来说："周代的文化与周公的思想在型塑中国文化的精神气质方面起了重要作用，如果把西周政治文化概括为'崇德贵民'，把西周的宗教文化在类型上归结为'天民合一'，那么后来的中国文化历程中体现的道德人文主义的精神气质可以说就是在此基础上得以形成。"② 由早期信仰到周人天道观念的建立，中国人对于道德的优先性和对社会政治秩序的一些基本意识，得到了确定，从而为中国思想的基本特征的形成奠定了基本格局。

（二）阴阳五行说

在确立了天人关系的基本形态之后，中国人逐步建构起对宇宙和世界理解的图式，以及对人生与社会的观念体系。这个体系的骨架是"天人合一"，它的素材则是阴阳五行。

---

① 王国维：《殷周制度论》，载干春松等编《王国维学术经典集》下，江西人民出版社 1997 年版，第 128 页。

② 陈来：《古代思想文化的世界》，生活·读书·新知三联书店 2002 年版，第 9—10 页。

"五行"是指金、木、水、火、土这五种物质，其间的相生相胜关系，构成了中国人思考世界运行规律的基本范式。这些思想在经典上的依据来自《尚书》中《甘誓》篇和《洪范》篇。到了春秋时期，阴阳家们逐渐将阴阳与五行联系起来，并将之组合进"四时""四方"的时空格局，搭配出了一套中国特有的宇宙观念。比如代表东、南、西、北、中的地理方位，或春夏秋冬的季节变化，而不同的地理方位和季节的特征又体现在阴阳五行的特性之上，构成理解世界的复杂系统。

经常与"五行"联用的概念是"阴阳"，阴阳的本义是日光的向背。后来伯阳父用阴阳二气的变化来解释地震的原因，遂使阴阳指代了两种性质不同的气，此后更进一步引申为相互对立又互相联系的两个方面。

"《易》以道阴阳"（《庄子·天下》），就是说《周易》这部书是用阴阳来解释事物和社会运行规律的。《周易》是商周时期的一本重要著作，主要记录殷商时期的占卜内容。但《周易》根据天象和地上事物的不同特征等概括而作八卦，所总结出来的阴阳观念，则是对于事物之间的矛盾冲突的一种反映。《周易》六十四卦之循环往复，体现了中国人对于时间和循环式的历史观的认识。传说中的伏羲作八卦、文王演周易（重叠八卦成六十四卦）的说法，则是古人为了将经典神圣化而编造的一些传说。如果将《周易》之循环往复和后来阴阳家的五行相生相克理论相比较，我们可以看出中国人对于时间的独特观念，即中国的古人并不是将时间理解成抽象的、线性的、不断向前发展的过程的记录方式，而是认为这个世界的运行是循环往复的。这种观念同时影响到中国人的历史观。这种历史观并不相信历史的单向度发展，而是体现出一种循环性的历史意识，由此我们就很容易理解中国古人往往采用治乱循环、三统三正等不同的方式来解释历史。

（三）气的思想

古人在说阴阳的时候，其实也经常将阴阳看作气之运动状态。在经常被引用的伯阳父的一段话中说：天地之中的气，自有其运行的规律，如果规律被破坏，老百姓就会受到动乱的影响。伯阳父还用阴阳之气的失序状态来解释他生活时期的一次地震（见《国语·周语》）。很显然，伯阳父就是用气的运行来解释自然现象。《左传》中，还出现过"天有六气"说法，这六气包括阴、阳、风、雨、晦、明。这意味着当时对这些自然现象还不能抽象到一定的高度。

学者们普遍认为道家对于"气"的思想的发展贡献巨大。有人把《道德经》中"道生一，一生二，二生三，三生万物"解释为道作为一个混沌的元气，变化而成阴阳二气，并再通过阴气、阳气和中虚之气的互相作用形成了世界万物。《庄子》书中不但认为世界万物是气的变化，而且人的生命也是气之聚散。不过在道家思想中，世界的最终原理是道，而气是道形成万物的材料而已。到了齐国稷下学派，具有道家倾向的思想家开始以道来解释气，或以气来解释道，他们提出了"精气"概念，来区分以前材料层面的"气"，这种精气无所不在，世界上的一切，甚至鬼神圣人都是由精气化生而来，精气观念很大程度上体现了中国思想的一个重要特点，即事物产生的本原和产生的万物之间是一种本末、源流的关系，而非本原和现象之间的截然二分。

（四）《诗经》《尚书》等古代经典的形成和转化

一个伟大的文明形成的最突出标志就是经典的形成。人类最初有意识地记录自己的行为，其目的可能是累积实践的经验，而文字的形成让这种记录成为常态。

周代之前因文献的问题而只能归于中国文化的"传说时期"，而周代所建立起来的道德与制度相统一的文明形态，之所以被视为中国思想的真正开端，其关键还在于以《诗经》《尚书》为核心的经典系统的逐渐形成。

每一种文化都有其核心价值和信仰系统，经典是哲学价值和系统的最重要的承载者。然而，经典的形成并非一朝一夕，而是通过实践的效用和教育的过程逐步确立的。那些典册之所以能在岁月的淘洗中被赋予神圣性，是因为它们是一个民族价值观的真实反映。经典的形成是一个不断"口传"和"引证"的过程，并在这些引证、"损益"的过程中赋予自己的立场和价值观。与西方的早期经典主要通过宗教信仰体系而形成并传播不同的是，中国的经典自其形成之初，就是一个理性化和人文化的过程。所谓理性化，也就是说这些经典主要是日常经验的抽象化和原理化；而所谓人文化，则是这些经典侧重于人文道德教化。比如我们现在读到的《诗经》《尚书》，里面都包含了祭祀、政治仪式和民间生活的众多内容，而这些内容经典化的过程，并没有转化为天启式的信仰，而是作为礼乐文明的一个内容。我们以《周易·贲卦》为例，《周易》古经本为一部占卜之书，然经过解释以后，其作品的核心内容便发生了转变。其中的《象传》解释这个卦的意思说："天文也。文明以止，人文也。观乎天文，以察时变；观乎人文，以化成天下。"即将刚柔相错看作自然规律，而人类的活动则以礼仪教化为目标。所以观察自然的变化，就可以知道时间的流转，而了解人类生活的准则，则可以教化天下之人。通过这样的解释，早期的文字记载被灌注了中华文明的核心价值。

后世的经学家不断强调孔子和这些经典文本之间的关系，比如说"孔子删诗"，孔子著《春秋》而"乱臣贼子惧"，说孔子"祖述尧舜，宪章文武"，由此可见，孔子的确是中国早期文献的集大成者。不过，从发生学的角度，这些作品是不断累积形成的，其意义也有一个不断体系化的过程，在这个过程中，这些作品成为当时知识阶层的共同的思想资源，所以这些经典不仅仅是儒家经典，也是其他学派所共同分享的知识源头。

◇二　中国思想文化形态的演进脉络

如果我们不追溯到考古时期，现有的思想史叙述，一般将孔子和老子视为中国哲学的真正开端，他们开启了中国思想百家争鸣的诸子时代。因为封建制崩溃之后，社会阶层开始流动，原先为贵族阶层所垄断的知识开始向更多阶层开放，随着私人办学的开展，最初的学派形成。最初获得社会影响的是儒家和墨家，后来一些技术性强的学派，比如兵家、阴阳家、法家相继形成，并形成互相争鸣的局面。

随着秦汉大一统政治格局的形成，思想的统一成为一个政治上的需要，在秦朝短暂的统治期间，法家思想占主导，随后汉初则是主张休养生息的黄老道学流行。在董仲舒的"天人三策"被汉武帝接受之后，儒家亦结合当时的主要思想资源比如阴阳五行思想等，在一系列政治和教育制度的支持下，成为思想的主导者，并出现了经学这样一种新的思想形态。

思想的制度化所导致的僵化，必然会导致经学自身变革的动力，比如活跃的私学对于官学化的经学的垄断地位的冲击。而儒家学者中的一部分学者出于对章句之学的厌烦和僵化儒学的反叛，则带来了经学的转型，比如在官方的今文经学之外，古文经学获得了巨大的发展。

到了魏晋时期，社会变乱，思想却十分活跃。因为佛教的传入和老庄思想对于主流学者的影响，夹杂着儒家和道家思想的玄学成为思想的主要形态。

毫无疑问，魏晋时期的思想与名士们的生活方式有很大的关系，这些追求自由的学者，比较喜欢讨论玄远的哲理，于是名教和自然的关系成为学者们辩难的主题。魏晋南北朝的经学其实也一直有很大的发展，一些重要经典的注释性著作和注释原则都被热爱思考的思想家们充分地讨论，从而形成了政治变革和知识生产之间的特殊关系。

到了隋唐国力强盛时期，中国人以开放的心态迎接外来的音乐、艺术以及其他的知识和信仰。而佛学的精湛深刻、佛教思想中对于生命意义的追索方式，以及佛教的苦乐观对于普通民众的精神舒缓作用，使得唐代的思想呈现出儒、道、佛并行发展的特色。

对于佛教的吸收和消化，构成了佛教的中国化的基本脉络，佛教对于孝道、等级等世俗秩序的妥协，使儒家和佛教的关系既紧张又融合；而道家则通过吸收佛教的仪轨、戒律等制度性资源，也逐渐丰富了其宗教形态和教义体系。

佛教的冲击经历数百年的过程，逐渐使儒家思想开始了形而上层面的建设。张载、程氏兄弟特别是朱熹等人，通过对于天理和人心关系的体贴，构建儒家的道统谱系，在传统的儒家秩序思想的背后，灌注了心性论的内核。

明清时期，理学依然是正统思想，但阳明心学和清代朴学，不断地改变着思想的版图。阳明后学因为思想的异端倾向，很难在体制内获得晋升的机会。因此，民间的讲学活动成为许多阳明弟子的重要生活内容，并带出了儒学"觉民行道"的倾向。阳明心学对于明晚期中国思想的影响，与当时所出现的一些生产方式的变化相联系，也有人认为是中国近代化的开端。

不过，中国思想遇到的最尖锐的挑战来自于西方。这种冲击是如此的激烈，以至于许多人都意识到这可能是中国数千年来所遇到的最为凶猛的挑战。中国思想要面对的不仅是西方思想的冲击，而且还有西方思想背后的生产方式。通常地，中西之争经常被理解为古今之争，也就是传统与现代的差别，在这样的背景下，中国思想如何汇入世界文化的多元格局而不失其主体性，成为近代以来思想家们所必须要面对的问题。

（一）先秦诸子

自公元前770年周平王东迁洛邑，到公元前221年秦国统一中国，以历史分期论是春秋战国时期，即思想史中说的先秦。这个时期，周天子的政治控制力被越来越有势力的诸侯所分割，而社会经济制度的转变使得西周的礼治秩序遭受冲击。这种诸侯专权的状况，就是礼乐制度崩溃的写照。不过，政治上的无序有时却是思想突破的最好契机。

在西周的体制中，知识被官府所掌控，典籍图书、礼乐器具、天文星象等知识，均有专人执掌，作为政府权力的组成部分。而春秋战国时期大规模的诸侯国之间的战争和国家吞并活动，使许多被吞并国家内部的许多官吏失去了其职位。而社会机构的变化，也导致政府职能和机构的变迁，使得原先执掌这些权力符号的司礼、司乐以及祝、巫、卜、史等，逐渐失去其原有的职能，被迫流散到社会各个阶层中，一部分人进入新的权力结构中，而更多的人则流散到民间。这种旧秩序的崩溃，却使得原先只被少数人掌握的知识和文献得到广泛流传。同时，这些流散出来的知识人开始私人聚徒讲学、招收学生，这样就形成了不同的学术群体。这些都为先秦时期诸子百家的形成创造了条件。

先秦诸子思想的发展可分为三个阶段。

第一个阶段的代表人物包括孔子、墨子、老子和兵家、名家的初期代表。他们在关注社会秩序重建这一共同的背景下，各自提出了自己对于人生、社会和自然的系统的观点，提供了中国思想最初的一些核心观念。

老子主张"道法自然"，也就是依据事物的本性和自然状态去安排秩序，反对以人的价值偏好来干预人的生活。他说："不尚贤，使民不争；不贵难得之货，使民不为盗；不见可欲，使民心不乱。是以圣人之治，虚其心，实其腹；弱其志，强其骨；常使民无知无欲，使夫智者不敢为也。为无为则无不治。"（《老子》第三章》）老子所主张的自然状态，主要是针对儒家提倡的以仁义和亲情来进行社会教化的主张。

儒家所主张的礼乐教化的政治秩序形成原理源于周公所完善的道德伦理观念。孔子一方面慨叹礼崩乐坏的世界，同时却怀有"知其不可为而为之"的进取精神。孔子采取"以仁释礼"的方式，强调礼乐秩序背后的人伦之爱。孔子尤其关注对于经典系统的整理，他既忠实原著又根据时代需要所进行的损益，赋予了《诗》《书》《礼》《乐》这样的古典文献以新的精神，目的是将政治和社会秩序的完善与个人的道德修养完美地结合在一起。

墨家虽然与儒家有共同的经典背景，却反对儒家对礼乐的强调，主张以一种超越血缘情感的态度和苦行主义的方式，去实现"兼相爱，交相利"的社会理想。一般认为墨家代表了小农阶层的价值取向。

第二个阶段，则可以称为诸子百家的发展时期。这个时期，各家均出现一批发扬光大的继承者，如儒家的孟子、道家的庄子等，并随着战国时期更为严酷的社会现实，法家、纵横家、兵家、名家开始成熟。这时候，儒家最有力的挑战者来自于更为实用化的法家。

法家舍弃了儒、墨依托古代圣王的立论方式，他们认为古代的经典并不能适应变化了的时代，发展了的时代需要有新的秩序体系和治理之术。因此，他们认为儒家式的学者和墨家式的侠客，都是破坏社会稳定的国家之敌。法家从人性中趋利避害的倾向出发，一方面鼓励对于社会财富的积累，主张国家能力的强化；另一方面制定出以严酷的刑罚为手段的社会控制方法。法家的突破等级和家族伦理的耕战策略更适应战国时期的为自保而挣扎的诸侯国的需要，并在秦国取得了空前的成功。

这个时期的儒家则继续发展着孔子所创立的政治学说，主张政治要建立在道德基础上以争取百姓的支持。虽然这种见效比较慢的政治学说并不符合诸侯争夺的时代需要。不过，儒家并不准备改变其基本理念，孟子提倡的以良知为核心的心性学说，主张见义忘利；在政治层面，提出恢复井田制和以"仁政"为理想的王道政治。很显然，他们不可能获得实践的机会。

道家思想在这个时期也有新的发展，特别是庄子的出现。庄子以一种彻底的相对主义的理论深度发展了道家对于现实秩序的批判性立场，并展现出对于生命境界和人与自然关系的深邃体察，展现了中国思想中超越和轻灵的一面。

第三个阶段是总结和发展时期。荀子、韩非、邹衍和吕不韦等，在丰富完善各自学派思想的同时，开始对先秦诸子进行总结和评判。

荀子主张人性有争夺的倾向，所以，需要建立一些规则来防止人私欲的泛滥。由此，荀子提出要"隆礼尊法"的治国之策。这个理论在儒家历史上多有争议。如果同情地理解，荀子是试图在儒家的仁政理念和现实政治需要之间达到妥协。他说："治之经，礼与刑，君子以修百姓宁。明德慎罚，国家既治四海平。"（《荀子·成相》）从中可见，荀子强调明德慎罚，不过并不排斥刑，礼与刑相辅才能保证稳定的社会秩序。荀子的政治思想中有多重面向，他坚持王道的优先性，也认可霸道政治的相对合理性。荀子思想中的多元化倾向可以看作儒家努力适应即将到来的大一统社会的一种努力。

作为法家的集大成者，韩非建立起最完备的"法、术、势"形态。前期法家商鞅重法，申不害重术。韩非则认为，当政者不仅要重法、重术，还要重势；并把这些权力都掌握在自己的手里，才能使统治稳固。

在看似差别很大的诸家学说之间，实际上有着共同的问题和指向。以荀子的《非十二子》、韩非的《显学》、《吕氏春秋·不二》篇等为代表可以看到，它们在评断诸家长短时，其出发点均在于要面对当下的"乱世"，认为各种思想的竞争会导致人们思想的混乱，而统治者如果毫无主见地听从大家的议论，必将会使国家陷入危险（《吕氏春秋·不二》），因此以提供一种能够一统天下的思想为目的。

先秦诸子之间存在着共同的"问题意识"。首先，各家有大致相同的文献来源和知识背景。《汉书·艺文志》说："今异家者，各推所长，穷知究虑，以明其指。虽有蔽短，合其要归，亦六经之支与流裔。"意思是说，各家虽然各有主张，但其基本主张都是六经的分支和发展而已。其次，各家之间有一共同的目标，即致力于社会秩序的建立。司马谈在《论六家要旨》中说："夫阴阳、儒、墨、法、道德，此务为治也，直所从言之异路，有省不省耳。"因此无论是司马谈所说的六家还是《七略》和《汉书·艺文志》的九流十家，诸子的归类都是相对而言，断不可将之视为泾渭分明、绝对对立的。

随着秦国的统一和李斯的禁书令出台，"百家争鸣"的局面也就宣告结束。

（二）两汉经学

经过秦代"暴政"的洗礼，汉初的休养生息政策使得崇尚清静无为的黄老道学占据主流。但是道家反对人文教化、逃避社会责任的思想倾向，注定了它不可能担负起大一统社会的意识形态的重任。而儒家则在吸收了阴阳家的宇宙理论和道、法、名家的思想资源之后，经过不断完善和丰富，逐渐进入了思想的中心。以汉武帝采纳董仲舒的对策为标志，儒学上升为汉代的国家意识形态，而五经博士的设立则标志着儒学正式进入经学时代。

在这其中，起关键作用的是春秋公羊学。汉代以布衣而为王，王朝建立之初，在制度上多是因循秦制。汉武帝之后情况有了一些变化，最关键的是董仲舒之"天人三策"，试图以儒家的观念来改变汉初以来奉行的黄老道学，提出"独尊儒术"来确立儒家思想的主导性，以"五经博士"来取代秦以来成分复杂的博士制度。公羊学在这个过程中，发挥了独特的作用。"一面是革秦之旧，排除了百家，一面是复古之统，专尊了六艺，专尊了古王官学，而同时又是汉代新王之创法，与古王官学性质又不同。但实际这只有孔子《春秋》，是新创者，其书才始不是旧官学，而是为汉立制的新官学。因此，汉廷五经博士，无形中便让公羊《春秋》占了主脑与领袖的地位。"①

汉代经学大昌，完全是因为大一统的社会的需要。由此形成了通经致用的风气，如以《禹贡》治河、《洪范》察变、《春秋》决狱，以《诗经》作为讽谏之书，等等，经典逐渐成为政治和社会生活之合法性来源，造就了汉代思想的最基本面貌。

汉代经学内容复杂，夹杂有经学内部的冲突。其中，今文经学和古文经学之间的斗争和谶纬的流行，是最值得关注的两个问题。

今文经学和古文经学表面上看是基于文字的不同。所谓今文，就是汉代流行的隶书文字；而古文，则是六国的文字。"而今、古文经的定义，较之今、古文的定义要复杂得多。所谓'今文经'其实不是一切的经书隶书抄本，而只是汉武帝时期官方组织抄写并编定的传本。所谓'古文经'其实不限于经书的古文抄本，还应包括这些古文抄本的隶定本，以及汉武帝元朔五年以前流行的某些隶书抄本。"②但今、古文经学之间最实质的差别，是对于儒家经典和孔子的不同理

---

① 钱穆：《孔子与春秋》，载《两汉经学今古文平议》，商务印书馆 2001 年版，第281 页。

② 王葆玹：《今、古文经学之争及其意义》，载姜广辉主编《中国经学思想史》第2 卷，中国社会科学出版社 2003 年版，第554 页。

解。就是说，今文经学注重微言大义，将孔子看作托古改制、为万世制法的素王，以《公羊春秋》为核心，将六经看作圣言的传递；而古文经学倾向于将六经看作史料，认为孔子是一个良史，其所崇奉的经典是《周礼》，并认为由于秦火之劫，六经并不完整。

西汉是今文经学占统治地位的时代，东汉则是今、古文并行且古文经学略占上风的时期。汉代的今、古文之争最后以郑玄统一今、古文而结束。但是今文经所代表的"革命"性的精神与古文经所代表的理性态度之间的差异一直存在。直到康有为与章太炎之间的冲突，即康有为的"托古改制"和章太炎将孔子视为良史从而颠覆孔子的神圣性之间，依然显露出今文经学和古文经学之间不同儒学观的历史背景。

今文经学在汉代有一个重要的表现便是重谶纬。"谶"是一种政治性的预言，"纬"则是对经义的推衍。谶纬合流使得经学走向了神学化和神秘化。谶纬在东汉的初期达到高峰，"在新莽和东汉时期，谶纬赢得朝廷的尊崇，谶书的权威超过了五经和《论语》，纬书的权威超过了汉代人的传、说、记和章句。于是经学各派纷纷根据谶书削其典籍，修正其学说，并大量吸收纬书的思想。经过这样的变故，经学已面目全非，不再是西汉官方所尊崇的那种经学了。"[1] 谶纬的流行既是天人感应思想的必然产物，同时也是儒家试图借助天的意志来干预现实政治的一种曲折方式，只是在皇权的绝对至上性被建立起来之后，这种方式十分的无力，有时甚至成为权力争斗的手段。

（三）魏晋玄学

经学的形成意味着儒家经典与权力机构合作的形成，这也使儒家

---

[1] 王葆玹：《今古文经学新论》，中国社会科学出版社 1997 年版，第 72 页。

经典的解释难以摆脱政治的束缚，而博士制度的形成在造就儒学传承人才的同时，也造成了章句烦琐之学的出现，这些都对儒学发展有所制约。在东汉末年混乱的政治和社会秩序下，经学虽然依然有着自己的发展，但在义理层面，经典所主张的道德价值体系则面临着尖锐的挑战，因为经典的意义和人们的日常行为之间已难以建立起有效的联系，因此一种深层的矛盾，即名教与自然之间的冲突，成为思想家们的思考主题，围绕着这一问题而展开的思考，产生了"玄学"。

玄学的产生，还有一个思想的内在逻辑，汉魏之际，思想的重点逐渐从对现实问题的关注转移到玄远之学上，从而无论问题还是方法都发生了重大转型。首先就是对经典的看法，当时的人借用《论语》中子贡的说法加以发挥。子贡说孔子对于人性和天道的说法，我们并不能听得到。据此，有人说六经虽然存在，但是这些经典所载就不是孔子思想的核心，而只是圣人不太重要的内容。这个讨论生发出一个重要的命题就是语言和语言所表达的意义之间关系的争论。他们根据《周易》中，关于卦象和卦辞的关系说，圣人之意是很精微的，并不能通过语言传达，而需要通过形象来提示，而最终的目的是明了圣言的意思。这个讨论的目的就是要说明学习经典并不是那么重要。

要开拓儒家思想的新的解释维度，老子哲学中的"无"和《周易》的"象思维"显然是极好的思想资源。经学范围内的古今之争不再是学者所关注的核心议题，转而从《老子》《庄子》和《周易》来展开话题。时人称这三本书为"三玄"，因此魏晋之际的思想遂以"玄学"定名。

玄学以名教和自然的关系为主题，可分为"正始""竹林"和西晋三个时期。正始时期的玄学以何晏、王弼为代表。他们主张名教本于自然，通过"有无""本末"和圣人有情无情等系列话题，阐发儒家伦理秩序和人的自然性情之间的关系。正始玄学因主张"以无为本"，所以也被称为"贵无"派。结合王弼"崇本息末"的思想，可见其所谓的"无"并非空无，而是希望避免经学的僵化。在《世说新语·文学》中记载王弼的一段话说："圣人体无，无又不可以训，故言必及有；老庄未免于有，恒训其所不足。"王弼的意思是说，儒家的圣贤是最能体会无的道理，因此，反而不会拘泥于无。结合"圣人无情"的说法，王弼认为圣人与常人一样有情，而圣人之高于常人之处，在于能够"应物而不累于物"。这种"心远地自偏"式的境界，点出了魏晋士人的精神气质和独特风度。

竹林时期的玄学则有着激烈的风格，因为他们认识到，名教之异化的根源不在于某个统治人物的品行问题，而是君主制度本身必然会导致名教的虚伪化。阮籍把礼法之士比喻为处于裤裆中的虱子，向往自由的天空。以嵇康和阮籍等竹林名士为代表，主张"越名教而任自然"。嵇康等人将自然之和谐看作世界之本质，而将名教看成自然和谐的破坏力量，因此追寻"玩阴阳之变化，得长生之永久，任自然以托身，并天地而不朽"（《答难养生论》），表达出一种脱离现实和寄心山林的超脱境界。

西晋时期，裴頠为了纠正当时的放诞之风，提出了以维护名教为目的的"崇有论"。他指出贵无论必然导致对于形式的否定，并忽视制度，由此礼制就难以被人遵循。如果礼制得不到维护，那么政治就会败坏。"贱有则必外形，外形则必遗制，遗制则必忽防，忽防则必忘礼。礼制弗存，则无以为政矣。"（《崇有论》）裴頠还试图从当时开始流行的"物自生"来解决"有生于无"所存在的逻辑矛盾。然而崇有论将放诞的风气归罪到以无为本的思想源头，而忽视礼教本身的虚伪性所带来的对于礼制的怀疑，致使崇有论走向纯粹的说教。

西晋玄学的高峰是郭象融合名教与自然的"独化论"。郭象与裴颜大致生活于同一时代,他们的共同论敌是"贵无派"。但郭象在"自生"的观念上更进一步,力图用"独化论"摆脱有生于无的纠缠。他继承了庄子的相对主义理路,指出"造物者无主,而物各自造,物各自造而无所待焉,此天地之正也"(《庄子注·齐物论》)。就是说,因为无所待,所以事物独立而自己变化。"若责其所待,而寻其所由,则寻责无极。卒至于无待,而独化之理明矣。"(《庄子注·齐物论》)因为每一事物均是自足而无所待的,所以名教与自然之间并不存在着巨大的鸿沟,因为名教是按照人之本性的要求而产生的,所有的秩序和社会规则都是因于人的本性之自然,这样人虽处庙堂之高而能体会山林之远。当等级的秩序被转化为自然的秩序,任何人在这个世界上所获得的际遇便是命中注定,玄远的思考便结束于对现实秩序的妥协之中。由此,郭象调和了名教与自然之间的对立。

对于玄学是属于道家还是属于儒家一直有争议。这种争议来自玄学自身的悖论,"玄学企图推出一种天人新义,在理论依据上是以自然为本,名教为末,偏于天道,抬高天道,抬高道家而贬低儒家,在价值取向上又是以是否重视名教为标准,认为老子比不上孔子,偏于人道,抬高儒家而贬低道家"[①]。玄学正是在这种矛盾中展现其复杂性的。

(四)隋唐佛学

郭象的"独化论"意味着玄学的终结,然而因玄学而激发出来的

---

① 余敦康:《魏晋玄学史》,北京大学出版社2004年版,第6页。

士人对抽象思辩的沉迷并没有结束。也正因如此，外来的佛教般若学正好成为刺激玄思的一个新的素材，而外来的佛教也需要借助玄学的思潮来获得发展的空间，所以东晋时期，佛教和玄学的合流成为佛教在中国大规模传播的契机。

这种合流最初以"格义"的方式呈现。佛经中的许多概念是中国思想中所没有的，所以，最初人们只能依靠中国思想中原有的概念特别是道家的概念来比照理解佛教，因此"格义"便不可避免。"格"是"比较"和"对应"的意思；"义"则是词义、语意的意思。"格义"就是比较对应观念或名词意义的一种方法或手段，既是概念对等的翻译方法，也是比附连类的解说方法。袁宏在《后汉记》中说："浮图者，佛也。西域、天竺有佛道焉。佛者，汉言觉，其教以修慈心为主，不杀生，专务清净。其精者号沙门，沙门者，汉言息心，盖息意去欲，而欲归于无为也。又以人死精神不灭，随复受形，生时诵所行善恶，皆有报应，所贵行善修道，以炼精神而不已，以至无为而得为佛也。……有经数十万，以虚无为宗，包罗精粗，无所不统，善为宏阔胜大之言，所求在一。"这段话反映了在格义的范式下对佛教的认识和解释。

魏晋时期般若学的内部逐渐分化为六家七宗，即本无、即色、识含、幻化、心无、缘会六家。因本无一家分为本无和本无异二宗，所以又有七宗之说。佛教一直试图通过对佛典的引入确立其信仰的独立性。南北朝时期，随着《般若》《法华》《维摩》以及《大智度论》《中论》等经典的流传，竺道生对于"佛性"和"顿悟"的体察，特别是僧肇对于"空"的解释，标志着中国人对佛教的认识到了一个新的阶段。

如果说玄学发展到郭象是试图建立肯定现实、结合有无的本体论，那么般若学则企图通过对真俗二谛的讨论达到对本体和现象的双重否定，只是这个"非有非无"目标待僧肇的出现才真正完成。僧肇通过对六家七宗关于"空"的解释的批评，指出现实的一切事物虽然没有自性，但它们因缘凑合而呈现在我们的感觉中，似乎是一种"有"。但这种"有"在本原上是虚幻的，并不是真的，所以是一种"无"。真正的本原是超越存在，非动非静、非有非无，是一种"空"。僧肇的"不真空论"和"物不迁论"表明中国人对于佛教的认识已经达到相当深入的程度。

对于南北朝时期的佛教，汤用彤认为，南朝佛学是玄理和佛理的合流，而北朝则是儒家之经学和佛学交互影响，相得益彰。[①]

佛教到了隋唐，已经走向独立创造和发展的阶段，涌现出天台、华严、净土、禅宗等许多宗派，提出了一系列命题。[②] 如天台宗，虽然也继承了印度佛教教理复杂玄远的传统，但其特点是以容纳一切的办法取得调和。天台宗的主要命题有"圆融三谛"和"一念三千"。三谛即空、假、中道，任何事物既是空，又是假，又是中，互相依存，虽有分别但实际上是圆融无碍的。而"一念三千"的意思是人的每一个念心，同时具足"三千如是""三千法界"和"三千世间"。这样便把心看作诸法之本体，这种"心"虽有印度佛学中"真心""清静心"的意思，但也包含有具体之人心的意味。这种心性论的倾向是隋唐佛学的大体趋势之一。

华严宗则以性起为核心而层层展开，提出了法界缘起、理事无碍的命题。华严宗认为一切众生、诸事万法均是佛性的体现，而人之不

---

① 汤用彤：《中国佛史零篇》，载汤用彤《理学·佛学·玄学》，北京大学出版社1991年版，第244页。

② 参见张中行《禅外说禅》，黑龙江人民出版社1991年版，第82—85页。

觉是因为没有认识到自己所处的世界的虚幻，所以便难逃轮回之苦。

至禅宗的形成表明佛教中国化进入了一个新的阶段，禅宗认为人的本性就是佛性，佛性本来清静，因心中之妄念而掩盖，使佛性难以彰显。在人心和佛法的关系上，人心反而是最根本的。这种理路决定了禅宗在修行方式上与别的宗派根本不同。从许多的禅宗公案来看，因为它认为世上"本来无一物"，所以"无处染尘埃"，进而禅宗甚至反对传统意义上的修行。在"不立文字，以心传心"的立派宗旨背后，机锋和棒喝成为截断众流、脱离成佛的惯性手法。禅宗力主将那心如枯木的隔绝红尘转变为充满生机和活力的"拈花微笑"，这使中国人对于佛法的体认达至新的境界。

在佛教、道教迅速发展的唐朝，儒家更多体现的是抗议精神，最有代表性的是韩愈。韩愈对佛教和道教的抨击，主要集中于出家修行的方式对于世事伦常的破坏，还有佛道两家因为积聚大量的财富而造成的对经济秩序的破坏。因此，韩愈强调要恢复"先王之教"。韩愈在《原道》中说："夫所谓先王之教者，何也？博爱之谓仁，行而宜之之谓义，由是而之焉之谓道，足乎己无待于外之谓德。其文，《诗》《书》《易》《春秋》；其法，礼、乐、刑、政；其民，士、农、工、贾；其位，君臣、父子、师友、宾主、昆弟、夫妇；其服，麻、丝；其居，宫、室；其食，粟米、果蔬、鱼肉。"这些先王之道是简便易行的，而且是一脉相传的道统之所系，"斯吾所谓道也，非向所谓老与佛之道也。尧以是传之舜，舜以是传之禹，禹以是传之汤，汤以是传之文武周公，文武周公传之孔子，孔子传之孟轲；轲之死，不得其传焉"。而韩愈自己就表现出了恢复道统的强烈担当意识。

唐代中期，韩愈、李翱还有一些经学家开始反思佛教的挑战并进行儒学重建，特别是李翱吸收佛教的心性思想来讨论儒家心性论中的本性与情感的关系，提倡克情复性的思想。随之后起的宋明理学，则可以说是唐以来儒学复兴运动的延续和升华。

（五）宋明理学

北宋中期，周敦颐、张载、程颢、程颐等人的创造性思考，使儒家思想取得了新的突破，即面对佛教和道教的挑战，提出了一整套宇宙和人生问题的新思路。他们出入于佛老之学，对佛老既吸收又排斥，并对儒家的经典进行一种新的解读，从《礼记》中突出《大学》《中庸》，与《论语》《孟子》结合为四书，从而为儒家的道统传承提供经典基础。

理学家承认他们的思想是对儒家学说的继承，但也有所发挥，突出强调"天理"二字是他们"自家体贴出来"的。随着天理观的提出，儒学完成了以制度和伦理并举向以"理"作为道德和秩序的合法性最后和唯一依据的转变。这种道德和制度之间的分离致使有人认为宋明理学表明儒学开始转向对于内在精神世界的关切。

"理学"这个名称是后起的。最初 14 世纪编纂的《宋史》用"道学"来称呼程朱学派的学说。这可能是由于程颐用"道学"这一概念描述他兄长程颢的贡献，并被他的弟子们接受和传播。随后他们的同道们不断编订各种道学群体的文录，如《诸儒鸣道录》《伊洛渊源录》《近思录》等。但是"道学"过分自我标榜的作风，也引起了许多儒门学者如陈亮、叶适、陆九渊等人的不满。同时，除作为学术流派的道学之外，还有一个政治性的道学概念。其确切的含义便是"道学朋党"，意思是存在着一个以朱熹为中心、以道学为标榜，作为当时官僚集团对立面的政治性团体，即使是叶适这样并不赞同"道学"之名的人也被列入其内。种种原因，使"道学"变成了"理学"。

对于宋明理学流派有很多种描述：以地域划分，宋代理学是由濂（周敦颐）、洛（二程）、关（张载）、闽（朱熹），兼及比较驳杂的蜀学（苏洵、苏轼和苏辙）等所构成；以学派特性来划分，一般则区分为程朱理学，陆王心学和以张载、王廷相、王夫之为代表的气学。

程朱理学、陆王心学和张王气学之间，在本体论上的思考有所不同，为学进路也有很大的不同。不过，他们所关注的依然是儒家的政治理想与现实的政治格局之间的紧张，道学家们坚持儒家的道统对政统和治统的优先性，实质是政治合法性与儒家天道之间的距离问题。因此，无论是程朱的理气论、"格物穷理"，还是陆王的"心即理""致良知"，其内在的关注点均在天理和人心如何和谐一致。朱熹借用"理一分殊"论来说明天理之先在和天理与人性之间的一致性，但如何解决人心中感官欲望因素与作为天理体现的社会规范之间的冲突，则是程朱与陆王不得不共同面对的问题。程朱特别提出以"居敬"为要点的工夫修养论，以此遏制人欲对于天理的牵制，但在陆王看来，如果天理外在于人，那么即便苦下功夫，也不能必然导致人心与天理之合一，陆王批评程朱的失误在于他们不能认识到人是道德活动的主体，因而不是努力向内用工夫，而要试图借助于外在的力量。

陆王心学或许更能体现思孟学派注重心性的特质，陆象山以人同此心、心同此理的态度，使心和理得到一种简明的契合。而王阳明相信良知作为心之本体是纯善无邪的，因此，修养工夫便强调"致良知于事事物物"，以知行合一作为道德修养之轨迹。有人将程朱、陆王之异概括成"道问学"和"尊德性"之异，确是点中要害之语，但从另一个角度而言，他们之间的差别并非是境界上的差异，而只是达成这种境界的路径不同。究其本质,理学家们都是以"为天地立心,为生民立命,为往圣继绝学,为万世开太平"为己任,追求道德理想、人生态度和政治秩序之间的统一。

明末清初,随着新的经济形态出现和明末社会危机的激化,对于"道学"的反思甚至批评成为一时之风尚。这种反思和批评从两方面展开:一是从学问方式上,针对程朱陆王相对重视义理的阐发和内心体证的方式,许多思想家认为应重视对经典本身的理解,强调经世致用;二是从理想人格的追寻上,理学家注重修身和克己的工夫,因此强调天理与人欲之界限。而明末清初的学者则认为天理存于人欲之中,如黄宗羲就肯定人各有私、人各自利,肯定人的自然欲望甚至私欲的正当性。

黄宗羲还对传统的政治制度进行了全面的反思,对君主制度进行了猛烈的批评,提出以财富共享等为目标的政治主张。

(六)近代学术与思想转型

如何理解明末清初具有批判精神的思潮,是一个颇具挑战性的问题。有一段时间,因为历史研究中将明末视为"资本主义萌芽"时期,因此,有人认为这个阶段是中国的启蒙时期。比如,有学者认为,明末清初有一种启蒙思想的萌芽,是一股反理学的思潮;另一些学者则认为,因为强调"经世致用"和"崇实黜虚",反对王学的"束书不观,游谈无垠",所以明清之际的思潮可以用"实学"概括之。这些观点均影响巨大,不过陈来认为:"他们的哲学问题意识或哲学思考的范式仍来自理学,他们的思想都仍然是儒学的立场"①,

---

① 陈来:《诠释与重建:王船山的哲学精神》,北京大学出版社2004年版,第16页。

理学中的许多话题依然是黄宗羲、王夫之等人思考的中心，明末清初的思想更多是理学的延续而非反叛。

清代严酷的政治环境使思想的创造受到很大的制约，清代学术中考据学特别发达，并出现戴震、王引之、俞樾等一大批重要的学者，他们对于古代经典作的注疏，为解读古代文献提供了很大的方便，而考据的方式，在胡适等人看来是中国传统科学精神的表征。

在缺乏对于世界文化了解的背景下，中国人开始迎接有史以来最尖锐的挑战。由鸦片战争而引发的中国近代的政治和社会危机，被人称为"三千年未有之大变局"。为了应对全方位的挑战，中国人从制度、知识到价值观等领域开始了全面的变革。

由华夷之别到东西之异这样的名称的变化，勾画出近代中国人接受西方文化由被动到自觉的过程。近代学术的转型，也意味着中国人面对外来的刺激和自身学术发展的内在需要而做出的努力。比如康有为的今文经学，就是试图在传统的价值里容纳西方的政治法律观念。诸子学的复兴，则是努力衔接科学精神，等等。这些吸收和变革都围绕着一个共同的主题，即追求国家的富强和民族的独立。因此，晚清的思想家都是将学术研究和政治活动结合起来的复合型的人士。换句话说，他们的学术研究深受政治立场的影响。例如"改良"和"革命"之争不仅是政治派别的区分点，而且立场的差异往往也体现为学术立场和方法的差异。

与近代"变"的哲学相呼应的是进化的历史观逐步确立。在中国传统的历史哲学中，除王夫之等少数人持进步史观之外，治乱循环的历史观一直占主导地位。近代以来，由于受西方思想的影响，贯穿着进化论思想的历史观成为思想家们的共识。如进化论的传播者严复在主张"变革"的必要性时指出："观今日之世变，盖自秦以来，未有若斯之亟也。夫世之变也，莫知其所由，然强名之曰运会。运会既成，虽圣人无所为力。"① 他认为存在着一种不为人们意志所转移的推动历史前进的力量。康有为、梁启超等人在讨论"变"的时候，总是以"新"相连，取义于《大学》中"日新，日日新"，提出改革就是除旧布新。康有为借用《春秋》三世说，提出了由"据乱世"经"升平世"而走向"太平世"的观点，别开生面地提出了对于中国的过去、现在和将来的新解释。

在儒学面临前所未有的困境的背景下，诸子学和佛学则获得了新的发展空间。佛教思想中的许多思想资源被近代知识分子用来作为改造社会的精神动力，而诸子学的发展主要是对应了"西学中源"的思潮和寻找更多的中国思想资源的努力。

近代思想家的另一个必须面对的问题是中西问题。对此，一个最流行的口号是"中体西用"。"中体西用"论所关注的，就是在试图保存现有社会秩序和统治合法性大前提下，引入西方的制度文化。因此张之洞说："今欲强中国，存中学，则不得不讲西学。然而不先以中学固其根柢，端其识趣，则强者为乱首，弱者为人奴，其祸更烈于不通西学者矣。"（《劝学·循序第七》）强调任何变革行为"必先通经以明我中国先圣先师立教之旨，考史以识我中国历代之治乱，九州之风土，涉猎子集以通我中国之学术文章。然后择西学之可以补吾阙用者用之，西政之可以起吾疾者取之，斯有益而无其害"（《劝学·循序第七》）。而张之洞所谓的西学之"害"，则是当时激烈人士所提倡的"民权""自由"和"议会"等主张。无论如何，在"中体西用"的口号下，许多外国思想被介绍到中国，并彻底改变了中国思想

---

① 严复：《论世变之亟》，载王栻编《严复集》第一册，中华书局 1986 年版，第 1 页。

的面貌。

近代学术转型的一个重要特征是大量杂志和出版机构的创立，晚清中国有关西方文献的出版机构先后有一百多家，按其属性可分为三类：第一类是由教会组织主持的；第二类是由政府官办的，如上海江南制造局翻译馆、京师同文馆、京师大学堂翻译局；第三类是由民间商办，如商务印书馆、文明书局。从时间上看，1860 年之前主要是教会出版机构的天下。在洋务运动开始的 1860 年到 19 世纪末，是教会出版机构和官办出版机构并峙的时期，而20 世纪初之后，民间商办的出版机构空前兴盛。从内容上看，早期出版的著作主要是关于制造和自然科学知识方面的。随着中国的思想家认识到中国落后的根源，并非仅仅是因为技术上的差异，而是政治制度和思想观念上的差异，于是有关西方政治、历史和思想的书逐步被翻译介绍过来。其间，由传教士林乐知、李提摩太等主持的"广学会"及其《万国公报》在当时的影响尤其突出。而以严复、梁启超、王国维、马君武等人为代表，则开始了真正的西方哲学介绍。康德、黑格尔、叔本华、尼采等人的思想或者一些介绍西方哲学研究方法的著作大量出现。

在近代哲学的引入方面，严复和王国维是最值得关注的。严复通过有选择的翻译给中国人灌输"优胜劣汰"的原理，并以此来警示中国人。章太炎曾说，由于（严复翻译的）《天演论》的出版，"中国的民气为之一变"。胡适在《四十自述》中也说"这种思想像野火一样燃烧着许多少年的心和血"，并使他有了"适之"之名。

当时受英国经验主义的影响，在哲学方面尤其重视逻辑著作的翻译。严复在《穆勒名学》按语中说："本学之所以称为逻辑者，以如贝根（今译培根）言，是学为一切法之法，一切学之学。明其为体之尊，为用之广，则变逻各斯为逻辑以名之。"又说："西学之所以翔实，天逐日启，民智滋开，而一切皆归于有用者，正以此耳。"① 严复认为，中国古代学术中许多概念并没有确切的含义，这样便很难与现代讲究精深严确的科学哲学相衔接。解决这个问题的唯一途径是分析，看出事物之间的异同、类和别，然后根据类属关系给名下定义，概括出"公例"，获得规则性认识。

与严复相比，王国维更具备哲学家的气质。他深信哲学只是追求真理的学问，因而有些贬低严复出于富强为目的的"功利性"翻译。很显然，王国维对中国哲学的研究是建立在他对西方哲学的了解和掌握的基础之上，他试图用他所掌握的西方哲学的观念（主要是康德和叔本华的哲学观念）来整理和讨论中国哲学的主要问题，梳理中国哲学的一些基本范畴。王国维认为从总体上看，中国哲学侧重于道德哲学和政治哲学，而缺乏纯粹形上学的兴趣和成果。在写于 1904 年的《国朝汉学派戴阮二家之哲学说》中，王国维认为，西方哲学关注问题的方式，终觉不合"中国人的实际之性质"，所以从宋元明直到戴（震）阮（元）的哲学，终究不脱实用的窠臼。他由此推断说："理论哲学之不适合于吾国人之性质，而我国人之性质，其彻头彻尾实际的有如是也。"②

中西文化之间的这种差异，导致王国维自己也在经验主义的严密和伦理美学的愉悦中冲突着，使他感到了"可爱"与"可信"之间的矛盾："余疲于哲学有日矣。哲学上之说，大都可爱者不可信，可信者不可爱。余知真理，而余又爱其谬误。伟大之形而上学，高严之伦理学，与纯粹之美学，此吾人所酷嗜也。然求其可信者，则宁在知

---

① 王栻编：《严复集》第四册，中华书局 1986 年版，第 1028、1047 页。

② 干春松等编：《王国维学术经典集》上，江西人民出版社 1997 年版，第 95 页。

识论上之实证论，伦理学上之快乐论，与美学上之经验论。知其可信而不能爱，觉其可爱而不能信，此近二三年中最大之烦闷……余之性质，欲为哲学家则感情苦多，而知力苦寡。欲为诗人，则又苦感情寡而理性多。"① 这可能导致他很快放弃了哲学而转向文学。然而，尽管王国维只在短短的几年内从事哲学研究和翻译，但他运用西方哲学的方法来梳理中国哲学所进行的开创性的工作，在很大程度上催生了20 世纪中国哲学研究的雏形。

可以说，近代中国是在一种进退失据的状态下进行理论思考的。一方面对外来的思想资源掌握不够，另一方面对自身的思想资源充满着怀疑。

◇三 中国人的思维方式和人生智慧

不同的文化之间存在着许多共同的问题域，比如人与人的关系、人与自然的关系、人与社会的关系等，然对这些问题的思考方向则是各有侧重的，从而形成了不同的人生观和宇宙观、价值观。就哲学而言，作为不同文化类型的根本标志，主要体现在对于一些人类关注的共同问题的着眼点和展开方式。牟宗三说，中国哲学"没有西方式的以知识为中心、以理智游戏为一特征的独立哲学，也没有西方式的以神为中心的启示宗教。它是以'生命'为中心，由此展开他们的教训、智慧、学问与修行。这是独立的一套，很难吞没消解于西方式的独立哲学中，亦很难消解于西方式的独立宗教中。但是它有一种智慧，它可以消融西方式的宗教而不见其有碍，它亦可以消融西方式的

---

① 王国维：《自序二》，载干春松等编《王国维学术经典集》，江西人民出版社1997 年版，第 5 页。

哲学而不见其有碍"①。这是从中西方哲学的差异来说的，那么中国人的思维方式有哪些重要的特征呢？

（一）注重实用和关注整体

对于中国人的思维方式的提炼，源自近代中国在面对西方文化的挑战时所产生的中西文化比较偏好。当时热衷于传播西方思想的严复，曾批评中国人的思维方式是"臆想而非实测"，也就是说想象的成分多而实证的因素少。严复认为只有用归纳和演绎这样的逻辑方式才能获得真正的科学知识。后来的新文化运动高举"民主"和"科学"的大旗，却将中国古代的思维方式目之为"非科学"。更有甚者认为中国人的思维方式是导致中国没有发展出现代科学的主要原因。

总结中西思维之异同是一项很大很复杂的工作，前人做了一些局部但很有影响的归纳。例如，李泽厚认为，中国古代从巫史文化中解放出来的理性，并没有走向抽象的思辨之路，也没有沉入厌弃人世的追求解脱之途，而是执着于人间的现实问题的探求。社会伦常占据了思虑的首要地位，据此他称中国人的思维方式为"实用理性"或"实践理性"："中国实用理性有其唯物论的某些基本倾向，其中我以为最重要的是它特别执着于历史。历史意识的发达是中国实用理性的重要内容和特征。……把自然哲学和历史哲学铸为一体，使历史观、认识论、伦理学和辩证法相合为一，成为一种历史（经验）加情感（人际）的理性，这正是中国哲学和文化一个特征。……中国哲学和文化一般缺乏严格的推理形式和抽象的理论探索，毋宁更欣赏和满足

---

① 牟宗三：《中国哲学的特质》，上海古籍出版社 1997 年版，第 6 页。

于模糊笼统的全局性的整体思维和直观把握中，去追求和获得某种非逻辑非纯思辨非形式分析所能得到的真理和领悟。"① 李泽厚关于"实用理性"的概括，点出了中国人智慧中注重实际的思维方式和整体直观的认识形式。

张岱年认为，中国智慧关注"整体"和"过程"。他说，中国的辩证思维最具有特色的是整体观点与过程观点。"中国哲学与中国医学，都把全世界看作一个整体，把每一人的身心，每一个动物，每一个植物，都看作一个个整体；同时又把全世界看作一个过程，把每一个事物的存在也看作一个过程。在中国古代哲学著作中，整体称为'全'或'统体'；过程称为'行'或'流行'。"②

这种注重整体和直观的思维方式产生了什么有别于西方哲学的主题呢？牟宗三概括为主体性与道德性："在中国古代，圣和哲两个观念是相通的。哲字的原义是明智，明智加以德性化和人格化，便是圣了。……圣王重理想的实践，实践的过程即为政治的活动。此等活动是由自己出发，而关连着人、事和天三方面。"③ 在牟宗三看来，政治的成功取决于主体对于人、事、天三方面关系的调和，而这个过程的开端则是培养德性的主体。因此，这样的实践是以自己的生命本身作为对象。虽然佛道重视生命的负的层面，儒家重视生命的正的层面，但究其旨趣，是对精神生命的高度关注。正是因为中国哲学即事谈理，因此并无生命主体与外在世界的对立，也无此在世界与彼岸世界的隔绝，而是即现实追寻理想、即生命追寻意义、即内在追寻超越，从而构成中国哲学的精神气质。

---

① 李泽厚：《中国古代思想史论》，人民出版社 1986 年版，第 305—306 页。
② 张岱年：《中国古代哲学的基本特点》，《学术月刊》1983 年第 9 期。
③ 牟宗三：《中国哲学的特质》，上海古籍出版社 1997 年版，第 11 页。

冯友兰说:"中国传统哲学的主要精神,如果正确理解的话,不能把它称作完全是现世的,也不能把它称作完全是出世的。它既是现世的,又是出世的。有一位哲学家在谈到宋朝道学时说它:'不离日用常行内,直到天地未画前。'这是中国哲学努力的方向。由于有这样的一种精神,中国哲学既是理想主义的,又是现实主义的;既讲求实际,又不浮浅。"① 对此,有乐观者看到了中国智慧解救现代性之弊的功用,有悲观者则认为中国思维的模糊性将制约中国人的科技创造和管理制度的建构。

其实,在地球已经成为一个村落的今天,无论是中国智慧还是西方智慧,都将以一种前所未有的方式互相沟通、互相吸收,最终使人类认识世界和了解自己的能力得到提升。

(二) 天人合一还是天人相分

中国哲学以天人关系为主题,但这里的人和天并不能简单地对应为人与自然。"其所谓天,并非单纯指称客观的自然,而是凝结着人性的内容,体现了特定的社会理想与价值追求;其所谓人,也并非单纯指称人类社会,而是包含着对客观自然的效法,对宇宙和谐规律的体认。……由于中国哲学对于天人关系问题的探索,目的在于从中引申出一种可以运用于人事的内圣外王之道,所以理论与实践也是合而不分的。"② 可见所谓的天人合一,实质上是"推天道以明人事"。其落脚点在人,而不在天,目的是要"知人"和"爱人"。

具体说来,由于对于天、天道,人、人道的理解各不相同,所以

---

① 冯友兰:《中国哲学简史》,新世界出版社 2004 年版,第 7 页。
② 余敦康:《魏晋玄学史》,北京大学出版社 2004 年版,第 287—288 页。

对天人关系的理解是多种多样的。比如，道家认为天道无为，人道有为，要达到"道法自然"的境界便应"不以人灭天"；对儒家而言，对天人关系既主张效法自然，又强调发挥人的主观能动性。《易传·文言》说："夫大人者，与天地合其德，与日月合其明，与四时合其序，与鬼神合其吉凶。先天而天弗违，后天而奉天时。"人虽然要效法天，但是天道和人道并不同一，而是一种展开，并体现为天道、地道和人道。天道就是阴阳的运行变化，地道则体现为刚柔，而人道的核心是仁义，这样就在自然规律和道德价值之间建立起关联性。而圣人与君子之德则是综合了天地之精神，这种精神的关键是自强不息、厚德载物。

天人合一在汉代的命题是天人相通和天人相类。在儒家经典中，所谓的天人相通，其实是从人的角度来理解天。《中庸》说"天命之谓性，率性之谓道，修道之为教"，意思是说天命是人道的本原，要通过教化让人们去遵循天道。但是如何去理解天呢，却是回到"人心"，孟子说"尽其心者，知其性也；知其性，则知天矣"（《孟子·尽心上》）。这看上去似乎是在做循环论证，但实质上儒家是以人为出发点来理解天地宇宙的。

"天人相类"是汉代比较流行的一种观点，董仲舒《春秋繁露》中所说"人副天数"即是这类观点的一种表述。这种看法将天人关系的内在和谐理解成天和人之间的直接对应关系，如董仲舒说："天以终岁之数成人之身，故小节三百六十六，副日数也。大节十二分，副月数也。内有五脏，副五行数也。外有四肢，副四时数也。"（《春秋繁露·天副人数》）不过这种说法并没有成为后世思考天人关系的典型思路。

先秦儒学的天人相通论被宋明时期的思想家所重视。程颐说：

"安有知人道而不知天道者乎？道一也，岂人道自是一道，天道自是一道？……天地人只一道也，才通其一，则余皆通。"（《二程语录十八》）从这个思路转而讨论心性问题，便是"心即性也，在天为命，在人为性，论其所主为心，其实只是一个道"（《二程语录十八》）。这样，人类秩序便是一种天命之流行。后来的朱熹和陆王，理解天人关系并没有超出这个思路，其差别在于如何达成心性之间的统一的方式不同。

对于天人关系的理解还有"天人相分"和"天人交相胜"等不同的说法。荀子等人试图说明自然秩序和社会规范之间的差别，进而强调人在建立社会规范中的作用。但他所忽略的是天人相通论所借助的天，更多的是具有象征性的意义，因此荀子并没有击中天人相通的要害。宋明理学家从性与天道的关系出发，认为人性和人道是天理的展开，因此，天人合一更可以被看作是一种超越性的境界，按王阳明的话说是"与天地万物为一体"。

"天人合一"的观念可以说是中国传统思想的基本模式，中国人的宇宙观、价值观均建立在天人和谐的基础之上。但天人合一或天人和谐，并不是试图建构一种消解矛盾的思想形态，而是要揭示天人之间的矛盾和平衡相协调的张力。"中国哲学在处理天人关系的问题上始终保持着一种必要的张力，既不像印度哲学那样完全取消天人界限，也不像希腊哲学那样使之截然二分，完全对立起来，而是合中有分，分中有合。"[1]

---

① 余敦康：《夏商周三代宗教——中国哲学思想发生的源头》，载姜光辉主编《中国哲学》第24册，辽宁教育出版社2002年版，第10页。

（三）求真与致善

真和善的问题为所有的人类文明所关注。中国思想中十分重视智慧，不过，这个智慧主要是指分辨善恶的能力，也就是道德认知力，所以中国人追求智慧的方法和目的有其独特性。《论语·子罕》中将"知""仁""勇"三者并举，"知者不惑，仁者不忧，勇者不惧"。显然是将"知"看作人品的重要内容。这种倾向在孟子那里得到更为明确的表达，即以"是非之心"作为"智之端也"（《孟子·公孙丑》）。因此，"中国哲人认为真理即是至善，求真乃即求善，真善非二，至真的道理即是至善的准则。即真即善，即善即真"①。

中国传统的思想家们对于知识和道德的认识与体验，有着向内和向外等不同的认识。孟子虽然并不完全排除人的耳目之官，但是认为这并非认识的主要目标，而是要反身内求自己的良知。荀子区分了"知"和"智"，"所以知之在人者谓之知，知有所合者谓之智"（《荀子·正名》），实际指出了向外求知的道路。这两种路向，被宋明儒者综合成"见闻之知"和"德性之知"。

张载认为"见闻之知"是对外界存在的事物的认识，包括科学知识，道德意识并不是来自经验知识，而是一种天赋；强调了"天德良知"是一种先天的道德自觉，并不能通过"见闻之知"的累积而获得，而是需要一种体验和自觉。

因为将求知的目标看成是"成人"，所以道德自觉相比于一般的认识要重要得多。在很多时候，中国思想的是非问题往往被善恶问题

---

① 张岱年：《中国哲学大纲》，中国社会科学出版社 1982 年版，第 7 页。

所取代，或者说是非问题与善恶问题是统一在一起的。如朱熹说："学者工夫只求一个是。天下之理不过是与非两端而已，从其是则为善，徇其非则为恶。事亲须是孝，不然则非事亲之道；事君须是忠，不然，则非事君之道。凡事皆用审个是非，择其是而行之。"（《朱子语类》卷十三）王守仁也说："良知只是个是非之心，是非只是个好恶。"（《传习录》下）

关于是非标准是存在于外在的天理还是内心的良知，程朱理学和陆王心学之间存有很大的差异，但将道德活动看得比探究客观知识更为重要则是共同的。这种对客观知识的轻视，导致中国思想的展开并没有建立起一套严密的逻辑论证系统，而是以能否完满地解释生活经验和秩序的合理性为指向。在这种思想方式的影响下，当人们讨论语言与对象的关系时，并不追求清晰性，而是关注语言的局限性和对象的复杂性张力，并以"得意忘言"式内心体悟为高妙思想的标志。如《庄子·外物》中说："筌者所以在鱼，得鱼而忘筌；蹄者所以在兔，得兔而忘蹄；言者所以在意，得意而忘言。"强调语言本身只是体会含义的工具和桥梁，因而不能拘泥于言说。这样的倾向是中国人思维方式的基本特性。

关于认识活动与认识对象之间的复杂性的认识在魏晋时期得到充分的展开。王弼结合《周易》与庄子的思想，将对经典文本的理解区分为言、象、意三个层次，提出了"言不尽意"论。按他的说法，象是用来表达意的，而语言是用来描述象的。这样要彻底了解意义，最好的途径就是要依靠象，而要领会象则要通过语言。因此，在理解象、言和意的关系时，我们必须了解认识的目的。如果我们了解了意义，就要忘记象。同样，我们了解了象，就应该忘记语言。由此，语言、形象和意义之间构成了层层递进的认识关系，最终目的是掌握意义。王弼的这段话载于《周易略例·明象》，这里的言、象、意虽然涉及《周易》的独特表述形式，但所讨论的则是如何透过认识方法以达到对于对象的认识，体现了中国人思维方式的一些独特途径。

中国思想重体悟、轻分析，体现在求知和践履的关系上，则是重知，更重知行合一。《中庸》对于知行关系的论述比较全面，如"博学之，审问之，慎思之，明辨之，笃行之"，认为要达到"诚"的境界，知与行是不可或缺的。而儒家对知行问题的总体倾向，是认为：就知和行先后来说，知要先于行；就知和行的重要性来说，行要高于知，行是知的目的。荀子说："不闻不若闻之，闻之不若见之，见之不若知之，知之不若行之。学至于行之而止矣。"（《荀子·儒效》）

知行关系为儒释道三家所共同关注，佛教也注重宗教认识与宗教实践的结合，所谓戒、定、慧即是修行的一个整体。

宋明理学兴起之后，儒家也不断深化对于知行关系的认识。程朱理学体悟出"天理"，因此特别重视对天理的体认。程颐说："学者须是真知，才知得是，便将泰然行将去也。"（《遗书》卷十八）在与佛道二教争夺人心的过程中，他强调体认儒家原则的优先性。朱熹接受程颐知先行后的观念，说"论先后，知为先；论轻重，行为重"（《朱子语类》卷五）。但知行必须"并到"。"知与行工夫，须着并到。知之愈明，则行之愈笃；行之愈笃，则知之愈明。二者不可偏废。"（《朱子语类》卷十四）肯定了知与行之间的相互促进作用。

王阳明标举"知行合一"，他继承孟子和陆九渊的道德良知说，认为道德良知必然发用为道德践履。在回答弟子关于"知行合一"的提问时，王阳明回答："此须识我立言宗旨。今人学问，只因知行分作两件，故有一念发动，虽是不善，然却未曾行，便不去禁止。我今说个知行合一，正要人晓得一念发动处，便即是行了。发动处有不善，就将这不善的念克倒了。须要彻根彻底，不使那一念不善潜伏在胸中。此是我立言宗旨。"（《传习录下》）王阳明强调知行合一，既为致良知思想的逻辑发展，也是对那些只知诵读圣贤经典，而不能付诸实施的现象的批评。

虽然也有道家等学派提倡绝圣去智，游心于方外，但就中国思想的总体特色而言，知行合一、求知与笃行之结合是一个主流观点。

（四）知识与信仰

信仰与宗教是人类精神生活的重要内容。哲学与宗教的关系，在不同的文化中体现出不同的面貌。冯友兰认为中国人有以哲学代宗教的倾向。他说："人不满足现实世界而追求超越现实世界，这是人类内心深处的一种渴望：在这一点上，中国人和其他民族的人并无二致。但是中国人不那么关切宗教，是因为他们太关切哲学了。他们的宗教意识不浓，是因为他们的哲学意识太浓了。他们在哲学里找到了超越现实世界的那个存在，也在哲学里表达和欣赏那个超越伦理道德的价值；在哲学生活中，他们体验了这些超越伦理道德的价值。"①因此，在中华文明中并没有发展出类似于基督教、印度教这样的典型宗教系统，而是形成了儒、道、墨、法这样的以现实社会为主要关注点的思想体系。这也从一定程度上决定了早期中华文明不同于其他文明的信仰生活样态。

在没有区别信仰与宗教，而是按照西方关于宗教的话语方式来理解信仰的情况下，杨庆堃在《中国社会的宗教》一书中，曾用结构—

---

① 冯友兰:《中国哲学简史》，新世界出版社 2004 年版，第 5 页。

功能的观点解析中国的两种"宗教"形态：一种是制度性的宗教（institutional religion），另外一种则是分散性的宗教（diffused religion）。"制度性宗教"自身有独特的神学或宇宙解释系统和形式化的（包括符号性的形象和精神表征如上帝等）崇拜祭祀系统，并有一个独立的人事组织去促成神学观点的阐释和祭祀活动的进行。从结构角度而言，制度性宗教的一个最大特点是其自身可独立于世俗的社会体系之外，从而在某种程度上与之相分离。"分散性宗教"也有其神学、祭祀与人事的运作系统，但是无论其精神内核还是形式化的仪轨组织均与世俗制度和社会秩序有机地整合在一起，成为结构的一部分，它自身没有任何独立存在的价值和意义。很显然中国的本土宗教属于"分散性宗教"的范畴。

可以说，中国人对于宗教的态度是若即若离的。中国文化始终没有产生一个具有宰制意义的宗教，但是中国思想中宗教的因素始终存在。比如说儒家虽不说"怪力乱神"，但是特别强调"神道设教"。这种理性和信仰的混合特别体现在"礼"的繁盛上。作为古代祭祀文化之遗存的"礼"在经过不断的理性化之后，转变为百姓日常生活的规则，但这些规则依然保留着许多神秘的和巫术化的色彩。

中国没有出现系统化的宗教形态，但在道教出现之前，各种"类宗教"的形态比比皆是。那么中国人如何解决理性和信仰之间的问题，按梁漱溟的看法，就是"以道德代宗教"："古代宗教往往临乎政治之上，而涵容礼俗法制在内，可以说整个社会靠它而组成，整个文化靠它作中心，岂是轻轻以人们各自之道德所可替代！纵然歆重在道德上，道德之养成似亦要有个依傍，这个依傍，便是'礼'。事实上，宗教在中国卒于被替代下来之故，大约由于二者：一、安排伦理名分以组织社会；二、设为礼乐揖让以涵养理性。二者合起来，遂无事乎宗教。此二者，在古时愿可摄之于一'礼'字之内。在中国代替宗教者，实在是周孔之'礼'。不过其归趣，则在使人走上道德之路，恰有别于宗教，因此我们说，中国以道德代宗教。"[①] 杨庆堃则更具体地分析了为什么儒家担负了很大部分的宗教功能。他说："中国宗教缺少独立的中央组织的僧侣集团与有组织的会众，使它无法在社会组织的一般架构上占任何重要的地位。这样遂让儒家思想在传统中国的社会与政治秩序上扮演一个中心角色。同样地，宗教组织上的薄弱，使它在中国社会制度的运作上只能为儒家思想的一个配角。如果中国宗教会发展出强固的组织，则儒家恐惧宗教与之竞争将远甚于现在。这是在中国儒家与宗教长期以来合作的特性。"[②] 此外，蔡元培还有"以美育代宗教"的说法，显然没有梁氏的说法有说服力。

佛教传入之后，中国人开始接受佛教的许多观念，比如报应、轮回。不过在很多情况下，中国人的信仰生活有一种浓厚的"功利性"。所以，一般的民众对于宗教的归属感不是十分强烈，一个人可能既信佛教，也信道教。中国人在儒释道三教并称的时候，并不特别明确地去区分这个"教"是哲学还是宗教，实际是在信仰和教化层面上选择了各"教"之间的共同性意义。

由于"宗教"一词有它的特定含义和渊源，用它来表达中国传统文化中的信仰现象，往往会产生一些歧义。近代中国知识界借用日本人以"宗教"来译英文 religion 的时候，就发现这会将中国原本包含有很多"教化"含义的"教"赋予了信仰甚至迷信的含义。比如康有为说过，日本人用"宗教"来翻译 religion 的时候，比较倾向于神

① 梁漱溟：《中国文化要义》，学林出版社 1987 年版，第 108—109 页。
② 杨庆堃：《儒家思想与中国宗教之间的功能关系》，载杨联陞等著《中国思想与制度论集》，台北，联经出版事业公司 1976 年版，第 336 页。

教，那么像中国孔子思想体系，就难以纳入宗教了："然厘里近之义，实不能以神教尽之，但久为耶教形式所囿，几若非神无教云尔。然教而加宗，义已不妥，若因佛、回、耶皆言神道，而谓为神教可也，遂以孔子不言神道，即不得为教，则知二五而不知十者也。"所以，康有为主张将"宗教"概念扩大化，认为神道之教和人道之教都应是宗教，"太古草昧尚鬼，则神教为尊；近世文明重人，则人道为重。故人道之教，实从神教而更进焉。要无论神道、人道，而其为教则一也"①。不过，这样的概念引入反而对康有为的孔教思想造成更多的混乱。

其实无论神道还是人道，它们作为宗教的意义，主要在于构成和推行一定的信仰。当某种信仰以一定社会性的组织化形式加以体现的时候，它才成为宗教。这一点在中国和外国都是一样的。例如在中国，佛教传入后，在接受了佛教的信众那里，佛教意味着对佛陀、佛经和佛法的信仰；但文人学士们并未将它当作信仰，而是看成一种关于理论和人生境界的哲学、一种思维的训练。而哲学本身也包含着、指导着更高层次的信仰。中国之所以出现"以道德代宗教""以美育代宗教"之类的说法，并能够在实践中把儒释道三教和谐地并列起来，正是因为中国哲学和文化中，实际上存在着一种实用倾向的信仰形态。

（五）斗争与和谐

在传统中国社会中，那种斗争性的决裂总会让位于包容式的和

---

① 康有为：《孔教会序》，载姜义华、张荣华主编《康有为全集》第九集，中国人民大学出版社 2007 年版，第 346 页。

谐。这大概是基于"和而不同"和"中庸"两个理念，为这种思维方式提供了思想基础。

"和而不同"最早见于《国语·郑语》史伯与郑桓公之间的谈话。谈话内容是关于周王室的命运。史伯在批评统治者"去和而取同"时指出："夫和实生物，同则不继。"并对"和"与"同"的含义做了解释："以他平他谓之和，故能丰长而物归之；若以同裨同，尽乃弃矣。"将和看作在差异之中寻求一种平衡的结合点，而如果反对差异，听不进不同的意见，则没有出路。春秋末年，晏婴发展了这一思想，并用音乐和烹调做比喻，指出对立的因素才能"相成相济"。后来孔子也使用"和""同"的概念来说明为人和处理问题的原则。"君子和而不同，小人同而不和"（《论语·子路》），坚持在承认差别的前提下寻求和谐。

儒家认为"和"是天道的自然流行，发展出许多关于"和"的观念。如"太和""中和"。"太和"出自于《易传》。《易传·彖·乾》说："大哉乾元，万物资始，乃统天，云行雨施，品物流行，大明终始，六位时成，时乘六龙以御天，乾道变化，各正性命，保合太和，乃利贞，首出庶物，万国咸宁。"是说乾卦取象于天，如果其变化，各得其正，那么就可以"保合太和"，达到万国咸宁的境界。《中庸》把"中和"视为万物赖以生存和繁衍的重要法则。"喜怒哀乐之未发，谓之中；发而皆中节，谓之和。中也者，天下之大本也；和也者，天下之达道也。致中和，天地位焉，万物育焉。"后世的儒家特别是宋明理学，非常注重对于"中和"思想的阐发。

与"中和"相关的是"中庸"。作为境界的"中庸"一直被看作只有很少的人才能达到的最高层级，即所谓"极高明而道中庸"。而作为方法的中庸，有时也称"中道"，其最紧要处在于"无过无不及"。

　　强调行为的适度性是中国传统思想的基调。它在《易传》中表述为"正中""中道""中行"等。这种对中道的追求，影响到中国人对矛盾和对立双方斗争结局的理解或者说期待。宋代的张载说："有象斯有对，对必反其为；有为斯有仇，仇必和而解。"（《正蒙·太和》）显然，统一性被肯定，矛盾的和解成为目标。

　　总而言之，对于和谐的肯定，对于斗争的化解，是中国人对于自然秩序和社会秩序的一种独到的理解和追求。

（六）形上与形下

　　形上与形下，语出《易传》之《系辞》，"形而上者谓之道，形而下者谓之器"。按照孔颖达《周易正义》的解读："道是无体之名，形是有质之称。凡有从无而生，形由道而立，是先道而后形，是道在形之上，形在道之下。"大致可以理解为，形上指的是超越具体的形象的，而形下则是我们所见所闻之具体事物。从这个解释中，可以看到从老庄有生于无到魏晋"有无之辨"的影响。"凡有从无而生"则是魏晋玄学的一个重要的命题。

　　宋明理学对于形上形下和道器的关系，有了进一步的探索，特别是程颐对于阴阳之道的解释，很具影响力。他说："一阴一阳之谓道，道非阴阳也，所以一阴一阳，道也。"（《遗书》卷三）这里一方面综合继承了前人道不离器的说法，另一方面则提出了道与器是一种内在的原理和外在表现的关系。朱熹发挥说，"形而上者，理也；形而下者，气也"，将道器关系和理气关系做了关联性的讨论。

　　程朱的道器论并不被王夫之所认同，在王夫之看来，是有了器，才有所谓的道，不能说未有车马之前，就已经有了驾驭车马的原则，天下所存有的具体事物都是器，而道是从属于器的。

基于形上和形下关系的道器论，被章学诚用来解释六经文本和儒家之根本之理的关系，他说："道不离器，犹影不离形。后世服夫子之教者自六经，以为六经载道之书也，而不知六经皆器也。"（《文史通义·原道中》）由此他认为，如果从六经而不是从百姓的日用人伦去探寻儒家之道，则是错将载道之器与道本身做了混同，这样会沉陷于道之为道，而不知道"道之所以为道"。

中国思想中的道器关系论，略接近于西方哲学中形式与质料、本体与现象等问题的探讨，但与所有的中国哲学命题一样，其讨论非为纯理论兴趣，而是推天道以明人事。子贡说夫子论性与天道不可得而闻，即使是形上形下之论，其立足点依旧在人生、社会而不在对事物本质的抽象。

（七）人性与人心

中国哲学因为注重道德修养和生命体验，而促使关于人性的理论十分发达。其中尤以儒家的人性理论最为丰富和复杂。《论语》中"性相近，习相远"的说法，首创了将"性"与"习"对举的思路。孔子是要强调人性乃是人之自然禀赋，而行为方式乃是后天所习得。当时对于人性善恶的说法很多，有人认为人性并无善恶之分，善恶是人们在社会生活中，因为受到外在环境的影响而逐渐形成的。也有人认为人性可以为善，可以为不善，也就是说人性中本身包含有善、恶两种成分，甚至有人认为有些人天生性恶。

儒家的人性论由孟、荀确立其最核心的主题。孟子认为人性就是人与别的动物区分开来的标志，因此，他从仁义礼智四端来论证人天然具有恻隐、羞恶、恭敬（辞让）、是非之心。仁义礼智之心是"根于心"而"非由外铄"，因此，对于四端的存养就要通过反求诸心的"尽心"以"知性"。这是道德情感和道德理性的结合。

孟子之后，荀子提出了"性恶论"。他认为人的本性是恶的，善是后天教化的结果，正因为如此，所以圣人才需要制礼作乐、建立社会规范来调节。荀子说："人生而有欲，欲而不得，则不能无求；求而无度量分界，则不能不争。争则乱，乱则穷。先王恶其乱也，故制礼义以分之，以养人之欲，给人之穷。"（《荀子·礼论》）

荀子的人性论与法家的人性论思想有内在的关联，韩非子就说："夫民之性，恶劳而乐佚，佚则荒，荒则不治，不治则乱，而赏刑不行于天下者必塞。"（《韩非子·心度》）但是，韩非子与荀子的不同在于，荀子主张通过教化而制约、调节人的欲望，而韩非子则主张通过严刑峻法这样的威胁和暴力的手段来遏制。

汉代之后，在大一统的君主制度下，等级秩序被制度化，这样的政治格局体现在人性论上，则是"性三品"说的提出，董仲舒将人性分为圣人之性、中民之性和斗筲之性，这实质上是"上智下愚不移"在人性论上的表现。在董仲舒看来，真正能称得上是人性的其实是中民之性，这个人性实际上是人的自然之资，并无善恶之分，经过圣王的教化，可以为善，但是并不意味着其本身是善的，这里可以看出荀子人性论的逻辑。

董仲舒的性三品说也有很多继承者，如韩愈。不过在韩愈看来，上品之性是纯善的，下品之性是纯恶的，只有中品之性是可以为善也可以为恶，这样就将现实的等级制度影射到人性论上。

宋明理学对人性的讨论有了进一步的深化。张载和二程均认为人性中不但有纯善的"天地之性"（天命之性），也有善与不善相混合的"气质之性"，朱熹吸收了张载、二程的理路，并做出进一步的展开。在朱熹看来，天命之性是一种纯粹的存在，他必然要通过气质来承载，但一旦夹杂气禀，那便已经不是那个原来的性了。所以讨论性的问题，必然要跟讨论气的问题联系起来。他说："论性不论气不备，论气不论性不明。盖本然之性只是至善，然不以气质而论之，则莫知其有昏明开塞刚柔强弱，故有所不备。徒论气质之性，而不自本原言之，则虽知有昏明开塞刚柔强弱之不同，而不知至善之源未尝有异，故其论有所不明。须是合性与气观之然后尽。盖性即气，气即性也。若孟子专于性善，则有些是论性不论气。韩愈三品之说，则是论气不论性。"[①] 这就是说，性一旦落实，便是在外在的形气之中，已然不是那个本然之性，所以必然会有善恶产生。朱熹的结论是虽然性即理，但对于生活于现实世界的人来说，却只能说性之本体是理，你需要不断地克服人性中所沾染的善恶之气，这便是格物穷理的道德修养工夫。

在善恶问题、心性情问题之上，还有一个天理与人心的关系问题。汉字中"心"的含义十分多样化，既可以是认知的心，也可以说生理上的心，朱熹对心进行了区分，我们所了解的一个最常见的说法是"道心"和"人心"。朱熹认为无论圣人还是一般人都是人心和道心兼备的，但是道心则是体察性命之正，而人心则是发用为一般的耳目、口舌、男女之欲。但关键是这里有一个大的道理在，有正常的欲望，有不正常的欲望。

朱熹认为心与性情之间也是浑然一体，"心之全体，湛然虚明，万理具足，无一毫私欲之间。其流行该遍，贯乎动静，而妙用无不在

---

① 《朱子语类》卷五十九。

焉。故以其未发而全体者言之，则性也。以其已发而妙用者言之，则情也。然心统性情，只就浑然一物之中，指其已发未发而为言尔，非是性是一个地头，心是一个地头，情是一个地头，如此悬隔也"①。这或许是朱熹不可解决的矛盾，从天理人欲的对立来看，必须要指明对立的源头，这样才能找到存天理的途径。但是如果所能呈现的已然是气质所杂的性，那么那个天理便是不可接近的虚悬。

所以，后起的陆王心学反对朱熹将性与心、天理与人欲对立的观点，认为心即性，也即是理。王阳明说："知是理之灵处，就其主宰处说便谓之心，就其禀赋处说便谓之性。"（《传习录》上）这样心、性、知就只是理的不同呈现方式而已，也就使人的道德活动和人的情感自主性和能动性得到了逻辑上的统一。

（八）生命与境界

中国思想文化的重点在于对人的生命与社会秩序的关切。尤其是儒家，如何修身做人，一直是其学说的核心。儒家的主流是以性善论为基点，阐发出一套由人心上升至社会、国家乃至于天下的修养论体系，即"正心诚意修身齐家治国平天下"的《大学》"八条目"。

儒家对于人的特殊理解，主要是将人在社会中的长幼尊卑关系，看成一种自然性的秩序，并依遵"缘情制礼"的原则，将道德规范的合理性诉诸内心情感的自发性。《论语》中关于"三年之丧"和"子为父隐"的表达显示出，在孔子看来，父母去世之后，子女是否守三年之丧，答案在于"心安"。这种非逻辑性的证明在儒家看来是有力

①　《朱子语类》卷五。

而不容置疑的。

中国思想家一直很关注"命运"。在儒家那里，命定论体现为抗命和宿命的矛盾统一。一方面对社会秩序的追求要求人们服从命运的安排，另一方面则要刚毅、奋斗。而在道家的思想中，命定论发展出一套在命运面前的从容不迫，消极、闲适的生活态度。"从人生态度与精神境界来说，中国文化与哲学不过是两种基本形态。一种是以儒家为代表的强调社会关怀与道德义务的境界，一种是以佛老为代表的注重内心宁静平和与超越自我的境界。"① 如果更具体一点来看，在儒家的人生理想中，就包含有这两种态度。例如，孔子既说过"知其不可为而为之"，也说过"道不行，乘桴浮于海"。这方面最经典的表述要算孟子的"穷则独善其身，达则兼济天下"。因此也有人说中国人的人生哲学是儒道互补的。

中国传统人生观的终极表现是境界论。在中国的思想家的观念模型中，有许多对于理想人格的描述：孟子的"富贵不能淫，贫贱不能移，威武不能屈"的大丈夫精神；庄子笔下逍遥自在的"真人""至人"和"神人"；魏晋的名士们更是以"放达"和"飘逸"形造出"魏晋风度"；到了宋明时期，张载所说的"为天地立心，为生民立命，为往圣继绝学，为万世开太平"②，是儒家人生理想的充分的表述，成为后来儒生和现代知识分子的座右铭。

近代和现代的中国哲学家十分重视对人生境界的描绘和构想。其中影响很大的有王国维的境界说。王国维在《人间词话》中说："古今之成大事业、大学问者，必经过三种之境界：'昨夜西风凋碧树。独上高楼，望尽天涯路'。此第一境也。'衣带渐宽终不悔，为伊消得

---

① 陈来：《有无之境：王阳明哲学的精神》，人民出版社 1991 年版，第 5 页。
② 张载：《张子语录中》，《张载集》，中华书局 1978 年版，第 320 页。

人憔悴.'此第二境也.'众里寻他千百度,回头蓦见,那人正在,灯火阑珊处'.此第三境也."这三个境界虽立意在文学创作,但又可以引申至人生境界之侧影。

冯友兰与唐君毅也提出了富有启发性的境界观。冯友兰在《论人生中底境界》中说:"人所可能有底境界,可以分为四种:自然境界,功利境界,道德境界,天地境界。"① 其中的"自然境界"是最低层次的精神境界,是指人对其行为只有生物直觉,是人对周围各方面的一种关系;"功利境界"是指其行为都有他们所确切了解的目的;"道德境界"是指其行为所及的对象,是利他的,是有益于社会公益的;"天地境界"就是人和宇宙的关系,亦即哲学境界,这是一种自觉的、最高的、最完善的境界。冯友兰自己最喜欢的一句话是"极高明而道中庸",可以作为他的"天地境界"的集中体现。

唐君毅则借助佛家之体、相、用三分法,来呈现心灵观照的客观对象和心灵自身的主观活动。不同的体、相、用三观,相应于客观、主观、超主客观三界,以此展示出心灵活动的九种境界。在唐君毅所著《生命存在与心灵境界》中,称之为"心通九境"论。九境依次是:万物散殊境,依类成化境,功能序运境,感觉互摄境,观照凌虚境,道德实践境,归向一神境,我法二空境,天德流行境。前三境属客观界,中三境属主观界,后三境属超主客观界。这里所说的三界九境,均是由心灵依不同的观照而显,皆为一超验的心灵世界所合摄,故所谓主观、客观之分,并不是认识论意义上的,而是同属于心本论的形而上层面。九境,不但包括了心灵世界的所有层面,而且也统摄了人类所创造的一切文化成果。

---

① 冯友兰:《新原人》,载《民国丛书》第五编,上海书店 1996 年版,第 31 页。

大体上说，因为注重内在体验和自省的修养工夫，中国哲学最终必走向对于即内在即超越的生命境界的体认，所以成为一种境界论的哲学。

◇◇四　中国思想的主要派别

中国思想是丰富又复杂的，其基本理论格局建立在先秦百家争鸣过程之中。虽然随着秦统一六国和大一统政治体制的形成，思想的自由争鸣让位于统一的意识形态，但各种思想派别依然在不同的政治和历史背景下得以发展。

儒家因为自汉代开始取得了独尊地位，所以儒学的发展得到制度和权力系统的支持，逐渐成为中国思想的主干。不过道家和法家也并未销声匿迹，所谓"儒道互补""阳儒阴法"等说法，在一定程度上反映了诸子学在中国思想和社会文化中的实际存在状况。

佛教的传入也极大地改变了中国思想的特点。首先从宗教层面看，佛教的流传，使得产生于先秦的原始道教得以脱胎换骨，逐渐建立起其成熟的信仰和仪式系统，刺激了道教等本土化宗教的发展；其次，佛教在传播的过程中不断与本土思想资源融汇综合，催生了本土化的佛教流派的形成，比如禅宗等；最后也最为关键的是，儒释道三教的合流推进了儒家的发展，促进了建立在儒家原则基础上又综合了佛、道智慧的宋明理学的形成。

1840 年以来，西方的学科化的知识系统取代了传统中国的思想形态，中国思想面临着挑战和危机，也是创造性转化的机遇，中国思想再一次发生重大的转变。西式教育体系的引入，不但改变了中国传统的以科举制为核心，以学校和书院、私塾为载体的教育模式，而且在学科体制和教学内容上均发生了巨大的变化。

（一）儒家

无论从思想发展的规模还是实际产生的影响看，儒家都是中国传统思想的主干。尽管近代以来中国思想发生了复杂的变化，使儒学已不再作为政治合法性的基础和中国人精神生活的支柱，但儒家与中国社会、中国思想发展的关系依然最受人们的关注。

1. 儒家、儒学和儒教

对于儒家，有三个既互相通用又略有分别的概念："儒家""儒学"和"儒教"。"儒家"既可以表示由孔子创立的学派的名称，也可以表示儒家的思想，因此可以覆盖"儒学""儒教"。"儒学"主要是指儒家的义理。"儒教"本义是指儒家的"教化"功能，后因与佛教、道教并称"三教"，而逐渐有了宗教方面的含义。近代以来，"儒教"是将儒家视为一种宗教性思想体系的时候所采用的称呼，有时也称"孔教"。如康有为、陈焕章成立的儒教组织，就名为"孔教会"。关于儒家本质上是否具有宗教的性质，学界尚有很多争议。

儒家思想是中国早期文明自身发展的产物，特别是它承接体现了西周以来礼乐文明的精神特质，具有巨大的包容性和复杂性。对于何为儒、儒之来源等问题，历代学者有着既一致又有所不同的表述。近代思想家章太炎在《国故论衡》的《原儒》篇中，综合了历史上各家的不同描述，提出"儒有三科"的说法，基本上概括了"儒家"的不同侧面。儒有三科指的是"儒"有"达名之儒""类名之儒""私名之儒"三种意义。所谓达名是最广泛的含义，他引用《说文》

的解释，认为儒是术士的别称，包括一切有术有能之士，是一个最广义的名称。"类名之儒"即指儒是那些掌握了"六艺"的人，儒者知礼、乐、射、御、书、数，在这个意义上，儒家是那些保存、传授古代礼仪规范、典籍文化的教师。"私名"则是最为严格的称呼。章太炎引用了《汉书·艺文志》中的说法："儒家者流，盖出于司徒之官，助人君顺阴阳教化者也。游文于六经之中，留意于仁义之际，祖述尧舜，宪章文武，宗师仲尼，以重其言，于道为最高。"这个说法简明扼要地概括了儒家以孔子为宗师，以仁义为核心思想，以六经为思想载体的特征。这里指的是作为一个学派专有名称的儒家。

对于儒家的来源，直到 20 世纪还有许多争议。有代表性的，如胡适在《说儒》一文中认为，儒家是殷遗民，在被周征服之后，从事治丧和相礼等宗教性职业，逐渐发展为儒家学派；冯友兰在《原儒墨》一文中不同意儒为殷遗民的说法，并结合"诸子出于王官"的说法，认为在西周末的政治动荡中，那些有知识的贵族或在官的专家散入民间，成为以教书、相礼为职业的人。所以他区分了"儒"与"儒家"：儒指以教书、相礼等为职业的一种人，儒家指先秦诸子中之一派。儒为儒家所自出，儒家之人或亦仍操儒之职业，但二者并不是一回事。孔子不是儒之创立者，但乃是儒家之创立者。

上述无论哪一种说法，都尚未得到大家一致接受。但有一点可以确定，在孔子之后，儒家肯定是先秦最有影响力的学派。孔子作为中国私人教育的先驱者和有着传奇魅力的思想家、社会活动家，有许多追随者。一个笼统的说法是孔子弟子三千，身通六艺者七十二人，著名弟子有颜回、子路、子贡、子夏等。《论语·先进》中说："德行：颜渊，闵子骞，冉伯牛，仲弓；言语：宰我，子贡；政事：冉有，季路；文学：子游，子夏。"这里提出的"德行""言语""政事"和"文学"，被称为"孔门四科"，应该是孔子教学的几个主要的方向，有点接近于现在的学科分类。

2. 儒家的精神传统

儒家思想经过几千年的发展和传播，形塑了中国人价值观念的核心。虽然在不同的时代，儒家所强调的价值有所变化，这可以理解为对孔子思想不同侧面的发挥。因此要了解儒家的精神传统，首先必须了解孔子的思想。

如果要用两个字来描述孔子的思想，那肯定是"礼"和"仁"。

从字源的意义上，"礼"最初可能与某种神圣的仪式相关，然后逐渐扩展到社会生活的各个方面。在中国古代典籍中，"礼"可能包含有日常礼仪、典章制度和观念性的"礼义"等多方面的含义。礼往往与乐连用，礼使社会秩序化，而乐使社会和谐化。儒家以礼乐为重要内容的教化思想，继承的是由周公所创立的人文教化理想，并被孔子认定是中国政治的核心理念。

儒家对社会秩序的理解是建立在血缘和等级的基础之上的。《中庸》记录孔子回答哀公问政的话时说："仁者人也，亲亲为大。义者宜也，尊贤为大。亲亲之杀，尊贤之等，礼所生也"，点出了儒家之礼的特性。在孔子看来，礼应是社会秩序的最终依据，而不是依靠刑罚的强制，因为靠刑罚所维持的秩序会导致人们没有人格上的尊严并失去羞耻感。最终的结果是刑罚本身的失效。"礼乐不兴，则刑罚不中；刑罚不中，则民无所措手足。"（《论语·子路》）

对于"礼"的熟悉和传承是儒家群体的重要特征，"不学礼，无以立"（《论语·季氏》）。但儒家并非只是将礼看作一种外在的规范，而是始终强调其内在的神圣性，所以"敬""诚"等德行被反复强调。如芬格莱特所说："礼仪有力地显发出来的东西，不仅仅是社会形式的和谐与完美、人际交往的内在与终极的尊严，它所显发出来的还有道德的完善，那种道德的完善蕴含在自我目标的获得之中，而自我目标的获得，则是通过将他人视为具有同样尊严的存在和礼仪活动中自由的合作参与者来实现的。"① 由此可以引发儒学的核心理念"仁"。因为在孔子看来，没有内在的诚敬之意的仪式化的礼，只能被看作虚伪的做作。"人而不仁，如礼何？人而不仁，如乐何？"（《论语·八佾》）

"仁"是《论语》中最重要的概念，因为在这个短短的文献中，"仁"出现了105次之多，内含有儒家道德理想主义的主要精神特征。孔子通过对于仁的种种不同侧面的描述，涵盖了对于人的品性的要求：忠信、正直、宽容、勇敢、智慧等，并据此来区分"君子"与"小人"。

孔子将仁看作造就一个人的过程，"为仁由己"，这个过程是不断"克己复礼"的自我完善，这种完善可以用最简单的话来概括就是"忠恕之道"。"忠"是一种由自己推展到社会的行为，"夫仁者，己欲立而立人，己欲达而达人。能近取譬，可谓为仁之方也已"（《论语·雍也》）。因此儒家强调刚健有为，以天下为己任，以知其不可为而为之的态度去实践、去改造。"恕"道则是以一种厚德载物的精神去理解社会、理解别人。"子贡问曰：'有一言而可以终身行之者乎？'子曰：'其恕乎！己所不欲，勿施于人。'"（《论语·卫灵公》）这一忠恕之道，按曾子的话说，就是孔子所坚持的一以贯之之道。

---

① ［美］赫伯特·芬格莱特：《孔子：即凡而圣》，彭国翔、张华译，凤凰出版传媒集团、江苏人民出版社2002年版，第15页。

3. 孟子、荀子的发展

孔子去世后，儒家发生了分化，如韩非所说"儒分为八"。现在并没有足够的资料来梳理孔门后学分化的详情，但有一点是确定的，以子思和孟子为代表的思孟学派，与荀子不同，从各自的角度发展了孔子的思想。孟、荀是从对人性和天道的阐发来为儒家的政治理想建立新的论说方式。这一思想发展线索，随着郭店楚简的出土而得到初步的衔接，进而可以知道，对于人性和天道的一致性的论说，从《中庸》到孟子是存有逻辑关联的。

孟子思想的核心是"仁政"，他面对凭借实力作为秩序基础的战国时代，提出只有以德服人的王道政治才能真正得天下。孟子的"仁政"观念显然是孔子"德治""重民"思想的发展。他指出，"民心"之向背是天下有道与否的标志，桀纣这些君王之所以失去了他们的统治权，主要是失去了百姓的支持。因此，获得政权的唯一途径就是取得百姓的支持。由此，他提出了民贵君轻的思想，并认为如果君主残暴，老百姓可以起来推翻、诛杀的激进观点。按现在的眼光看，仁政思想的理论更像是对战国时期霸道政治的一种批判理论，而仁政本身的具体的政治设计如"井田制"等，则并不具有很强的操作性。

孟子以他的人性观点来论证仁政的必然性。针对当时流行的性无善恶的思想，孟子强化了性善作为人之为人的基本点，认为人性本善，这种善并非是后天学习的结果，而是人所固有的"良知"。每一个人生下来就有向善的动机，即"四端"：恻隐、羞恶、辞让、是非。但这些动机必须加以保养、扩充，才能发挥作用。由于人先天具有这种"不忍人"之心，所以仁政必然是政治的归宿。孟子由此充分发扬了儒家"人能弘道"的道德自觉性。孟子对儒家的人格思想有很大的发展，他的许多观点都已成为中国人的人格理想，如"舍生取义"

"富贵不能淫，贫贱不能移，威武不能屈"，特别是"穷则独善其身，达则兼善天下"，等等。孟子的思想在唐以后受到很大的重视，被看作是继承孔子道统的人，因此也被称为"亚圣"。

与孟子的风光无限相比，荀子的境地就有些尴尬，在后儒的眼里，荀子经常受到批评，特别是因为他"隆礼重法"的思想，认为是儒家转向法家的通道。荀子自己也不回避与思孟学派的立场差异，他在《非十二子》一文中，批评思、孟只知效法古代圣王的做法，而不知道变化，并认为思孟学派所提出的仁义理智圣的五行观念是一种过于高远的想法，以此来教人则会遮蔽孔子注重现实政治的路径。

的确，与孟子的道德理想主义相比，荀子更贴近于实际操作层面的思想阐发。荀子思想的核心是"礼"，他主张以礼正国，他在《王制》篇中说："天地者，生之始也；礼义者，治之始也；君子者，礼义之始也。"这段话说明了礼义是治理的原则，而君子必须要维护礼义观念。但本于儒家之等级观念，荀子认为法在维护社会秩序过程中能起到很大的作用，因为礼适合于士，而一般的老百姓则需要法律来节制。但是，不能将荀子的"隆礼尊法"与法家的"任法"等同起来。荀子从根本上还是继承了儒家的王道政治的思想，认为礼是由仁义而生，只有让君子来制定法、执行法，才是为政的关键。所以，荀子尽管在秦国的强大中看到了法家政治实践的具体效果，但依然认为只有儒家之道才是统一中国的唯一道路。

荀子对于礼的起源的认识颇有新意。他指出礼义起源于对于人的自然本性和欲望情感的限制，也根源于社会财富的不足所造成的争斗。礼义的确立是人的社会能力标志，因为人能够按照"义"的要求来设置社会分工和长幼次序，这样便使人类有了很好的组织，并进而具有竞争力。这种建立在区分基础上的"礼"必然会导致"尊君"

的倾向。并说如果天子倡导，那么百姓就会跟从，这样国家就会强大。荀子的思想中强调贤能者的带动领导作用，与孟学有很大的差别。原因是荀子强调礼，强调要以明贵贱、别上下、异君臣为要义。他认为不尊君就不可能有致别异的效果，论证了政治组织的效率在于有权威的政治组织者的统治。

与孟子相信社会秩序依赖于扩充自身的良知不同，荀子并不相信人性是善的，而是认为其本原状态是一种"质朴"的状态。不过，他更多的时候，从人性恶推导出礼乐政治的必要性。荀子说："人之性，恶；其善者，伪也。"（《荀子·性恶》）也就是说，与生俱来的自然本性是恶的，只有经过后天的教育、思考的深入等人文教化的过程，改变人性，造就治世。因此在孟子那里尽心便可知人、知天，荀子则强调天人相分，依靠人的努力来改变先天的自然属性。由天人相分扩展开来，人类的秩序依赖于人类自身的活动。"天有其时，地有其财，人有其治。"（《荀子·天论》）

4. 儒家制度化和制度儒家化

儒家在秦始皇统一中国前后经历了很大的挫折，因为儒家以"托古"为基本模式的德政诉求，与崇尚严刑峻法的法家在社会秩序的设置上有巨大差异。所以在秦相李斯以排斥异端、一统观念的运动中，儒家遭受了"焚书坑儒"之劫，儒家许多典籍的传播受到很大的限制。虽然有些学者认为被活埋的"儒"中并非单纯指的是儒家人士，也有方士等别的学派的成员，且别的学派的著作也难免"挟书令"之厄，但儒家在先秦诸子中所受到的损害必然最大。

秦朝的暴政激发了猛烈的反抗，因而很快覆亡。不过"汉承秦制"，也就是说汉朝的政治制度基本上沿袭了秦的模式，只是在休养生息的政策下，比较宽松而已。

汉初的政治意识主要是黄老道学，儒生们则主要通过对于秦国灭亡教训的总结来说明礼治和德政才是稳定统治的要素。陆贾和贾谊等人通过分析秦国灭亡的原因和以马上得天下，"宁可以马上治之"的质疑，来强调儒学作为政治意识形态的合理性和必要性。也有一部分儒生则趋向于用实用主义的方式来使儒学直接与现实的政治活动相结合。最典型的人物有为汉王朝制定仪礼制度、使汉高祖感受做帝王的威严的叔孙通；还有在汉武帝时期"习文法吏事，缘饰以儒术"（《汉书·公孙弘传》）的公孙弘等。这些都为汉武帝接受儒家观念做了舆论和制度上的准备。但转变儒学命运的一个关键性的人物，则是通过"天人三策"而被汉武帝所倚重的董仲舒。董仲舒一方面吸收了墨、道、名、法等各家思想为我所用，使儒家有效地吸纳和融合了不同的思想学派的观念，并整合出更具解释力的儒学体系；另一方面，他站在公羊家的立场，以天人合一的合目的论思想，对新的社会秩序进行了意识形态论证。这些最终促使汉武帝提出推尊儒学的决策，并实施了设立五经博士等有助于儒家传播的制度性安排。

独尊儒术的核心是"不在六艺之科，孔子之术者，皆绝其道，勿使并进"，具体的措施有设立五经博士、兴办太学，而后又在察举制度的基础上考察儒家的经义，成为科举考试的滥觞。这些带有建制性的、旨在确立儒家独尊地位的措施，可以用一个术语来描述就是"儒家的制度化"。所谓儒家的制度化就是以儒家的学说为基准，建立起一套法律和实践系统，并通过传播逐渐深入习俗之中。制度化儒家包含两个互相联系的方面，即儒家的制度化和制度的儒家化。儒家的制度化，是统治者通过一系列的制度设计来确保儒家的独尊地位，其最高形式是儒学的意识形态化；制度的儒家化，则是指社会政治架构和具体的政治法律制度逐步按照儒家的思想设计或体现着儒家的理想。

儒家的制度化具体表现为儒家著作的经典化与法典化、孔子的圣化与神化等，总之是实现了儒生、儒学与权力、利益之间的依托关系，后世人们攻击儒家也往往从这一点入手。

儒家制度化的枢纽是从隋唐时期发端到宋、明、清成熟的科举制度。科举制作为一种官员的选拔制度本身体现着儒家"贤者居位"的观念，同时也使得儒家和权力建立了直接的联系。在传统中国社会，通过科举制度，使得对儒学的了解几乎成为人们改变现有生活方式的唯一途径。一旦考试成功，就可以成为社会特权阶层，即"士"或"绅"。由于儒家观念体系本身存在着多种解释的可能性，那么通过科举来传达统治阶层的意志，就无疑成为最好的方式。所以，通过科举，儒家和权力之间的内在联系便建立起来了。

其实不独儒家如此。思想观念的制度化是传统社会中思想发展的一种常态，也是知识和权力互相需要的政治逻辑的体现。因为任何权力和统治的合法性必须有多方面的价值观念支持，这种支持的最通常的做法，就是主导价值观念系统的制度化。制度化使得某种秩序得到合理性的证明，并通过制度执行而造就民众服从的愿望或习惯，因而发挥出超乎武力的威力，使统治权力的资源得到稳定的保障。

（二）墨家

墨家曾一度是可以与儒家相抗衡的思想流派。与别的学派相对松散的构成不同的是，墨家是一个有严密纪律的团体，且富有侠义精神。据《淮南子·泰族训》说："墨子服役者百八十人，皆可使赴火蹈刃，死不还踵。"墨家团体的首领称为"钜子"。

1. 儒墨之争

墨家可能是从儒家学派中分转出来的。《淮南子·要略》中说，墨家不满儒家礼仪活动的烦琐和靡费，才转而自立学派。这种说法并非空穴来风。从学理上说，儒、墨均以古代的圣王时期作为理想，因此有着相对一致的社会追求。《韩非子·显学》篇中说："孔子墨子俱道尧舜，而取舍不同，皆自谓真尧舜；尧舜不复生，将孰能定儒墨之诚乎？"这段话是要说明虽然儒、墨都推尊尧舜，但他们的主张相差很大。墨子学派认为儒家的复古未够彻底，因为孔子只是追怀周代的礼乐制度，所以《墨子·公孟》批评孔子说，"子法周而未法夏也，子之古非古也"。即孔子的复古并不彻底。而墨家所提出的理论主张，几乎都是针对儒家而发。孔子隆礼乐，墨子提倡非乐，反对繁复的礼制；孔子"知命"，墨子"非命"；孔子敬鬼神而远之，墨子则主张"明鬼"。这都体现了他们之间的论敌关系。

墨家有十条核心教义，即"尚贤""尚同""兼爱""非攻""节用""节葬""天志""明鬼""非乐""非命"。墨子要求弟子，到不同的国家要按照当地的情况尽力宣传这些教义。十项教义中最核心的是"兼爱"思想。儒家从血缘出发建立了"爱有差等"原则，也就是从与自己血缘亲密的人推展到整个社会人群的亲亲、尊尊的逻辑，墨家坚决反对之。墨子认为这种原则导致了人们的自私和对于公共利益的漠视，所以提倡"兼爱"，主张"视人之国若视其国，视人之家若视其家，视人之身若视其身"（《墨子·兼爱中》），这样人们便可能互相帮助，最后达到"交相利"。与儒家强调义和利之间的对立相比，墨家则看重行为的效果，而获得利益才是最大的"义"，因此"仁人之事者，必务求兴天下之利，除天下之害"（《墨子·兼爱下》）。

在兼爱的原则下，墨家主张"非攻"，反对春秋战国时期诸侯之间攻城略地的战争，并身体力行地去阻止各种冲突。墨子在社会政治问题上提出了"尚贤"和"尚同"的主张。其实儒家也是十分推崇"贤者居位"的，而墨家的主张更为坚决。在世袭制的宗法社会中，坚持尚贤是为政之本。与尚贤相关的是"尚同"，也就是选出治天下之民的贤能之士之后，按这些人的想法来统一思想，"天子唯能一同天下之义，是以天下治也"（《墨子·尚同上》）。

墨家作为一种苦行派，反对儒家在"礼"的名义下花费民众财富的行为。墨家十分反对厚葬的习俗，认为儒家所提倡的"三年之丧"会造成很多的社会矛盾。墨家认为厚葬的礼俗将人辛辛苦苦所积累起来的财富都消耗殆尽，同时三年之丧期间的清苦生活，会使人失去精力，当然也会影响人口的生产。没有财富和足够的人力，这个社会如何能够治理得好呢？

墨家与儒家尖锐对立的，还有对于命运和天意等问题的看法。儒家从本性上有一种命定论的倾向。墨家却认为，如果相信命运的存在，就会使人失去奋斗的动力。对于鬼神的态度也同样如此。墨子主张明鬼，就是要使人相信鬼神的存在，并且能够赏善罚恶，这样便会对现实的人有警示作用。墨子批评儒家不相信鬼存在却重视祭祀是自相矛盾的。不过，无论儒家重祭祀还是墨家信鬼神，其目的似乎都不在于建立信仰体系，而是具有浓厚的"神道设教"，即用鬼神来治人的手段化意味。

墨子提出了评价政治是非得失的三条著名标准，称为"三表"："故言必有三表。何谓三表？子墨子言曰：有本之者，有原之者，有用之者。于何本之？上本之于古者圣王之事。于何原之？下原察百姓耳目之实。于何用之？废以为刑政，观其中国家百姓人民之利。此所谓言有三表也。"（《墨子·非命上》）这里提出，判断一种政治学说或行动的正当与否，要充分考察其"本"（历史经验）、"原"（现实根据）、"用"（实际效果）三个方面，即首先看是否与上古圣王的做法相符合，其二看老百姓是否支持，最后则看结果是否对百姓和人民有利。在当时的社会环境中能够提出这样的原则，应该说是很具有批判精神和人本色彩的。

2. 后期墨家与墨家的消失

墨子死后，墨家分为三派，三派均坚持自己是墨子的真正继承人，而称别的派别为"别墨"。战国中后期，可能是墨家最强盛的时期，他们以《墨经》为名，辑录了《经上》《经下》《经说上》《经说下》《大取》《小取》六篇，被认为是后期墨家的基本文献。墨家的分化，虽然组织形态和思想观念大体继承了初期墨家的基本原则，但也有一些转变。比如在后期墨家的著作中，就没有"天志""明鬼"这些问题了，而对"辩学"法则的思考则成为中心。

墨家将"辩"看得很重，"夫辩者，将以明是非之分，审治乱之纪，明同异之处，察名实之理，处利害，决嫌疑"（《墨子·小取》）。并建立起一套"以名举实""以辞抒意""以说出故"为基本点的辩学体系，对于名实关系、概念的变化、语言与意义之间的关系、推理的一般性原则等，提出了有启发性的观点，被认为是中国逻辑发展史的重要一环。

从汉代初期开始，墨家学说逐渐失去了它的活力，主要原因是大一统政治格局的形成，使以行侠仗义并有着严密的组织机构的墨家无法在日渐完善的社会制度体系中找到容身之处。而墨子学说中对于社会礼仪的反对和苦行主义的生活方式，也显出墨家与儒家相比"不近人情"的一面，因而受到儒家不遗余力的批评。墨家终于在儒家不断强化的思想统一的过程中消失了。墨家的消失如果与名家的同样命运相联系，还使很多人有所感慨，视之为中国古代对于科学和逻辑缺乏应有之理解和兴趣的一个标志。

(三) 道家与道教

孔子说："天下有道则见，无道则隐"（《论语·泰伯》），说明他内心对于隐逸之人还是比较持有同情和敬意的。在春秋战国时期，由于社会的剧烈变革，出现了一批不愿意与当权者合作的隐逸之士，他们或许可以被看作道家的先驱。

最早的道家是杨朱，现在我们只能从《淮南子》等书上找到有关他的资料，知道他主张"全身葆真，不以物累形"，特别是"拔一毛而利天下，不为也"的"贵己""为我"思想，在当时有很大的影响，致使孟子将其与墨家一起，视为儒家的主要论敌。而在《庄子·天下》中，则忽略了杨朱而给道家描述出了另一个发展线索，即彭蒙、田骈、慎到为道家的第一阶段，老子是第二阶段，而庄子则是第三阶段。这个线索所强调的是道家的反智论倾向，比较接近于庄子自己的立场。

在对于道家的构成的分析中，许多人都提到了道家与古代史官之间的关系，史官作为记录成败祸福的官员，对于现实有一种超越感，这造就了道家最根本的特点。

1. 正负之间：老子的智慧

在现有的文献中，老子的身世十分模糊。在《史记》中，司马迁就记录了关于老子身世的种种传说，据说是受关令尹喜的要求而著的《道德经》成为中国哲学的起源性文本。这一格言式的著作短短五千言，有很多不同的版本，也产生了无数的不同的解读。但最为核心的思想方法就是"反者，道之动"，即特别擅长从"负"的方面去看待事物的本质。因此，他一反儒家刚健有为的人生哲学，而是提倡"贵柔""守雌"的人生策略。这样的方式被韩非子等人理解成"计谋"，而引为同道。司马迁在为他作传的时候，把他跟法家的申不害和韩非子放在一起。

老子被胡适等视为中国哲学的开端，相当大程度是因为他第一个以更为抽象的"道"来取代先秦时候解释世界运行抽象度相对不足的"天道""阴阳"等范畴。"道"具有形而上的先在性，成为万物的根源，即所谓"道生一，一生二，二生三，三生万物"（《道德经》第四十二章）。

道之超越性决定了它不是能够用语言表达而是通过学习而获得的，所以"道可道，非常道"（《道德经》第一章），"为学日益，为道日损"。人应该抛弃自以为是的掌握自然的冲动，而且彻底地去顺应大道。"人法地，地法天，天法道，道法自然。"（《道德经》第二十五章）

在礼崩乐坏的处境中，老子和孔子对于现状的不满是共同的，区别在于解决的方法。在老子看来，原先的一套作为社会规范的礼仪逐渐变成一些空架子，儒家对于"仁义"的强调，意味着人们已经远离"道"的境界。"大道废，有仁义。智惠出，有大伪。六亲不和，有孝慈。国家昏乱，有忠臣。"（《道德经》第十八章）

那么，如何回复到自然的境界呢，老子认为只能是"损之又损，以至于无为"（《道德经》第四十八章）。"我无为而民自化；我好静而民自正；我无事而民自富；我无欲而民自朴。"（《道德经》第五十七章）在老子看来，儒家对仁义的强调已经背离了天道，唯有"绝圣弃智，民利百倍；绝仁弃义，民复孝慈；绝巧弃利，盗贼无有。此三者，为文不足，故令有所属：见素抱朴，少私寡欲"（《道德经》第十九章）。因此与儒、墨所设定的以尧、舜、禹之三代之治作为理想社会的标志不同，道家追寻更为"自然"化的远古："小国寡民，使有什伯之器而不用，使民重死而不远徙。虽有舟舆，无所乘之，虽有甲兵，无所陈之，使民复结绳而用之"，"甘其食，美其服，安其居，乐其俗，邻国相望，鸡犬之声相闻，民至老死不相往来"（《道德经》第八十章）。

在这样的状态中，生命本身成为最重要的东西。在《道德经》中，许多言论后来都被解释为一种追求长生的方术，比如"专气致柔""不自生，故能长生"。在颇具象征性的思维状态中，水的品性被赋予一种接近于道的特性的状况，因此，对于水的描述可以看成是道的运行轨迹。"上善若水。水善利万物，又不争。处众人之所恶，故几于道。居善地，心善渊，与善人，言善信，政善治，事善能，动善时。夫唯不争，故无尤。"（《道德经》第八章）

但老子并未真正舍弃对于现实政治的关注，这使得他以超越现实为目的，去探索具有普遍意义的"道"，并非是为了发现一种比人们的感觉所能觉察到的更为本质的东西，而是要为人获得一种具有指导意义的人生指南。在老子看来，只有从消极的方面去寻求，才能获得正面的目的。"古之善为道者，非以明人，将以愚之。民之难治，以其多智。以智治国，国之贼；不以智治国，国之福。知此两者，亦楷式。常知楷式，是谓玄德。玄德深远，与物反，然后乃至大顺。"（《道德经》第六十五章）"不尚贤，使民不争；不贵难得之货，使民不盗；不见可欲，使心不乱。圣人治：虚其心，实其腹，弱其志，强其骨。常使民无知无欲，使知者不敢为，则无不治。"（《道德经》第三章）这种对"无为而无不为"、韬光养晦的强调，与以退为进的方法相结合的结果，体现出策略家的特征，但也往往使"道"与"道术"难以区分，甚至成为机会主义和愚民政策的结合体。

总之，如果与儒墨积极的入世态度相比较，道家更倾向于追寻一种内心的自由和生命的延续，但同时也含有某种反社会的倾向。"一是以个人为中心的反社会倾向，这将引出追寻个人自由或保全个人生命的两种不同的结果；一是以内心体验为中心的反理智的倾向，引导思想超越具体的有形的世界，直探神秘的终极境界。"[①] 而这两种方向在庄子那里得到更为统一的呈现。

2. 由"齐物"而"逍遥"的庄子

司马迁说："庄子者，蒙人也，名周。周尝为蒙漆园吏，与梁惠王、齐宣王同时。其学无所不窥，然其要本归于老子之言。故其著书十余万言，大抵率寓言也。作渔父、盗跖、胠箧，以诋訿孔子之徒，以明老子之术。"（《史记·老子韩非列传》）这段话很简明地说明了庄子学说的核心是"本归于老子之言"和"明老子之术"。其著作的写作方式以"寓言"为特色。

所谓"本归于老子"，是指庄子继承和发展了老子的"道"的思想。在《庄子·大宗师》中说："夫道，有情有信，无为无形；可传而不可受，可得而不可见；自本自根，未有天地，自古以固存；神鬼神帝，生天生地；在太极之先而不为高，在六极之下而不为深，先天地生而不为久，长于上古而不为老。"这样的描述，与老子关于"道"既实存又无形的思想存在着观念上的连续性。

庄子倾向于采用寓言等写作方式，目的是强调事物的存在方式和

---

① 葛兆光：《中国思想史》第一卷，复旦大学出版社 1998 年版，第 216—217 页。

人的认识能力的相对性。庄子区分了"以物观物"和"以道观物"两种不同的认识方式。例如关于事物的贵贱大小，他说："以道观之，物无贵贱；以物观之，自贵而相贱；以俗观之，贵贱不在己。以差观之，因其所大而大之，则万物莫不大；因其所小而小之，则万物莫不小。"（《庄子·秋水》）就是说，在我们平常看来差异十分悬殊的东西，如果超越其自身的限制，站在更高的一层来看，那么其差异便会不足道。而如果站在超越"物"的边界的"道"的高度，那么根本无所谓差别，万物相齐。

庄子通过《齐物论》来重新审视事物的"确定性"和"差异性"，从而使"逍遥"有了一个切实的基础。如果说，老子是用"无"来消解"有"的，那么在庄子的"齐物"视野之下，"有"和"无"的区别本身就是一种"偏执"。"齐物"所追求的是一种超越性的视野，用以指明所谓确定性只是人类智慧的局限造成的。在庄子看来，智慧会迷失于人们的成心之中，因为每一个人都是从自己的一种角度出发来看周围的世界；所以，真正的圣人就像站在一个枢轴之上，随着自然的转动而改变自己的立场，也就是没有"自己"的立场，只以自然的立场为立场。可见，庄子的超越性并非是从"自然"和"人为"的对立中形成的，而是连同自然和人为的区分本身一并超越了。庄子借用"人籁""地籁""天籁"来说明，天籁并非是超越于人籁和地籁的第三种声音，而是从另一个角度来看自然的声音，我们应该能排斥"人为"的，而是随着自然的品性来表达。在这里，内在性支配着人们的一切，一切根源于内心的深刻体验，庄子从而完成了对于老子道论的超越。

庄子的齐物论来自他对确定性的否认，原因在于，他认为事物本身是不可分彼此的："物无非彼，物无非是。自彼则不见，自知则知之。故曰彼出于是，是亦因彼。彼是方生之说也，虽然，方生方死，方死方生；方可方不可，方不可方可；因是因非，因非因是。是以圣人不由，而照之于天，亦因是也。是亦彼也，彼亦是也。彼亦一是非，此亦一是非。果且有彼是乎哉？果且无彼是乎哉？彼是莫得其偶，谓之道枢。"（《庄子·齐物论》）这样，任何行为都是在可与不可之间，善恶好坏之辨都成了一种"偏见"。"可乎可，不可乎不可。道行之而成，物谓之而然。恶乎然？然于然。恶乎不然？不然于不然。物固有所然，物固有所可。无物不然，无物不可。故为是举莛与楹，厉与西施，恢恑憰怪，道通为一。其分也，成也；其成也，毁也。凡物无成与毁，复通为一。"（《庄子·齐物论》）

在庄子这里，"道"的观照超越了对于言说的依赖，而是将言语本身作为认识事物本真状况的桥梁，而非对于语言本身的关注。这样便意味着，那种将以古圣先贤的语句作为现实行为的标准，实际上是对智慧的遮蔽。这不仅是因为语言的有限性难以描述道之无边界性，而关键在于语言往往意味着判断和界定，这恰恰是对于"道"的肢解。因此，语言便和智慧处于一种对峙的状态。在对"坐忘"的讨论中，庄子提出了"吾丧我"的命题，从对于"自己"（"吾"）的忘记中，达到对于自然而然的自我的确认，这种确认的结果是物我之间的融合。有了这个境界，"人"就从"物"的和"角色"的存在状态中超脱出来了。《齐物论》以"庄周梦蝶"的故事作为结尾，其目的就在于要达到"真我"对于种种不同角色的我的超越："昔者庄周梦为胡蝶，栩栩然胡蝶也，自喻适志与！不知周也。俄然觉，则蘧蘧然周也。不知周之梦为胡蝶与，胡蝶之梦为周与？周与胡蝶，则必有分矣。此之谓物化。"（《庄子·齐物论》）这个寓言中对于"分"和"物化"的关系的讨论，告诉我们事物之间并非没有区别，但这样的区别并不是绝对的，而是可以转化的。

"齐物"方能进入"无待"的逍遥。在庄子看来，人生在世，不免"人为物役"，受各种欲望和目标的役使。而摆脱了是非、真伪、祸福、生死的束缚，才使真正的逍遥成为可能。无论是列子的御风而行还是大鹏展翅，因为都有所依赖，而未达至境。庄子塑造出"至人""神人""真人"等形象来描摹无待之境界："若夫乘天地之正，而御六气之辩，以游无穷者，彼且恶乎待哉！故曰：至人无己，神人无功，圣人无名。"（《庄子·逍遥游》）

在这样的基础上，庄子建立起一套摆脱世俗功利的人生观，一种混沌的、没有机巧之心的、放下了虚荣心而徜徉于自由心灵的生命状态。它成为中国人精神生活的重要组成部分。

3. 道家和道教

道家并非是道教的唯一源头，确切地说，神仙家、阴阳家和早期的各类方士更多地为道教准备了信仰和仪式的内容。在刘歆的《七略》中，道家与神仙家是自立门户的。虽然道家的清静无为思想，庄子对于真人、至人的描述等，均为道教提供了想象的因素。从汉代初年形成的"黄老道学"开始，道家思想便不断与神仙道和别的学派思想相混合。形成于汉代的道教，最初可能是希望借助于老子的影响而推崇老子，例如作为早期道教的重要派别的五斗米道，就主张诵习《老子》。汉桓帝在位时，多次派人到传说中的老子出生地苦县祭拜，并亲自在濯龙宫拜祀。因之，老子在东汉逐渐被神化，成为道教教主。

学者们一般把汉代以《太平经》为依据的太平道和五斗米道称为早期道教。经过魏晋时期与佛教既抗衡又吸收的过程，在北魏的寇谦之和南朝的陶弘景等人的改革下，吸收了佛教的戒律、仪规和组织方式，道教逐渐开始形成了其比较完备的信仰体系和修炼体系。南北朝时期的北方新天师道和南方茅山上清派等，则称为教会道教。[1]

道教在隋唐时期得到了很大的发展，特别是唐朝，因为唐王室自奉为老子后裔，所以唐代的道教无论在理论还是信徒上均有大规模的拓展。

宋代也是道教的黄金时期之一，逐渐形成了以玉皇大帝为宋朝的祖神和国家的守护神的信仰体系，并诞生了太一教和最能体现三教合流思想的全真教。

全真教和后起的净明教，不断地吸收佛教和儒家的思想，比如全真教教主王重阳要求信徒阅读佛教的《般若》、道教的《道德经》《清静经》和儒家的《孝经》；而净明道则强调忠孝道德，强调发自内心的伦理品格，反对儒家道德的形式主义。而各式三教合流的劝善书也成为中国明以后宗教发展的一大特色。

就道教而言，追求肉体之长生不老是其基本和核心的内容。道教围绕神仙信仰发展出一整套包括服食、炼气、守神等综括外丹和内丹的修身炼形的系统。神仙家们相信神仙不死，仙可学而致。针对一般人说没有人真的遇到神仙来怀疑成仙之后人可以不死的说法，葛洪的《抱朴子内篇·论仙》做了回应，他说并不是世界上所有的事物都可以被我们看见，因此，神仙的有无并不能以是否能看见的方法来证明，如果方法得当，并不困难。

道教的典籍杂而多端，有《道藏》行于世。与佛教相比，道教的宗教理论和信仰体系略逊一等，其影响最根本的体现，往往表现在身体的修炼上。因此世间素有"儒治世、佛治心、道治身"的说法。

---

① 参见胡孚琛《魏晋神仙道教》，人民出版社 1989 年版，第 7—8 页。

（四）法家

在先秦时期的诸子百家中，法家是最具有现实精神的。法家的中心议题是"如何建立强有力的统治"？"如何实现富国强兵"？而在当时，儒家和墨家是"显学"，追随者很多。儒、墨都以上古时候传说中的尧舜盛世作为政治的目标。儒家所提出的根本性主张，是通过道德教化的力量，潜移默化地对人进行社会性塑造。但这种固本的工夫，就如用文火熬汤，需要很长时间才能见效。在战国的乱世中，它虽然获得了人们的尊重，却并没有几个诸侯肯拿自己的王国作为儒家理想的试验地。所以孔、孟虽然奔走于各国之间，却并未获得施展抱负的机会。而商鞅等人，则是由儒术改宗法术，从而赢得了统治者的信任。

法家要做的事，首先就是从理论上"解构"儒家和墨家所塑造的"复古"体系，提出要顺应时代发展和现实的需要。商鞅说，古代的圣王们都是按照他们所面临的不同问题而做出不同的决策，绝不是一成不变，所以"治世不一道，便（变）国不必法古"（《商君书·更法》）。法家的另一代表人物韩非子以其惯常的反讽手法说，如果我们今天仍然像燧人氏那样去钻木取火，像有巢氏那样在树上筑屋而居，岂不是会让这些先贤们取笑？所以真正的圣人应该是"不期修古，不法常可。论世之事，因为之备"（《韩非子·五蠹》），不能死抱着祖宗成法不知道变通。

当然，法家并非简单否定儒家思想，而是认为在不同的时代应采用不同的观念。他们对于当时的社会历史条件有一个自己的判断，即韩非子反复申论的"上古竞于道德，中世逐于智谋，当今争于气力"

（《韩非子·五蠹》）。所以韩非指出，世上的人对于仁义的赞美在实践中是极其有害的。他说，仁义政策导致赏罚不明，会使那些不该得到恩惠的人无功受禄，而该受到惩罚的人得以逃脱，这样一来，便助长了人们贪便宜的心态，那些暴乱之徒更有恃无恐，这样的国家难保不灭亡。

基于此，法家的政治策略与儒家有根本的不同。儒家敦仁义教化，而法家强调"抱法处势"和权谋。这种不同的根源，在于儒家和法家对于人性理解的不同。虽然儒家的人性论中有"性善"和"性恶"等不同的说法，但主流的主张还是子思和孟子一派建立在"良知"基础上的性善说，并以此建立起个人—家庭—社会—国家以及"亲亲、尊尊"的社会管理理念。而法家坚信人都是以追求利益为基本的行为动机，其人性的假设是利益至上。韩非往往用极端例子来证明他的观点。如他认为即使"亲情"也是建立在利益之上的。他举例说，孩子都是出于父母的怀孕而来，但是，生了男孩，家里就庆祝，生了女孩，甚至会将其杀死，这种行为背后的考量因素主要是利益。他进而得出结论说，对于自己的孩子都会采取算计的办法，这充分说明人与人之间关系的主要维系因素是利益（《韩非子·六反》）。

法家在不同的发展阶段中，逐步形成了以"法""术""势"为核心的思想体系。这是法家的特有传统。而韩非子作为法家理论的集大成者，强调法、术、势只有相辅相成，才能实现效能最大化。

"法"在先秦时期的含义比较复杂，最主要的解释是刑罚的规则。在家族主义盛行的时代，法家坚持规则面前人人平等，因此在很大程度上顺应了由封建制向郡县制转变的政治格局，这也是他们在战国时期取得重大成功的原因。但法家过于相信刑罚的力量，特别相信暴力威胁在政治建构中的作用，因此难以成为一种持久的正当性规则体系。《汉书·艺文志》在评论法家的时候说："法家者流，盖出于礼官。信赏必罚，以辅礼制。《易》曰'先王以明罚饬法'，此其所长也。及刻者为之，则无教化，去仁爱，专任刑法而欲以致治，至于残害至亲，伤恩薄厚。"

"术"主要是就统治策略而言的。申不害说，好的统治者要学会伪装，不要将自己的能力展示给别人（《群书治要》引《申子·大体》篇）。在韩非子那里，"术"则是刑和德的结合，也称为"二柄"："明主之所道制其臣者，二柄而已矣。二柄者，刑德也。何谓刑德？曰：杀戮之谓刑，庆赏之谓德。"（《韩非子·二柄》）

"势"的观念侧重于强调势能在政治操作中的重要性。韩非说："明君之所以立功成名者四：一曰天时，二曰人心，三曰技能，四曰势位。……夫有材而无势，虽贤不能制不肖。如立尺材于高山之上，则临千仞之谷，材非长也，位高也。桀为天子，能制天下，非贤也，势重也。尧为匹夫，不能正三家，非不肖也，位卑也。"（《韩非子·功名》）所以，虽然儒家和法家都强调要加强君主的权威，但儒家的做法是"正名"，通过"礼"的制约性来树立人们的服从意识；而法家采用的则是一种威权主义的原则，也就是说，虽然所有人都应遵守同样的法律，但民众的服从并不会是自觉的，统治者只能通过增强自己权势的办法，让老百姓感到恐惧而服从。

法家与儒家的最大差别，在于法家坚认政治需要和儒家亲情伦理之间的巨大矛盾，也就是亲情伦理会妨碍统一的标准的实施。同时，法家重于强化君主的绝对权力，因而与儒家将责任和义务相结合的尊君观念大异其趣。如果按现在的政治学观念来分析，法家注重于将政治的公共领域和私人领域之间分离，而儒家的亲亲尊尊则是将公共领域和私人领域相混同，以致从根本上制约了政治的效率。而法家的理论适应了当时提高政治效率的需要，因此在各国的政治实践中取得了空前的成功。李悝在魏，吴起在楚，商鞅在秦，申不害在韩，先后进行过内容不同的"变法"。韩非子虽然并未得到直接推行其理论的机会，但秦始皇和李斯等人的政治实践，无不体现出韩非子思想的影子。正是由于不懈地推行法家的观念，秦国完成了由一个边陲弱国到统一六国的强大国家的转变。

随着秦国的覆灭，法家思想也开始遭到普遍的怀疑，其中反击最有力的是汉初的儒生们。他们将秦国的灭亡与秦国浓厚的法家政治色彩联系起来，批判法家忽视仁爱而过于相信法术力量的价值取向。陆贾在《新语》一书中，劝告汉高祖"马上得天下，不能马上治天下"，并指出，实施严刑峻法是秦亡天下的主要原因。司马谈则说："法家不别亲疏，不殊贵贱，一断于法，则亲亲尊尊之恩绝矣。可以行一时之计，而不可长用也。"（《论六家要旨》）但汉初的儒家和黄老道家，出于其"拨乱反正"的心理，多少有点夸大法家对秦国政治的一统性的影响，而忽视了儒法两家的内在联系，以及儒家思想体系在秦国政治中的潜在作用。

例如，此后何以出现"百代都行秦政制"这一现象？陈寅恪曾对此做出了进一步的解释。他说："儒者在古代本为典章学术所寄托之专家。李斯受荀卿之学，佐成秦治。秦之法制实儒家一派学说之所附系。《中庸》之'车同轨，书同文，行同伦'（即太史公所谓：'至始皇乃能并冠带之伦'之伦），为儒家理想之制度，而于秦始皇之身而得以实现之也。汉承秦业，其官制法律亦袭用前朝。遗传至晋以后，法律与礼经并称，儒家《周官》之学说悉采入法典。夫政治社会一切公私行动莫不与法典相关，而法典为儒家学说具体之实现。故二千年来华夏民族所受儒家学说之影响最深最巨者，实在制度法律公私生活之方面。"① 这就是说，虽然儒、法两家在形式上看起来是彼此对立的，但是在历来实际的政治操作中，它们却表现出许多彼此相融的方面。

（五）阴阳家

按照《汉书·艺文志》记述："阴家者流，盖出于羲和之官，敬顺昊天，历象日月星辰，敬授民时，此其所长也。及拘者为之，则牵于禁忌，泥于小数，舍人事而任鬼神。"就是说，阴阳家擅长星象历法之类的知识，缺点则是"舍人事而敬鬼神"。显然，在春秋战国这样的乱世，依赖于不可知的力量是人之常情，因此阴阳家很受诸侯们的欢迎。"是以驺子重于齐。适梁，惠王郊迎，执宾主之礼。适赵，平原君侧行撇席。如燕，昭王拥彗先驱，请列弟子之座而受业，筑碣石宫，身亲往师之。作主运。其游诸侯见尊礼如此，岂与仲尼菜色陈蔡，孟轲困于齐梁同乎哉！"（《史记·孟子荀卿列传》）

阴阳家所擅长的领域包括：（1）"与'天'有关的方术，如天文历算、占星望气、式法选择、龟卜筮占、风角五音。它们是以古人对天象的知识为基础的，推测宇宙变化，并衍生出来种种避凶趋吉的方法"。（2）"与'地'有关的方术，如形法"。（3）"与'人'有关的方术，包括占梦、招魂、厌劾、服食、房中、导引等等"②。在钻研这些问题的时候，"阴阳"和"五行"概念被确立起来，成为中国人解释宇宙和人类特性的基本范畴。

---

① 陈寅恪：《冯友兰中国哲学史下册审查报告》，载《陈寅恪史学论文选集》，上海古籍出版社 1992 年版，第 511 页。

② 葛兆光：《中国思想史》第一卷，复旦大学出版社 1998 年版，第 222 页。

确切地说，阴阳五行是中国古代思想的基本结构，只是有一批人据此而发展出一套宇宙与人事相关联的"五德始终"说，而被许多人所追随。在春秋战国时期，这一类人被列入阴阳家，主要的代表人物是邹衍。据现有的史料，邹衍最主要的理论是"大九州"说和"五德始终"说。所谓的"大九州"即是认为天下有互相独立的九个州，中国属于赤县神州，而每一个独立的州中又分为九州。这当然不是基于航行基础上的地理发现，而是一种推理和幻想的结果。但与孟子同时的邹衍之所以深受当时的诸侯们的欢迎，则主要在于"五德始终"即用阴阳五行的运行来推演人事治乱的变化规律，这对于处于危机时期的诸侯尤其有吸引力。

在《吕氏春秋·应同》篇颇能反映阴阳家思想的一段记录中，秦以前的王朝更替的历史，被描述成木胜土、金胜木、火胜金、水胜火和土胜水这样的五德始终的连环。对应到具体的朝代便是：尚土德的黄帝被尚木德的夏朝所取代，而尚金德的商朝又取代了尚木德的夏朝，而取代夏朝的周朝则尚火德，由此可以推论接下来便是尚水德，并进入下一个循环。规律发现之后，人们主要的任务便是寻找征兆。因为当时人们相信"国家将兴，必有祯祥，国家将亡，必有妖孽"（《礼记·中庸》）。

按司马迁的分析，阴阳家所采用的五德始终说，其背后的动机，依然是希望通过这些略显怪诞的预言使统治者有所忌惮。（《史记·孟子荀卿列传》）"尚德"似乎是阴阳家的目标，因此有人亦将阴阳家归入儒家。

儒家与阴阳家之间的确存在着密切的关系，儒家本身也十分强调天道和人道之间的关系，这一点尤其被思孟一支所强调。而汉代的儒家通过神秘主义的方式确立儒家的地位的时候，也特别借助了五行相生相胜的思想。特别是董仲舒，将五行比附于道德和政治，他以仁为木、义为金、礼为水、智为火、信为土，并推演到五种官员之间的互相制约。即使在东汉章帝时编撰的具有官方文献性质的《白虎通义》中，依然是坚持五行相生相克的政治解释。因此虽然作为一个学派的阴阳家已经不复存在，但阴阳家的思想仍可以通过儒家的政治实践而得到呈现。但此后更多的阴阳家信徒，可能只能流落到民间，去做一些算命看风水之类的事情了。

（六）名家与辩学

在"礼崩乐坏"的时代，如何重建政治也就是礼法的秩序，是当时的思想家们所关注的核心问题。而作为礼仪之虚文的"名"，与作为礼仪之操作的"实"之间，如何重新取得一致，便是"名学"立说的关键。在班固的《汉书·艺文志》中，列名家为九流之一，"名家者流，盖出于礼官。古者名位不同，礼亦异数。孔子曰：'必也正名乎！名不正则言不顺，言不顺则事不成。'此其所长也。及訾訾者为之，则苟钩钮析乱而已"。班固认为名家出于礼官，所要强调的便是名学之政治意义。

当然，先秦各家有各自的名学思想。如老子主张"无名"，孔子则要"正名"，其他各家也有各自的名学思想，因此"名实相符""循名责实"并非是专门讨论概念与对象之间的关系。不过有一批人将名学问题抽象化和一般化，专门讨论语言、概念的有限与无限问题，因此"正名"问题转变为"指物""白马非马""坚白"等逻辑思维的问题。但这种转变受到了多方的批评。如《庄子·天下》篇评论说："桓团，公孙龙，辩者之徒，饰人之心，易人之意；能胜人之口，不能服人之心。"荀子的《非十二子》篇中也认为："不法先王，不是礼义，而好治怪说、玩琦辞，甚察而不惠，辩而无用，多事而寡功，不可以为治纲纪。然而其持之有故，其言之成理，足以欺惑愚众；是惠施邓析也。"因此在汉代人的总结中，名家是"专决于名，而失人情"。司马谈在《论六家要旨》中则认为："名家苛察缴绕，使人不得反其意，专决于名，而失人情。故曰：使人俭而善失真。若夫控名责实，参伍不失，此不可不察也。"

胡适在他的《中国哲学史大纲》（上卷）中认为，名学是先秦诸子的公共知识，因此只有名学，并不存在一个专门的"名家"。他进而把惠施、公孙龙都归入墨家，称之为"别墨"。这种观点的支持者并不多，更多的人肯定"名学"和"名家"之别，肯定"辩者"作为诸子之一派的存在，并认为名家与儒法之差别，是政治学与知识论之间的不同。如劳思光认为，名家论名与儒法之论名，有很大的不同，儒法主要是就权分或职分说，对于每一"分"有一"名"可立。而名家的"名"主要是从知识上说的，每一种意义或每一个对象，均有一相对应的"名"。①

名家的最主要的代表人物是惠施和公孙龙。有关惠施的材料主要见于《庄子》的一些篇章。"历物十事"是惠施留存下来的名辩命题。《庄子·天下》说："惠施多方，其书五车，其道舛驳，其言也不中。历物之意，曰：'至大无外，谓之大一；至小无内，谓之小一。无厚，不可积也，其大千里。天与地卑，山与泽平。日，方中方睨；物，方生方死。大同而与小同异，此之谓小同异；万物毕同毕异，此之谓大同异。南方无穷而有穷，今日适越而昔来。连环可解也。我知

---

① 劳思光：《新编中国哲学史》第一卷，广西师范大学出版社 2005 年版，第 288 页。

天下之中央，燕之北越之南是也。泛爱万物，天地一体也。'惠施以此为大，观于天下而晓辩者，天下之辩者相与乐之。"从这十个命题来看，惠施特别强调时间和空间的相对性，或者说通过时间和空间的相对性来强调概念与事物之间差异的相对性，从而得出"泛爱万物，天地一体"的思想，就这个结论而言，则是有儒墨的精神的。

公孙龙的材料更多一些，"白马非马"是他的标志性命题。他说："马者，所以命形者；白者，所以命色也。命色者非命形也。故曰'白马非马'"（《公孙龙子·白马论》）。《白马论》主张严格区分"白马"和"马"两个概念，实质是从概念的内涵与外延的不同来强调不同的概念（名）所对应的不同对象（实），虽说看上去有些诡辩的色彩，却是对于一般与个别、属名与种名等逻辑问题的深刻认识。《坚白论》的论证原理与《白马论》一样，《坚白论》突出了石头的坚硬性和颜色与石头本身的区别，石可叫白石，或叫坚石，而绝不可叫坚白石。理由是："视不得其所坚"，"拊不得其所白"。肯定不同的感官经过抽象和概括，产生不同的名，反映事物的不同属性。虽然公孙龙承认坚白石是一块具体的石头，但坚、白和石头作为抽象的规定性则是互相分离的，这三者之间存在着既离又合的关系。

公孙龙最为难解的篇章是《指物论》，《指物论》主要是要讨论作为名称的"指"与作为对象的"指"之间的关系。其中说："物莫非指，而指非指。"按冯友兰的解释：公孙龙以"物"表示具体的个别的物，以"指"表示抽象的共相。"指"字有名词的意义，就是"手指头"；有动词的意义，就是"指明"。公孙龙以"指"表示共相，正是兼用这两种意义。他所谓的"物"不过是"指"的集合体，在他看来没有"指"就无所谓"物"，所以说"物莫非指"。而通过"物"而抽象出来的"指"并非实体意义上的"指"，所以又说，"而指非指"。这样，概念与对象之间的复杂性得到了很充分的体现。这一"指物"关系的讨论，估计在先秦的思想家中很有影响，比如《庄子·齐物论》中就有"天地一指也，万物一马也"。指即指认，也即概念，是名家的重要概念。不过庄子之发挥并不是沿着公孙龙子的思路，而是认为这些区分本来就是多余的，"以指喻指之非指，不若以非指喻指之非指"（《庄子·齐物论》）。世间万物变幻不定，是非均为无穷，根本无法辨别清楚。不辨是非，任其自然，掌握道的枢要，体悟出万物纷繁不过道的体现，亦即"天地一指也"。

中国人对于名辩之学的兴趣并没有得到很好的保持。因为以政治的实用性标准而言，名家有点过于技术化。因此汉代以后几乎看不到名辩思想的传播和发展。即使后来佛教的传入，印度的因明思想也没有得到相应的吸收和发展。一直到近代，随着西方逻辑思想的传入，人们才开始追溯名家与现代逻辑之间的关系。在"西学中源"的思路下，墨经和名家的思想甚至有时被视为西方科学的源头。当然也有人认为，中国没有发展出近代意义上的科学，原因是没有纯粹的理论兴趣和支撑理论发展的形式科学，比如逻辑。

（七）佛教与其他外来宗教

除了上述儒、墨、道、法、阴阳和名家的这些思想以外，还有以《孙子兵法》为代表的兵家思想、以《吕氏春秋》和《淮南子》为代表的杂家，等等。兵家的著作历来是禁书，而杂家则是综合诸家而不能真正有独立的思想发展，因此并不在此讨论。真正对中国思想发展产生巨大冲击的是佛教的传入。

相对于佛教对中国哲学和文化的影响而言，佛教是什么时间传入中国的，显得不是特别重要的问题。大致而言，可以将东汉、三国、西晋时期佛教在中国的传播看作佛教传入的初期。①

最初中国人只是将佛教看作外来方术的一种，而佛祖被比附于远古的帝王或等同于神仙。这个阶段人们逐渐开始翻译印度的佛经，与三国两晋谈玄说无的社会风气相对应，当时翻译的佛经主要集中于禅学和般若学。而最初对于佛教义理的理解和佛经的翻译，主要是采取"格义"的方法，也就是用中国固有的观念来解释和理解佛经。然而，一系列佛教观念对中国固有的思想产生了很大的冲击，如佛教的"空"的观点，比之于道家和玄学的"无"要更精致。而价值观念的冲击更为猛烈，如"轮回报应"和"神不灭"与儒家命定论和生死观迥异。佛教所提倡的出家修行的修炼方式，与儒家崇尚家族和社会义务的理念格格不入，等等。但首先是，佛教作为一种外来的思想，必须要面对"夷夏之辨"的考验。

儒家对于佛教的攻击，更多的是从社会责任和义务方面着眼，道教则更热衷于利用本土宗教的文化优势来抵制佛教。而面对儒家"不忠不孝、紊乱纲纪"的指责，和道家"入国破国、入家破家、入身破身"之类的批评，佛教一直在寻求与儒家和道教观念之间的调和。这方面尤以慧远的努力最为突出。慧远关于报应说、神不灭和沙门不敬王的解释，很大程度上引导了佛教世俗化和超越性的结合。随着鸠摩罗什更为准确和流畅的佛经翻译，佛教在中国越来越彻底地告别了"格义"，而进入解释和阐扬的阶段。

在实践中，宗教的影响决定于信徒的追随。而佛教以慈悲为怀、

① 参见方立天《中国佛教哲学要义》，中国人民大学出版社 2002 年版，第 32—54 页。

普度众生的宗教信念，受到了下层老百姓的欢迎，各处林立的寺庙和旺盛的香火则是其证明。到了南北朝时期，中国佛教进入了迅速发展阶段，许多学派开始创立，其佛教学者的兴趣集中在探究人人皆有"佛性""顿悟"以及真俗二谛的讨论，特别是大乘佛教瑜伽行派的核心观念"阿赖耶识"和据说是中国僧人假托马鸣所著的《大乘起信论》的刊行，带来了佛教中国化发展的契机。

中国佛教的鼎盛时期是隋唐，其特点是佛教学者纷纷创建宗派，产生了"天台、三论、法相唯识、华严、律、净土、禅、密"诸宗，形成了八宗争鸣的局面，各派对于宇宙人生的认识以及如何参悟佛理，都提出了精致的理论。

在这些宗派中，唯识宗被认为是保持了印度佛教论证严密而烦琐的许多特点。其核心观点是万法唯识。"识"也叫作"心"，意思是"了别"。内心是了别的主题，外境则是了别的对象。而"唯"的意思是"简持"，即简去虚妄的认识，持取了解到事物本性的心。

另一个重要宗派华严宗的核心，是"四法界说"和"六相圆融"。所谓的四法界包括："事法界"指各种具体的事物现象；"理法界"是事物的真理和本质；"理事无碍法界"指事物的本体和现象之间交互包涵、互不隔碍的关系；"事事无碍法界"则是事物之间融合统一、了无隔碍的状态。"六相圆融"中的六相表示事物存在的六种相状，它们相互交涉、圆融无碍。按照法藏的说法，理解了六相圆融的道理，就可以使信众相信，只要断除任一点的迷惑，就可以了断一切的迷惑。同理，只要履行一项功德，就可以成就一切功德。这便是一即一切，一切即一的辩证境界。

这个时期在与儒道两家的冲突和融合中，以禅宗为标志，佛教呈现了更为明显的中国化倾向。禅宗解构了正统佛教的修持方法和信仰形态，"不立文字、以心传心"，以个人内心的体念和心灵的境界为其宗旨，十分符合中国文人既追求世俗功名又向往山林清泉的情感需要。禅宗标榜的"不立文字"提倡直指本心的顿悟，让人从对于佛经教义的执迷中解脱出来，临济义玄说："学人不了，为执名句，被他凡圣名碍，所以障其道眼不得分明。只如十二分教，皆是表显之说，学者不会，便向表显名句上生解，皆是依倚落在因果。"（《临济录》）在修行的方略上，一般认为禅宗主张顿悟成佛，但是更为确切的理解则是"顿渐相即"，顿悟来源于长期的渐修。当然也有更为激进的禅师认为"即身是佛"，不用再借助于修行。而禅宗更为吸引人的却是对于顿悟之后的境界的描述，即对世俗甚至于佛境本身的超越，所谓"无所得"。"老僧三十年前未参禅时，见山是山，见水是水。及至后来，亲见知识，有个入处。见山不是山，见水不是水。而今得个休歇处，依前见山只是山，见水只是水。"（《五灯会元》卷十七）

　　陈寅恪认为，佛教为中国哲学和文化的发展增长了"元气"，佛教在心性问题上的独特发现补充了中国思想的缺失。所以虽然佛教有许多不合中国风俗的规则，也遭到儒门中人的激烈排拒，但因没有可替代的思想，致使佛教不但没有消亡，反而大盛。宋明理学则是吸收佛理并超越佛理的产物："宋儒若程若朱，皆深通佛教者，既喜其义理之高见详尽，足以救中国之缺失，而又忧其用夷复夏也。乃求得而两全之法，避其名而居其实，取其珠而还其椟。采佛理之精粹以之注解四书五经，名为阐明古学，实则吸取异教。声言尊孔辟佛，实则佛之义理，已浸渍濡染，与儒教之传宗，合而为一。"① 宋明思想家吸收佛道理论而建立"新儒学"可以看作是中国思想综合创新而健康发

---

　　① 　吴学昭：《吴宓与陈寅恪》，清华大学出版社1992年版，第10页。

展的一个范例。

佛教对于中国的影响还极大地表现在艺术和审美趣味上，特别是禅宗。

明代末年，复有利玛窦等耶稣会士来华传播基督教。但这次文化的冲突，并没有引发儒释道那样的化学反应，进而促使中国文化得到创造性的转化，而是在不断的误解和各自的敌对措施中被隔绝起来。

1840 年之后，基督教再度在中国传播，早期教会通过传播西方的历史地理知识和科技政治知识，而在中国知识阶层引发了巨大的影响，并在教育和慈善等领域做出了巨大的贡献。在宗教信仰自由的环境下，各个宗教将共同构成中国人的信仰版图，并促进中国文化在多元互动的环境中得到新的发展。

第 四 章

艺术与审美

◇ 一　礼乐文明：仪式、音乐与秩序

在礼仪活动中使用歌、舞、乐的综合艺术形式，极大可能是由远古的巫术活动演化而来的。按《说文解字》的解释："礼，履也。所以事神致福也。从示从豊，豊亦聲。"这表示，在古人看来，"礼"是一种通过祭祀活动而希望求得福报的活动。将事神仪式（礼）与事神歌舞（乐）结合起来，就形成了我们现在所言的"礼乐"的源头。周朝建立之后，周公有意将礼乐与社会秩序建构结合起来，进而形成了中华文化的基本特征——"礼乐文明"。

据《仪礼》记载，周初之"礼"，内容广达十七项之多，包括士冠礼、婚礼、相见礼、乡饮酒礼、乡射礼、聘礼、朝觐礼、丧礼、祭礼、凶礼、军礼（行军，出征）、宾礼，等等。可以看出，这些包含社会生活各方面的"礼"，其核心是依据血缘的远近和社会等级的高低来确定差等性的社会秩序，以避免出现争夺和矛盾，进而确保社会和谐。

而在古人看来，音节需要通过不同部分的配合才能演奏出最为和谐的乐章，并由此引申出乐可以成为社会和谐的保障。《礼记·乐记》

中又云："乐者，天地之和也；礼者，天地之序也。和故百物皆化，序故群物皆别。"因此，礼乐活动的目的并非出于满足人耳目之欲，而是希望人们通过礼乐的过程来体会人伦秩序之关键。《礼记·乐记》又云："是故先王之制礼乐也，非以极口腹耳目之欲也，将以教民平好恶而反人道之正也。"由此可知，从儒家的角度来说，一方面要极其认真地对待礼乐活动过程中的每一个细节，但同时又要反对那些与道德修养无关的礼乐活动。孔子说："人而不仁，如礼何？人而不仁，如乐何？"（《论语·八佾》）

既然传达价值和促进修养成为演乐的主要目的，这样的导向也必然体现在仪式、音乐的构成和演出方式中，不同的队列、不同的内容都只能在特定场合使用。就"乐"而言，作为中国音乐起源的六代舞（六乐），包括《云门》《咸池》《大韶》《大夏》《大濩》《大武》六部乐舞，相传分别创作于黄帝、尧、舜、禹、商、周六个时代。在周代，不同乐舞只能使用于不同的场合，如祀天神，"乃奏黄钟，歌大吕，舞《云门》"；祭地祇，"乃奏太簇，歌应钟，舞《咸池》"（《周礼·春官》）。乐和礼的内容是相适应的，目的在于强化人们顺应人伦秩序和社会秩序。六代舞如今虽已不可考，但从《诗经》中记载《雅》《颂》的内容来看，不同场合演奏的音乐在节奏、内容和表现形式上都传达出不同的等级和秩序。例如，天子与大国之君飨宴时要升歌《颂》，合《大雅》之乐，此为规格最高的宫廷燕乐；天子与诸侯或次国、小国之君飨宴时要升歌《大雅》，合《小雅》之乐；而天子、诸侯燕群臣及聘问之宾，则"歌《鹿鸣》，合乡乐"（《诗谱》）。演奏音乐的队列也有类似的表达："天子八佾，诸公六，诸侯四。"正因为音乐传递着等级和秩序的差异，孔子才对僭越礼乐等级的行为表现出十足的愤怒，孔子曾严厉地批评季氏："八佾舞于庭，是可忍，

孰不可忍。"（《论语·八佾》）

从音乐本身分析，古代"五音"之宫、商、角、徵、羽也是秩序性的表现。《礼记·乐记》记载："宫为君，商为臣，角为民，徵为事，羽为物。"五音象征五行，五行乃物质基础万物之宗，"宫乱则荒，其君骄；商乱则陂，其官坏；角乱则忧，其民怨；徵乱则哀，其事勤；羽乱则危，其财匮"。万物应当各司其职，缺一不可——这也是音乐能够传达出秩序性的乐理基础。《礼记·月令》还将十二律与十二个月联系起来，后人又创立了《五音十二律图》，用音律与节气等自然规律进行匹配，将音乐的秩序性推向了极致。音乐虽是流动而捉摸不定的，但它内在的严谨结构却隐含了对人事乃至天命的规范和认识，体现了中国艺术对秩序性和结构性的追求。

"礼"在儒家思想中占有极其重要的地位。孔子追慕周公，主张周公所创立的礼乐文明。甚至可以说，西周思想为孔子和早期儒家提供了重要的世界观、伦理德性的基础和相应的政治哲学，在此基础上形成的礼乐文化更成为孕育儒家思想的土壤。在孔子看来，夏、商、周三代之礼一脉相承，周礼集其大成，他说："殷因于夏礼，所损益，可知也；周因于殷礼，所损益，可知也。其或继周者，虽百世，可知也。"（《论语·为政》）

在周以前，乐的主要作用在于实现神人相和，但随着社会分化的加剧和社会阶层的出现，人与人之间的关系逐渐趋向紧张，尤其是当涉及政权更迭之时，"争"成为社会的主旋律。西周定国之后，戎狄南侵之忧未解，先朝遗民伺机谋反，各路诸侯纷争不已。新建的周王朝充满了尖锐复杂的矛盾与忧患，诸侯间的不和谐因素非常多。而周王朝目睹商朝因战争频繁而灭国，不能不以此为鉴，想办法解决诸侯之间的争夺，重视构建稳定协调的社会秩序。这样，"和"就成为西周的一个非常重要的信念，在《尚书》中多有记载。《尚书·无逸》篇云，周文王"自朝至于日中昃，不遑暇食，用咸和万民"。《尚书·多方》篇云："自作不和，尔惟和哉；尔室不睦，尔惟和哉。"周成王告诫殷商及其追随者一定要服从周王朝的统治，认为殷人的行为、家室不睦，应该与周王朝保持和谐，倘若他们"不克敬于和"的话，则"无我怨"。《尚书·顾命》篇记载了周成王临终时对康王的嘱咐："临君周邦，率循大卞，燮和天下，用答扬文、武之光训。"这表现出了治国者希望能将天下治理到万民谐和的状态。那么，如何使各个阶层的人认同各自的等级差别而又能和谐地相处在一起，即呈现出"差异性"的和谐状态，就成为治理者制定治国之策时必须思考的问题。西周礼制的建构则是这一思考的理性选择。"以和邦国，以谐万民，以安宾客，以悦远人。"（《周礼·天官》）周礼所涵盖的礼乐制度从本质上来说是一套既具别异又具亲和性的制度，不但家族祭祀和节庆活动中如此，而且，"礼""乐"成为国家治理过程中相辅相成的手段。"以五祀防万民之伪而教之中，以六乐防万民之情而教之和。"（《周礼·地官》）"以天产作阴德，以中礼防之；以地产作阳德，以和乐防之。以礼乐合天地之化，百物之产，以事鬼神，以谐万民，以致百物。"（《周礼·春官》）所强调的都是礼乐相配合后得以促进良好自然秩序和社会秩序的形成。

春秋末期，礼崩乐坏，当时的许多学派甚至开始否定礼乐的作用。例如与儒家一样具有重大影响力的墨家学派，就从物质生产的功利主义出发，认为礼乐活动劳民伤财、影响生产，因而主张"节葬""非乐"。法家则从极端的政治功利主义出发，认为礼乐是社会蠹虫，礼乐制度是对政治效率的损害。对此，孔子则一直坚持礼乐的政治和社会功能。

对于礼乐相辅相成而佐成秩序的理由，《礼记·乐记》里有最为经典的表述："乐者为同，礼者为异。同则相亲，异则相敬。乐胜则流，礼胜则离。合情饰貌者礼乐之事也。礼义立，则贵贱等矣；乐文同，则上下和矣；好恶著，则贤不肖别矣。刑禁暴，爵举贤，则政均矣。仁以爱之，义以正之，如此，则民治行矣。"从中我们可以看到，如果过于强调上下尊卑，那么家庭成员之间就会疏远，而过于强调乐的糅合性，则会导致人伦的混乱。因此，礼乐的配合也就是仁义的协和，最终目的则是达到社会和谐、百姓和乐。

基于对礼乐的推崇，儒家文化特别肯定音乐的道德特性。孔子在评论《韶》和《武》这两首曲子的时候说：《韶》"尽美矣，又尽善也"；《武》："尽美矣，未尽善也"。据记载，古代帝王治国之功成，一定会以乐舞来表达当时的盛况。舜是以其德性而接受尧的禅让，所以其乐所表达的内容是尽善又尽美的；而周武王却是通过武力而革了商汤的命，尽管顺天应人，但毕竟是借助兵力，所以虽则可称为美，但不能算是尽善。

中国古代的音乐思想主张"中和""温润""平淡"。而正是由于肯定了音乐的道德教化功能，区分"音"和"乐"之别就尤为重要。《礼记·乐记》中记载有魏文侯问子夏的话：魏文侯坦率地问子夏说，为何他听了古乐就要犯困，而听节奏明快的郑卫之音，就感到兴奋。子夏的回答是："今夫古乐，进旅退旅，和正以广，弦匏笙簧，会守拊鼓，始奏以文，复乱以武，治乱以相，讯疾以雅。君子于是语，于是道古，修身及家，平均天下。此古乐之发也。今夫新乐，进俯退俯，奸声以滥，溺而不止，及优侏儒，獶杂子女，不知父子。乐终不可以语，不以道古。此新乐之发也。今君之所问者乐也，所好者音也，夫乐者，与音相近而不同。"子夏辨别了古乐和新乐的差别，特别强调了古乐之发是基于修身齐家平天下之大道，而新乐所追求的是感官刺激，进而批评魏文侯只知听音，而并非好乐。

道家崇尚来自自然的声音，同时反对过于繁复的音乐，认为靡靡之音会让人的耳朵失去辨别的能力。老子《道德经》第十二章说："五色令人目盲，五音令人耳聋，五味令人口爽，驰骋田猎令人心发狂，难得之货令人行妨。"

在汉代的思想中，乐"象天"。《白虎通·社稷》中说："礼之为言履也，可履践而行乐者；乐也，君子乐得其道，小人乐得其欲。王者所以盛礼乐何？节文之喜怒。乐以象天，礼以法地。人无不含天地之气，有五常之性者，故乐所以荡涤，反其邪恶也，礼所以防淫佚，节其侈靡也。"在这样的观念下，中国古代的音乐特别注重"天人合一"的思想，注重从人与自然的协调中获得内心的宁静。

总体而言，如果从"技术"的层面来衡量，中国古代的音乐，因为对教化功能的重视，而使其在乐器的品类、节律的变化、段落的回旋等方面都受到许多的限制。后世不断传入外来的乐器和新的音乐风格，使中国音乐的表现形式得到丰富，但对音乐的教化功能的强调并没有变化。

◇二 儒释道与中国的审美文化

中国传统思想是在以儒家为主导的儒释道三教既冲突又融合的背景下发展演化的，由此，中国的审美文化也体现出不同的价值立场，体现出一致性与多样性。

儒家的礼乐文明体系主张艺术、审美活动与道德教化的一致性，但也并不以道德教化来否定美感所带给人的愉悦。因此，在孔子的论述中，他强调没有道德内容的审美体验并不是艺术作品的最高境界，只有尽善又尽美，文质彬彬，将善和美有机地结合起来，才能达到礼乐的结合。

儒家将审美活动与道德教化活动一体化，从这个角度而言，审美精神的核心是"节制"，《礼记·乐记》中说："人生而静，天之性也；感于物而动，性之欲也。物至知知，然后好恶形焉。好恶无节于内，知诱于外，不能反躬，天理灭矣。夫物之感人无穷，而人之好恶无节，则是物至而人化物也。人化物也者，灭天理而穷人欲者也。于是有悖逆诈伪之心，有淫泆作乱之事。是故，强者胁弱，众者暴寡，知者诈愚，勇者苦怯，疾病不养，老幼孤独不得其所，此大乱之道也。"这就是说，人一般会被外在事物的变化所感动，在这样的过程中，产生了好恶。但是如果一个人不能对这种自然情感有所节制，不能对享乐活动有所反省，那么就是被外物所牵制而使人伦之理被压制，这样社会就会产生混乱。因此，儒家的审美文化始终反对纵欲主义，试图通过审美活动去引导、塑造人的情操，从而使人的自然欲望与社会秩序之间达到一种平衡。李泽厚说："中国古代的'乐'主要并不在要求表现主观内在的个体情感，它所强调的恰恰是要求呈现外在世界（从天地阴阳到政治人事）的普遍规律，而与情感相交流相感应。它追求的是宇宙的秩序、人世的和谐，认为它同时也就是人心情感所应具有的形式、秩序、逻辑。"①

儒家的审美理想本来是主张刚健的生命与伦理秩序之间的统一，但经常会被曲解为以道德规则压倒审美需求，结果反而制约其生活力

---

① 李泽厚：《华夏美学·美学四讲》，生活·读书·新知三联书店 2008 年版，第33 页。

的恰当呈现而失去感染力。因此，先秦时期就兴起的道家，希望通过对"自然"的强调来化解儒家将善与美结合而导致的美感"窒息"。

与儒家提倡尽善尽美不同的是，道家更侧重于对"真"与"美"的关系的讨论。《道德经》中说："天下皆知美之为美，斯恶已；皆知善之为善，斯不善已。故有无相生，难易相成，长短相形，高下相倾，音声相和，前后相随。是以圣人处无为之事，行不言之教。万物作而不辞，生而不有，为而不恃，功成不居。夫唯不居，是以不去。"老子强调美和善在很大程度上取决于个人的体会，而不是由社会来制定一个统一的美和善的标准，因此他也反对基于宰制性的美和善基础上的"教化"活动。所以，道家所推崇的"真"，并非认识论意义上的"真"，而是人的内在的"本真"。人应该"道法自然"，道家认为儒家以仁义礼乐教化人是对人性的束缚甚至扭曲，这样道家所推崇的人生境界便是摆脱了人伦关系的"无所待"的状态。这样的人才是"真人"，如《庄子·大宗师》所云："古之真人，不知说生，不知恶死；其出不䜣，其入不距；翛然而往，翛然而来而已矣。不忘其所始，不求其所终；受而喜之，忘而复之，是之谓不以心捐道，不以人助天。是之谓真人。"

不过，在传统中国的政治环境下，庄子的人生态度很难在现实中得到落实，其影响主要在艺术和哲学、宗教领域。"事实也正是这样，信奉儒学或经由儒学培育的历代知识分子，尽管很少人在人生道路上真正实行庄子那一套，但在文艺的创作和审美欣赏中，在私人生活的某些方面，在对待和观赏大自然山水花鸟中，却吸收、采用和实行了庄子。《庄子》本身对他们就是一部陶情冶性的美学作品。"[①] 这样的

---

① 李泽厚：《华夏美学·美学四讲》，生活·读书·新知三联书店 2008 年版，第96—97 页。

互补性体现在艺术创作上，被宗白华称为虚实结合。"老庄认为虚比真实更真实，是一切真实的原因，没有虚空的存在，万物就不能生长，就没有生命的活跃。儒家思想则从实出发，如孔子讲'文质彬彬'，一方面内部结构好，一方面外部表现好。孟子也说：'充实之为美。'但是孔、孟也并不停留于实，而是要从实到虚，发展到神妙的意境：'充实而有光辉之谓大，大而化之之谓圣，圣而不可知之之谓神。'圣而不可知之，就是虚：只能体会，只能欣赏，不能解说，不能摹仿，谓之神。所以孟子与老、庄并不矛盾。"① 这可谓是切中要害之论。从某种意义上说，道家对于儒家教化的批评，可以看作是对儒家因倡导伦常而导致审美的独立性被制约的一种反抗，从而使中国传统艺术在艺术表现力和内容的恰当性之间寻求一种新和谐。

说到中国审美文化，除了儒道之外，从印度传入的佛教也影响巨大。佛教从东汉末年传入中国，其独有的佛教建筑和以释迦牟尼为核心的佛像雕刻艺术，一直对中原的美学产生影响。在经历了魏晋时期的冲突和调适之后，佛教的中国化以佛典的翻译和本土佛教宗派的形成为其显著的标志，而对于中国审美文化而言，禅宗的形成，则至为关键。

按照李泽厚的说法，佛学发展到禅宗加强了中国审美文化的形上性格。对传统的儒家和道家的世界观产生了冲击：一方面，禅宗并没有像以前的佛教那样持有对现实世界的否定态度，而是包容了儒家和道家所关注的人的感性存在世界。因此，认可"担水砍柴，无非妙道"。另一方面，却又把佛、道的超越层面提升了一层。② 即禅的世

① 宗白华：《美学散步》，上海人民出版社 1981 年版，2003 年印刷本，第 39—40 页。

② 李泽厚：《华夏美学·美学四讲》，生活·读书·新知三联书店 2008 年版，第 167 页。

界让我们意识到自然界的生命在于它们无意识、无思虑的存在状态，在很大程度上排斥了人在审美活动中的目的性。因为在这样的花开水流、鸟飞叶落的世界中，人只是其中的一个部分；而这样的世界不再是儒家的健动、道家的虚无、佛教的寂灭，而是一个自在自然的世界，一切加诸其上的"人为的""目的性"的追索都不是与这个世界的真正融合。按照宗白华的概括："禅是动中的极静，也是静中的极动，寂而常照，照而常寂，动静不二，直探生命的本原。禅是中国人接触道教大乘义后体认到自己心灵的深处而灿烂地发挥到哲学境界与艺术境界。静穆的观照和飞跃的生命构成艺术的两元，也是构成'禅'的心灵状态。"[1]

　　儒家、道家和禅宗的结合，构成了中国审美精神的基本要素，如果说儒家提倡文以载道，强调艺术对于人心的教化作用；如果说道家提倡离世独立，强调艺术对于人心的安顿；如果说禅宗提倡即世离世，强调艺术中对于自然生命的肯认，那么整体的中国人的艺术精神，其实是综合了上述三种态度，而互相综合，从而构成了中国艺术创作和艺术评价的独特角度。

◇三　唐诗和宋词

　　中国是诗的国度。《诗经》成为中国古代最重要的经典。中国历史上的各个时代都产生了不同类型的诗歌形式，先秦的楚辞、汉代乐府等体裁中都留下了许多脍炙人口的作品。当中国历史发展到隋唐时

---

[1] 宗白华：《美学散步》，上海人民出版社 1981 年版，2003 年印刷本，第 76 页。

期，随着地理空间的扩大和中外交流的增加，中华文明进入了一个新的时期，而这一时期最为重要的文化成果就是唐诗。

在唐代，中国古典诗歌达到全盛时期。唐代三百年间，涌现出大批优秀诗人和杰出的诗歌作品。清代所编《全唐诗》，收录两千三百多位诗人，共四万八千九百多首诗。唐代诗歌数量极大，题材广泛，意象和风格多样化，出现大量融思想性和艺术性为一体的作品，涌现出许多有想象力和创造力的诗人。

文学艺术是时代的反映，可谓"文变染乎世情，兴废系乎时序"（刘勰《文心雕龙·时序》）。时代的变化影响创作主体、审美主体的心理状态。正因如此，在不同的时代，同一时代的不同时期，有不同的审美形态。唐诗的发展演变即是如此。我国明代诗论家高棅总览唐代诗坛而概述道："有唐三百年诗，总体备矣。……莫不兴于始，成于中，流于变，而陊之于终。……略而言之，则有初唐、盛唐、中唐、晚唐之不同。"（《〈唐诗品汇〉总序》）虽然各个时期之间的年代界限很难截然断开，但总体可以说明唐诗发展的阶段性与时代变迁之间的内在关联。

初唐时期，在唐太宗及其周围的伟大政治家的辅佐之下，文治武功，开疆拓土，兢兢业业，励精图治；经历几十年的治理，国运昌盛，出现太平盛世，史称"贞观之治"；然而好景不长，经"安史之乱"后，唐朝政治日益腐败，国运渐衰；最后社会进入动乱阶段，政权摇摇欲坠乃至分崩离析。整个唐帝国经历了少年、青年、中年到晚年的发展历程，而唐诗也相应经历了壮美、优美、弱美到丑的美的形态的嬗变。我国明代文论家胡应麟曾就唐诗的演变分析道："初唐体质浓厚，格调整齐，时有近拙近板处。盛唐气象浑成，神韵轩举，时有太实太繁处。中唐淘洗清空，写送流亮，七言律至是，殆于无可指摘，而体格渐卑，气运日薄，衰态毕露矣。"① 他分析了唐诗风格流变的三个阶段的优弱点，这大体上是与唐诗从壮美到优美，再渐变到弱美的审美形态的嬗变是相吻合的。

唐诗堪称中国古代诗歌艺术的高峰，许多诗篇至今被人反复吟诵，有太多的诗人依然耳熟能详。其中不得不提的是已经成为中国唐诗代表的诗人李白。当代以《乡愁》闻名于世的台湾诗人余光中，曾写作过一首颇为自得的现代诗——《寻李白》。在这首诗中，他集尽浪漫宏大的辞藻，堆砌起对李白的敬仰。其中称赞李白最为著名的诗句"绣口一吐，就半个盛唐"，就来自这首《寻李白》：

> 自从那年贺知章眼花了
> 认你做谪仙，便更加佯狂
> 用一只中了魔咒的小酒壶
> 把自己藏起来，连太太也寻不到你
> 怨长安城小而壶中天长
> 在所有的诗里你都预言
> 会突然水遁，或许就在明天
> 只扁舟破浪，乱发当风
> 树敌如林，世人皆欲杀
> 肝硬化怎杀得死你？
> 酒入豪肠，七分酿成了月光
> 余下的三分啸成剑气
> 绣口一吐，就半个盛唐
> 从开元到天宝，从洛阳到咸阳

---

① 胡应麟：《诗薮》内篇第五卷。

冠盖满途车骑的嚣闹

不及千年后你的一首

水晶绝句轻叩我额头

当地一弹挑起的回音

在唐代诗坛，李白的出现犹如石破天惊，前无古人、后无来者。李白的精神与他的诗歌艺术本质是一致的，北宋徐积《李太白杂言》说道："盖自有诗人以来，我未尝见大泽深山，雪霜冰霞，晨霞夕霏，千变万化，雷轰电掣，花葩玉洁，青天白云，秋江晓月，有如此之人，如此之诗。"现代学者用浪漫、豪放、飘逸、自我意识等来概括李白的精神与艺术风格，而其中，当代美学家叶朗、朱良志用"飘逸"来概括比较具有代表性。在对李白的诗进行评价时，他们将李白的诗与道家的"游"之精神相结合起来：

> 诗的美感，用一词来概括，就是"飘逸"。"飘逸"的文化内涵，是道家的"游"。道家的"游"有两个内容，一是精神的自由超脱，一是人与大自然的生命融为一体。读李白的诗，谁都可以强烈感受到一种自由超脱的精神。"大鹏一日同风起，扶摇直上九万里。""长风破浪会有时，直挂云帆济沧海。"这都是挣脱一切束缚的意象世界，也就是庄子的逍遥无羁的"游"的境界。同时，人们从李白诗中又可以强烈感受到一种人与大自然生命融为一体的情趣，如"众鸟高飞尽，孤云独去闲。相看两不厌，只有敬亭山。""扪天摘匏瓜，恍惚不忆归。举手弄清浅，误攀织女机。""西上太白峰，夕阳穷登攀。太白与我语，为我开天关。愿乘冷风去，直出浮云间。举手可近月，前行若无山。一别武功去，何时更复还？"都是与大自然的生命融为一体的意象世界。

　　这是一个自由的精神世界，又是一个人与大自然生命融为一体的世界，总之是一个体现道家的"游"的意趣的艺术世界。李白诗的这种飘逸之美，给人一种特殊的美感。飘逸的美感是雄浑阔大、惊心动魄的美感。这种阔大，不是一般视觉空间的大，而是超越时空、无所不包的大。像李白的《蜀道难》和《梦游天姥吟留别》这两首著名的长诗，有如雄浑阔大的交响乐，不仅有宏大的空间，宏伟的气势，排山倒海，一泻千里，而且神幻瑰丽，天地间一切奇险、荒怪的情景无所不包，令人惊心动魄。李白自己的很多诗都有这种意气风发、放达不羁、逸兴飞扬的美感。飘逸的美感是清新自然的美感。李白说："清水出芙蓉，天然去雕饰。"李白的诗天真素朴、清新自然，没有丝毫的雕琢。这在李白写的绝句和乐府诗中表现得最突出。如："床前明月光，疑是地上霜。举头望明月，低头思故乡。""玉阶生白露，夜久侵罗袜。却下水晶帘，玲珑望秋月。"这些诗都给人清水出芙蓉的美感。李白的诗，给人雄浑阔大、惊心动魄的美感，给人意气风发的美感，给人清新自然的美感，这就是飘逸之美。①

　　与李白齐名的唐代诗人是杜甫。他们都经历了大唐帝国由盛到衰的历史阶段。与李白的飘逸所不同的是，杜甫将自己的写作与国家的命运、人民的苦难结合起来，因此创作出许多深刻反映时代变迁、堪称"诗史"的诗篇。

　　杜甫在唐代兴盛的时代长大，有着"会当凌绝顶，一览众山小"（《望岳》）这样的抱负，也有"致君尧舜上，再使风俗淳"（《奉赠韦

---

　① 叶朗、朱良志：《中国文化读本》，外语教学与研究出版社 2014 年版，第 165 页。

左丞丈二十二韵》）这样试图将自己的才能施展在社会政治活动中的志向。不过，杜甫也从唐代的繁荣中看到了潜伏的危机，在他看来，政治家的雄才大略带给普通百姓的可能是生命的代价，于是他怀着儒家的推己及人的仁心，以不忍人之心的态度去书写普通民众的艰辛。"生常免租税，名不隶征伐。抚迹犹酸辛，平人固骚屑。默思失业徒，因念远戍卒。忧端齐终南，澒洞不可掇。"（杜甫《自京赴奉先县咏怀五百字》）诗中更有"朱门酒肉臭，路有冻死骨"这样的千古名句。

在安史之乱中，杜甫卷入了祸乱中心，他对于生离死别等人间悲剧有了亲身的观察，这加深了他对国家命运的忧虑和对于未来的期待。他在《春望》一诗中写道：

> 国破山河在，城春草木深。
> 感时花溅泪，恨别鸟惊心。
> 烽火连三月，家书抵万金。
> 白头搔更短，浑欲不胜簪。

这首诗将忧国之情借助花鸟的拟人化处理做了充分的抒发，并依然保有"国破山河在"的留待后人振兴的期待，读后令人感叹。

在生命的后期，杜甫远离政治中心，漂泊于西南地区，然他依然将自己颠沛流离的生活和国家安危、人民的疾苦结合在一起。他在《茅屋为秋风所破歌》中写道："安得广厦千万间，大庇天下寒士俱欢颜，风雨不动安如山。呜呼！何时眼前突兀见此屋，吾庐独破受冻死亦足。"他从个人的不幸遭际联想到天下的"寒士"，体现出作者以天下为己任的担当。

杜甫被后世评论家称为"诗圣"。其诗歌中的悲天悯人之心固然是其"圣"的重要面向，而更重要的还在于杜甫的创作将自《诗经》以来的中国诗歌传统有机融合，擅长各种诗歌体裁，并形成了"沉郁顿挫"的风格。

唐代影响巨大的诗人还有白居易，据说白居易作诗，务必要做到词意浅近，绝不晦涩艰深。他苦心孤诣的创作给他带来了丰厚的生活报偿，据说他来到长安之时，遇到时人讥笑，称长安才子诗人众多，长安米贵，白居不易，但是看完白居易的作品之后，大家纷纷传抄，一时洛阳纸贵，讥笑他的人则稽首拜服，称凭其诗作才华"白居亦易"。白居易的巅峰成就则是脍炙人口的长诗《长恨歌》。在《长恨歌》中，白居易笔下的唐玄宗和杨贵妃抛下了君王与姜妃的政治身份，而是对二人情比金坚的爱情浓墨重彩。在他的笔下，李氏王朝的帝业、明皇一世的英明、唐朝的国土江山，仅仅只是二人情感动天的爱情背景，他将二人的爱情描写得"可歌可泣"，从而成为千古绝唱。其中，对于杨贵妃姿容的描写，更成为后世夸赞美人的经典之句。例如"云鬓花颜金步摇"，不仅描绘了杨妃的美貌，更反映了彼时妇女妆容的风貌、服装的类型，进而可以窥见唐代社会的风潮。

在唐代的诗歌高潮期间的重要诗人还有很多，不胜枚举，到了晚唐，诗歌越发表现出口语化的倾向，其与自由的长短句的结合，促进了词的产生。词的规范化，一般认为跟唐代音乐的发展有关，本来词是根据音乐曲调和节奏所填的歌词，并逐渐从简单地为曲填词中脱离出来，成为一种独立的文学体裁。

在词达到宋代的高峰之前，李煜成为一个重要的转折，王国维在《人间词话》中说："词至李后主而眼界始大，感慨遂深。遂变伶工之词而为士大夫之词。"或许是因其天才的创作力，或许是因其生活的巨大反差，李煜的词中，总能透出对人生的无奈和对故国的思念。

如他在《虞美人》一词中所言：

> 春花秋月何时了？往事知多少。
>
> 小楼昨夜又东风，故国不堪回首月明中。
>
> 雕栏玉砌应犹在，只是朱颜改。
>
> 问君能有几多愁？恰似一江春水向东流。

宋初的词创作，依然不能摆脱五代词的特征，为文人应酬之必要环节。然至柳永的出现，宋词开始形成了独立的艺术风格。柳永对于宋词的发展所做的贡献甚大，主要体现为通过大量创作长调，使宋词的形式更为丰富。更为重要的是他将词的内容由原先对上层社会的嗟叹转向表达下层人民的日常生活，从而使许多民间用语也进入了其作品中，虽然不断遭到同时代乃至后世词人的批评，但有井水处皆歌柳词，也说明了其词的流行程度。

宋词的巅峰当数苏轼，集政治家、思想家和文学家于一身的他有多方面的才能，或因为此，他从内容到形式都对宋词进行了改革，比如将诗的境界引入词里，这样使在许多人眼里的艳俗作品类型，也上升到可以言志抒怀的层次。比如他在《江城子》中写道：

> 老夫聊发少年狂，左牵黄，右擎苍。锦帽貂裘，千骑卷平冈。为报倾城随太守，亲射虎，看孙郎。
>
> 酒酣胸胆尚开张，鬓微霜，又何妨。持节云中，何日遣冯唐？会挽雕弓如满月，西北望，射天狼。

这首词就颇有唐代边塞诗的情怀，豪放的气概中透出报国之志，一扫五代十国以来词的颓唐之气。

另一方面，苏轼的作品，也不时透出对人生哲理的思考，如他的《水调歌头》写道：

> 明月几时有？把酒问青天。不知天上宫阙，今夕是何年。我欲乘风归去，又恐琼楼玉宇，高处不胜寒。起舞弄清影，何似在人间？
>
> 转朱阁，低绮户，照无眠。不应有恨，何事长向别时圆？人有悲欢离合，月有阴晴圆缺，此事古难全。但愿人长久，千里共婵娟。

苏轼的词虽亦有人批评其脱离格律，然其词对后世影响巨大。如果从音乐和词的格律配合和文字的典雅细密而言，周邦彦的清真词更受到南宋词人的推崇。

北方少数民族的侵扰所导致的军事失败，宋人被迫南渡而建立南宋王朝，这样的政治背景，导致南宋的词风有一种悲切和慷慨相结合的特征。

南宋词人中，成就最高的当数李清照，李清照早年的爱情词作，虽也有儿女情长，然格调高雅，如《醉花阴》：

> 薄雾浓云愁永昼，瑞脑销金兽。佳节又重阳，玉枕纱橱，半夜凉初透。
>
> 东篱把酒黄昏后，有暗香盈袖。莫道不销魂，帘卷西风，人比黄花瘦。

很显然，她是将自己的生活写进了词里，而不似许多男词人所作同类词的向壁虚造。李清照中年之后，故乡沦陷，她在经历了家破国亡的人生变故之后，将自己流亡人生的感悟和对于故国的思念相结合，从而体现出深入骨髓的沉痛感。其代表性作品《声声慢》中写道：

> 寻寻觅觅，冷冷清清，凄凄惨惨戚戚。乍暖还寒时候，最难将息。三杯两盏淡酒，怎敌他、晚来风急？雁过也，正伤心，却是旧时相识。
>
> 满地黄花堆积。憔悴损，如今有谁堪摘？守着窗儿，独自怎生得黑？梧桐更兼细雨，到黄昏、点点滴滴。这次第，怎一个愁字了得！

南宋政权因为偏安一隅，所以南宋的词人始终有一种抵抗侵略、投笔从戎的豪情，无论是陆游还是陈亮，都展现出词的刚健的一面，这样的倾向到辛弃疾，形成了别立一宗的豪放词。人们经常拿苏轼的词与辛弃疾的词进行比较，葛晓音先生说："如果苏轼词的豪放表现为在开朗阔大的意境中展现出雄浑的气势、刚健的风骨和超阔的情怀；辛词则体现为奔放激越、瞬息万变的感情，叱咤风云、喑呜沉雄的气势和狂放傲兀的风神。"[①] 因为辛弃疾有行伍的生涯，亲历过战争的残酷，所以，他的狂放中带有勇武之气，比如他的《永遇乐》（京口北固亭怀古），将典故和历史人物化入他的词句中，并以前朝的兴亡来度量明朝的时局，故而被千古吟诵：

---

① 葛晓音：《唐诗宋词十五讲》，北京大学出版社 2003 年版，第 296 页。

千古江山，英雄无觅，孙仲谋处。舞榭歌台，风流总被，雨打风吹去。斜阳草树，寻常巷陌，人道寄奴曾住。想当年，金戈铁马，气吞万里如虎。

元嘉草草，封狼居胥，赢得仓皇北顾。四十三年，望中犹记，烽火扬州路。可堪回首，佛狸祠下，一片神鸦社鼓。凭谁问，廉颇老矣，尚能饭否？

南宋的词家还有姜夔等，他们所继承的是周邦彦词的特点，偏重形式的精致和用词的雅正，与辛弃疾、陆游的词相映成趣，构成了中国文学史的重要篇章。

◇◇四 明清小说

中国古典小说的发展在明清两代达到了成熟的阶段，出现了一大批优秀的长篇章回小说，许多精彩的短篇小说集也在此时出现。

明清长篇小说从题材、内容和创作方法来区分，可以分为历史演义、英雄传奇、神魔小说、世情小说四种主要类型。在这四种类型中，最有名的代表性著作是《三国演义》《水浒传》《西游记》《红楼梦》。这四部小说的许多情节，被搬上各种戏剧舞台，被改编成连环画、动画片、电视剧和电影。这四部小说中的主要人物，如《三国演义》中的诸葛亮、关羽、曹操，《水浒传》中的林冲、鲁智深、武松，《西游记》中的孙悟空、猪八戒，《红楼梦》中的贾宝玉、林黛玉等，以及这四部小说中的许多精彩的故事，如赤壁之战、武松打虎、大闹天宫、黛玉葬花等，在中国几乎家喻户晓，老少皆知。

《三国演义》《水浒传》《西游记》《红楼梦》这四部小说，在小说艺术方面取得了杰出的成就，对于中国民众的精神生活产生了广泛而深远的影响。

《三国演义》因其作为中国古代长篇小说的开山之作，在中国文学史中具有崇高地位，其饱满的人物形象和丰富的故事内容使其成为历史小说中最成功的作品之一。更具有意义的是，在中国小说史上，以传播的形式、广泛程度而论，没有一部作品能与《三国演义》媲美，为社会不同阶层、不同人群所接受，并在数百年的民族精神生活中产生如此巨大的影响。在某种程度上而言，《三国演义》不再是一般意义上的古代历史小说，而是一部体现了"史诗"性质的作品，甚至可以说是一部代表中华民族一定历史时期"文化精神"的"文化经典"。

就《三国演义》而言，有人认为这是一部谋略之作，魏、蜀、吴三国为了一统天下，各自展开竞逐，其中各类人物，如曹操、刘备等人绞尽脑汁问计于天下谋士如郭嘉、诸葛亮，为了攻城略地想出各种奇绝的兵法招数，其间险象环生，故事性极强。当然，也有人认为，《三国演义》表面上讲谋略，实际还是在讲一个"道"字，背后体现着作者罗贯中意图表达的政治观和价值观：在中国传统文化思想体系中，"道"是最高层次的东西。"道"有多义，首先是指自然和社会的根本规律，符合这种规律的行为就被认为是正义的。因此，它也是处世为人的基本原则。谋略则属于"术"，是第二层次的东西，是为"道"服务的，必须受"道"的指导和制约。作为一位杰出的作家，罗贯中认为，符合正义原则，有利于国家统一、民生安定的谋略才是值得肯定和赞美的，而不义之徒害国残民的谋略只能叫作阴谋诡计。体现了作者理想的诸葛亮被塑造为妙计无穷的谋略大师、中华民族智慧的化身。当然，对这样充满主流意识形态色彩、一定要将故事和人物分成正邪、善恶的带有脸谱色彩的描述方式，也受到了许多评论家的否定。比如，作者所推崇的诸葛亮，在鲁迅看来却"近似于妖"。

在《三国演义》这部小说中，罗贯中对人物的塑造可谓苦心孤诣，独树一帜。作品竭力渲染了刘备的敬贤爱士，知人善任。其中，刘备对徐庶、诸葛亮、庞统的敬重和信任，其描写手法都超越了史书之记载，写得十分生动感人；尤其是对他不辞辛苦、三顾茅庐的求贤佳话，对他与诸葛亮的亲近关系的描写，更是具有典范意义。另外，罗贯中尊重历史，博采史料，以曹操为"治世之能臣，乱世之奸雄"的评语为基调，既不随意"贬低"，也不故意"丑化"，将曹操塑造为有远见卓识、才智过人、具有强烈功业心的雄才，同时又赋予曹操极端自私、奸诈残忍的性格特征。如此，人物形象便显得十分饱满，具层次感。

在小说中，曹操第一次出场，就写得有声有色：

> 见一彪人马，尽行打红旗，当头来到，截住去路。为首闪出一个好英雄：身长七尺，细眼长髯；胆量过人，机谋出众，笑齐桓、晋文无匡扶之才，论赵高、王莽少纵横之策；用兵仿佛孙、吴，胸内熟谙韬略。

罗贯中以大开大阖的笔触，艺术化地展现了曹操在汉末群雄中脱颖而出，逐步战胜众多对手的过程。其中，对于曹操统一北方的巨大功绩，对他在讨董卓、擒吕布、扫袁术、灭袁绍、击乌桓等重大战役中所表现的非凡胆略和智谋，罗贯中都做了肯定性的描写。

因此，罗贯中笔下的曹操，具有艺术层面上的"坦率"。如曹操可以公开宣称："设使国家无有孤，不知当几人称帝，几人称王。"在小说中，曹操表现了这样的典型性格：机智与奸诈杂糅，豪爽与残忍并存；时而厚遇英雄，时而摧残人才；杀人时心如铁石，杀人后又常常挤出几滴眼泪以示懊悔。作者就如此将人性的复杂和人心的矛盾注入人物的灵魂中。

《三国演义》之所以脍炙人口，从价值的立场看，既在于体现了主流的儒家价值，却又将之场景化，进而容纳进更多的价值元素，使其与儒家经典所强调的道德观念体现出一种张力。《三国演义》也谈忠孝节义，也讲仁义礼智信，但它在继承这些传统观念的同时，又悄悄地借助形象描写对这些道德原则和规范做了某些新的界说和典范阐释。

《水浒传》也是明代小说的杰作。就作品的内容而言，《水浒传》主要是在民间话本和戏剧故事的基础上加以丰富而形成的。小说的结构颇具特色，在一个"逼上梁山"的造反大主题之下，作品将许多可以独立成篇的故事组合在一起，这样就可以保持每一个人物独特的生活环境和人物性格，以保证人物塑造上的自由和多样。比如小说开篇的林冲、鲁智深，随后的武松、宋江等，他们的社会角色差异很大，所以他们在面对困境时所做出的反应也不尽相同。比如作品最为关键的人物宋江，社会地位不高，作为一个地方的官吏为人仗义，在正常的仕途中并不可能取得巨大的成功，所以，在一系列变故之后，他选择成为草莽英雄。不过，他的内心始终存有治国平天下的志向和对于正统秩序的适应，所以，他接受招安，亦是一种特别可以理解的选择。

小说中的许多人物刻画都给人留下深刻印象，比如林冲、武松、李逵等。金圣叹说书中"人有其性情，人有其气质，人有其形状，人有其声口"（《〈第五才子书施耐庵水浒传〉序三》），比如林冲的纠结、李逵的坦率天真、鲁智深的暴力莽撞，都是令人过目不忘，由此，许多小说中的人物，后来都单独成为其他艺术形式的改编主题。

《西游记》是以唐代高僧玄奘赴印度学习佛经的故事为原型而创作的神话小说。《西游记》的第一主人公是孙悟空。孙悟空的故事分为前后两大部分。前一部分是讲孙悟空大闹天宫的故事，后一部分是讲孙悟空保护唐僧取经，一路上和各种妖魔鬼怪斗争的故事。这两大部分的故事包含有不同的意蕴。第一部分讲述孙悟空的出身是花果山的一个石猴，本是天地日月的精华生成，是大自然的产物。但是他要超脱一切自然规律和社会规范的制约，打破生死阴阳的界限，追求无拘无束、不生不灭的绝对自由，虽然大闹天宫，功夫了得，但还是被如来佛压在五行山下。第二部分讲述孙悟空被唐僧从五行山下放出，保护唐僧去西天取经，经过九九八十一难，终于取得真经，成了正果。这时，故事的性质改变了。孙悟空为了达到一个伟大的目标，艰苦奋斗，历经劫难，取经路上，孙悟空勇敢、风趣，有担当，与偷懒耍小聪明的猪八戒和踏实却缺少能力的沙和尚一起，相映成趣，构成了小说人物创作的一种差异性的"互衬"效果，从而深受读者喜爱。

在《西游记》中的人物关系构建上，唐僧处于三人关系中最为中心的地位，而作为典型的佛门中人，唐僧在意志上非常的坚定，抱持一颗虔诚之心走上了朝圣之路，尽管面对众多来自财富和美色的诱惑，但他都不为所动，虔诚求佛的心始终没有改变。唐僧是非常善良的，恻隐之心也是每一个修行者所需要具备的素质，即使是面对妖怪也会动恻隐之心。面对妖怪时，孙悟空的性格就是立刻将妖怪打死，而唐僧考虑的是能否感化妖怪，使其走上正途。从另一个角度看，唐僧的过度善良使得其略显懦弱，进而影响他分辨善恶，这就给了很多的妖怪可乘之机。小说中，唐僧与孙悟空多次在对待妖怪的问题上产生矛盾，使得小说的情节更为跌宕起伏。

《西游记》作为一部神魔小说，既不是直接地描写现实的生活，又不类于史前的原始神话，在它神幻奇异的故事之中、诙谐滑稽的笔墨之外，究竟有没有蕴含着某种深意和主旨？这不可避免地要引起人们的思考。大概在《西游记》问世之初，有论者就认为它象征着"魔以心生，亦以心摄"等主旨。陈元之序也明确地认为《西游记》是一部"寓言"之作。明清两代的批评家，尽管对于书中之"理"的具体理解出入很大，但有一个共同点，即都承认它"虽极幻妄无当，然亦有至理存焉"。

《红楼梦》可以算作明清小说的巅峰之作。关于《红楼梦》的各种探讨和考证已经蔚为壮观，形成了专门的研究领域"红学"。曹雪芹在《红楼梦》开头说，这本书"大旨谈情"，他一开头就说"开辟鸿蒙，谁为情种"？曹雪芹的人生理想是肯定"情"的价值，追求"情"的解放。曹雪芹要寻求"有情之天下"，所以他将故事的背景设置为大观园。然而大观园本身亦是钩心斗角、矛盾重重，最终则是以破灭而告终。所以鲁迅说："悲剧是将人生有价值的东西毁灭给人看。"《红楼梦》正是如此。这是一个带有民主主义和人文主义倾向的人生理想在封建"末世"遭到毁灭的悲剧。

《红楼梦》在艺术上的很多方面都取得了很高的成就。《红楼梦》塑造了一系列极有典型意义的人物性格和形象，如宝玉、黛玉、宝钗、妙玉、晴雯、鸳鸯、王熙凤、贾母、贾雨村、尤二姐、尤三姐等。曹雪芹除了通过语言、行动来刻画他们外，还特别重视对人物心理的直接刻画，在人物描写方面开辟了一个新的境界。曹雪芹以他极其丰厚的学识修养，把中国历史上长期积累起来的传统文化，几乎包罗无遗地全部安插在《红楼梦》里：经学、史学、诸子哲学、散文、骈文、诗赋、元曲、平话、戏文、绘画、书法、八股、对联、诗谜、酒令、佛教、道教、星相、医学、礼节、仪式、饮食、服装以及各种风俗习惯。对所有这一切他都懂得非常透彻，因而描写得细致、生动、准确。所以人们常说，《红楼梦》是一部中国传统文化的百科全书。

例如，刚近腊月，贾府就开始准备祭祖仪式。贾珍开宗祠、打扫、抬彩屏、擦供器布置祠堂，开始为贾氏祭祖仪式做准备了，到了除夕及元旦的仪式高潮，再到正月十七日行礼，掩祠门，收影像，才算祭祖仪式结束。从第五十三回淋漓尽致的描述中，我们可以看到贾府祭祖仪式的全景，首先是仪式准备："当下已是腊月，离年日近……且说贾珍那边，开了宗祠，着人打扫，收拾供器，请神主，又打扫上房，以备悬供遗真影像。"在仪式物品上，贾珍要在各项物品中预先留足祖供物品，同时代表家族领取皇帝发放的用于祭祀功臣的赏银；其他家庭还要送祖供物品到主办仪式的贾珍这边，可见祭祖仪式对于贾府的重要意义。而关于仪式地点及其环境，仪式在贾氏宗祠内举行，其宗祠位于"宁府西边另一个院子，黑油栅栏内五间大门，上悬一块匾，写着'贾氏宗祠'四个字"，"进入院中，白石甬路，两边皆是苍松翠柏，月台上设着青绿古铜鼎彝等器"。院内有三间抱厦、五间正殿。"已到了腊月二十九日了，各色齐备，两府中都换了门神、联对、挂牌，新油了桃符，焕然一新。宁国府从大门、仪门、大厅、暖阁、内厅、内三门、内仪门并内塞门，直到正堂，一路正门大开，两边阶下一色朱红大高照，点的两条金龙一般。"祠堂"里边香烛辉煌，锦幛绣幕，虽列着些神主，却看不真切"，正堂上"影前锦幔高挂，彩屏张护，香烛辉煌；上面正居中，悬着宁荣二祖遗像，皆是披蟒腰玉；两边还有几轴列祖遗影"。进入仪式程序环节，除夕傍晚，先是祠堂内祭祀神主："只见贾府人分昭穆，排班立定。贾敬主祭，贾赦陪祭，贾珍献爵，贾琏贾琮献帛，宝玉捧香，贾菖贾菱展拜垫，守焚池。青衣乐奏，三献爵，拜兴毕，焚帛，奠酒。礼毕，乐止，退出。"再是正堂上拜影像，"众人围随贾母至正堂上……贾荇贾芷等从内仪门按次站列，直到正堂廊下；槛外方是贾敬贾赦，槛内是各女眷。众家人小厮皆在仪门之外。每一道菜至，传至仪门，贾荇贾芷等便接了，按次传至阶下贾敬手中……传于贾蓉，贾蓉便传于他妻子，又传于凤姐尤氏诸人，直传至供桌前，方传于王夫人；王夫人传于贾母，贾母方捧放在桌上。邢夫人在供桌之西，东向立，同贾母供放……凡从'文'旁之名者，贾敬为首；下则从'玉'者，贾珍为首；再下从'草头'者，贾蓉为首；左昭右穆，男东女西；俟贾母拈香下拜，众人方一齐跪下，将五间大厅，三间抱厦，内外廊檐，阶上阶下，两丹墀内，花团锦簇，塞的无一些空地。鸦雀无闻，只听铿锵叮当，金铃玉珮微微摇曳之声，并起跪靴履飒沓之响"。这种严肃的仪式序次，一方面缘于祭祀的昭穆制度的规定性，另一方面则还原、体现了严肃的礼制的规定性。

明清时期的小说的发展，是中国社会经济发展到一定阶段的产物，特别是城市的出现，导致新的娱乐方式的出现，因此无论是戏剧还是说书等都成为市井生活的新需求，而以良知学说为核心的阳明心学，则为思想解放和追求自由的精神提供了哲学的基础。这些都深刻地影响了明代乃至后世的文学创作。在此社会背景之下，除了前面所介绍的作品外，还有许多作品亦在文学史上具有重要的意义。

比如《金瓶梅》以武松、潘金莲、西门庆为主角，糅合了《水浒传》的故事素材，但主题为市井生活中各个阶层的日常生活，虽然夹杂大量的情色描写，但文学价值依然很高。其他像冯梦龙所编的

"三言"和凌濛初的"二拍"等拟话本，也对明末出现的商品经济和社会变迁进行了深刻的描述。

清代的小说，除《红楼梦》之外，《聊斋志异》和《儒林外史》也有一定的代表性。《聊斋志异》继承了魏晋志怪和唐代传奇小说的传统，通过对妖和人交往的描写，歌颂了对超越社会关系的自由的爱情的追求，以及读书人对于科举制度的复杂态度。这类小说的意义在于通过抽离具体的社会情景，在一种超越主流价值的环境下宣示作品所倾向的生活态度。清代的另一部有代表性的小说是《儒林外史》。这一作品具有强烈的讽刺现实主义特色，小说以科举为主线，描述了科举制度如何让读书人为功名而失去理智，获得功名之后，又如何变成贪官或欺压乡里的恶霸，虽多有激愤之气，但也表达了作者寻求合理的社会环境以及改变士人气质的内在诉求。

到了晚清，随着社会危机的进一步爆发，社会批判甚至谴责小说逐渐流行，《孽海花》《二十年目睹之怪现状》，深刻揭示了晚清的社会矛盾，而小说成为呼唤社会变革、迎接文明社会的舆论手段，尤其是在报刊日渐流行的晚清社会，小说借助新的媒体获得了巨大的社会影响，文学革命始终与社会革命构成一种互为促进的关系。

◇◇五 中国书法与中国文人画

汉字最早是一种象形文字，从目前发现的甲骨文字看，大多数属于象形字和会意字，形声字约占20%的甲骨文被发现大多刻于龟甲上，而金文则在甲骨文之后出现，主要刻于青铜器上，商周时期青铜器上的金文也主要以象形文字或由象形字合成的会意字来呈现。这些字主要是从甲骨文演化而来，字形优美，气象雄浑。

到西周，青铜器开始被大量的使用，刻在青铜器的钟鼎和石鼓上的文字主要是大篆，所以大篆也被称为钟鼎文和石鼓文。春秋战国时期，诸侯分治，六国文字亦有所不同，到秦始皇时期，才将文字统一为小篆。

为了推行小篆，秦始皇命令李斯等人编写了《仓颉篇》《爰历篇》《博学篇》等篇目，作为统一文字的书写规范。

不过，就日常使用而言，小篆过于复杂，书写速度比较慢，为了求得快捷高效，便出现了一些以去曲取直作为原则的简化字，并逐渐发展出一些偏旁部首，这就是在汉代所流行的隶书的前身。汉朝的文字以隶书为主，楷书也逐渐形成。

书写方法的改变和文字构成的逐渐规范化过程是相互促进的。在汉代许慎所作《说文解字》序中说："周礼八岁入小学，保氏教国子先以六书。一曰指事，指事者视而可识，察而见意，上下是也。二曰象形，象形者画成其物，随体诘诎，日月是也。三曰形声，形声者以事为名，取譬相成，江河是也。四曰会意，会意者比类合谊，以见指挥，武信是也。五曰转注，转注者建类一首，同意相受，考老是也。六曰假借，假借者本无其字，依声托事，令长是也。"这段文字总结了汉字构成的六个原则，即指事、象形、形声、会意、转注、假借。

因为文字的形态和书写材料的原因，中国文字的书写本身也成为一种艺术，即书法。对中国文化稍有了解的人，都不会对中国的书法陌生。这一中国特有的书写艺术，将中国古代文人的性格、意趣和价值理想共同凝聚于一体。俗话说"字如其人"，作为承载文人个体自我表达的书法，除了其传达的内容之外，其在字里行间所进行表达的方式，也成为传达中国文化的重要方式。书法艺术与写字有关，但书法并非仅是将字写得好看一些，在习练和赏鉴书法的过程中，观赏者和练习者不仅对书法作品这一艺术载体进行品鉴和对比，更是以书观人，对创作者的审美情趣、个性特征和艺术追求进行评价。

中国书法艺术的发展，要归功于两方面的因素。一是汉字，汉字是以象形为基础的方块文字，它具有独特的优美形式，为书法艺术的形式感提供条件。二是毛笔。毛笔的发明，成为中国文化史上的重要事件，它不仅是书法艺术产生的基础，中国绘画的独特形式在一定程度上也来自毛笔。由兔毫、羊毫、狼毫等做成的毛笔，柔软而富有弹性，可以产生丰富的变化，使书法艺术的产生成为可能。

汉字书写的形式有很多种，因此也形成了不同的书法字体。就现有的书法体式而言，主要有篆书、隶书、楷书、行书和草书等。行书和草书是书写的快捷化，实用性强，又有流畅的节奏，是人们平时很喜欢的书法形式。

书法是线条的艺术，线条是书法的基础和灵魂，也是书法家情意、精神、气质和学养得以流露的媒介。汉代隶书之所以能够成为书法艺术中的重要里程碑，其原因在于隶书对于书法线条的创造和解放。当我们面对一幅书法作品时，最先可能会被它的线条美所打动，同时，线条也是书法家与书法的载体——毛笔进行沟通和互动的直接表达。康有为在《广艺舟双楫·余论第十九》中，有这样一段评价："书若人然，须备筋骨血肉。血浓骨老，筋藏肉莹，加之姿态奇逆，可谓美矣。"[1] 在康有为看来，"筋""骨""血""肉"四者，都是针

---

① 康有为：《广艺舟双楫·余论第十九》，载《康有为全集》第一集，中国人民大学出版社 2007 年版，第 290 页。

对书法作品的姿态而言，而对于字的姿态的理解，则就是线条无疑。康有为认为，书法线条美犹如一个人生命体的美，作为一个健康人的生命体，如若筋骨血肉都体现出饱满和谐健康的姿态，那作为其所表达的生命体则自然可以称之为美，而作为书法基础的线条而言，线条是否灵动，则成为书法是否可以称为"美"的基本原则。

书法线条美依赖于作品是否具有力量感。书写的过程中有提、按、顿、挫、转、折、方、圆等不同形式，强调的是对毛笔的控制，即在用笔的起伏和上下的运动中，依靠中锋行笔，展现出字字跳落纸面的立体感，在此基础上，依靠手对于毛笔下笔过程中速度的控制，断续连贯、轻重徐疾，形成速度、节奏、立体感三者合一的书法作品。

除了线条外，结构美和间架美也是评价书法艺术的重要依据。虽然以书法作为载体的汉字已经超越了原始象形文字的意义和范围，但是由象形发展而来的汉字形体，却依然蕴含着对造型美的要求，这也是书法作为一种艺术形态的评断标准。在评价书法作品时，对字的结构和间架的品评标准，是要求字要做到：平正、匀称、参差、连贯、跃动。平正能给人以稳定感、舒适感和完整感。中国古代的书法家普遍都十分强调字的平正，西晋卫恒在《四体书势》中指出写隶书要"修短相副，异休同势，奋笔轻举，离而不绝"。匀称则是要求字的笔画之间、各部分之间要寻求合适感、整齐感。参差的意义在于，除却匀称之外，事物还应以参差错落为美。山峦的起伏、海浪的翻滚、树木的槎牙、卷云的叠秀，皆为参差之美。在书法方面，即使是法度较严的隶书、楷书，也强调结字、布白要有参差错落之美。书法的平正、匀称与参差错落看来是矛盾的，其实并非如此。平正、匀称是经常法，讲的主要是各部分的灵活奇巧之美。但要论到活泼灵动，则需要发挥创作者的奇变。连贯则是指一字的笔画之间、各组成部分之间的照应、映带，甚至要衔接在一起。连贯能使字的各部分更加成为一个有机的整体。唐太宗李世民在《王羲之传论》中对连贯所造成的书法魅力作了这样的表述："烟霏露结，状若断而还连。"这里的"若"和"还"字，就是说线条不是真断、绝对的断，而只是"若断"。王羲之善于运用创作和欣赏中的一个审美原理：艺术品在"似有若无"之间能表现出最大的美。跃动则是书法具有活泼形象的最重要方法。不但能创造出静态的美，还能生成动态的美。似乎还看到生气勃勃的有生命之物，听到旋律美妙的乐声，生成种种联想和想象。因此，许多文论家愿意将舞蹈与书法相比拟。

故事之一来自一千多年前的唐代。书法家张旭整天沉浸在他的行草世界中，他日日临摹前代大师的书迹，但进步不大。一日，他到长安街头，看到人头攒动，凑前一看，见一位女子，姿容曼妙，身材纤秀，挥舞着长剑，凌空飞舞，柔美的身躯，飘拂的衣带，随着剑而起伏。舞蹈家的身体、长剑和外在的世界几乎合为一体。她就是京城著名的舞蹈家公孙大娘，大诗人杜甫曾这样赞扬她的舞蹈："昔有佳人公孙氏，一舞剑器动四方。观者如山色沮丧，天地为之久低昂。"张旭看得如醉如痴，从中悟出了书法妙道，从此书艺大进。

无独有偶，当代中国台湾舞蹈家林怀民领衔的"云门舞集"舞蹈团，曾创作《行草》组舞，享誉世界。他的灵感来自中国书法。它活化了中国书法的精神，其中《行草贰》最为典型。在舞蹈过程中，舞者如同一个即兴创作的书法家，挥毫泼墨，时而停顿，时而激越，时而流动婉转，时而迟缓柔媚。虽然布景上没有书法，舞台上没有字迹，但使人感受到书法的气脉在流动。

美学家叶朗、朱良志如此评价这两则故事："一个是当代舞蹈家在书法中得到舞的智慧，一个是古代书法家从舞蹈中得到书法的启发，它说明书法和舞蹈有共通的因素。这共通的因素，就是无影无形又无处不在的内在气脉。书法以流动的气脉为灵魂。有的人说，看中国书法，就像看太极拳，拳手以优游回环的节奏，在茫茫虚空之中，舞出一条流动的线。中国书法所说的'一笔书'，就是就这一内在线条（或者叫气脉）而言的。一笔书，不是说一笔写成，笔与笔不间断地连在一起，而是一气相连。外在的笔迹可以是缺断的，但内在的气脉不能断，内在气脉断了，就没有了生机。"① 由此亦可以得知，无论是古人还是今人，对于书法和舞蹈这两种艺术形式共通的理解是相同的，人同此心，心同此理。

书法是非绘画的绘画，非舞蹈的舞蹈。书法的艺术表现可以用"意象"二字来表达其造型的基本精神。书法能够传达出生命活力的审美形象，是以意为象，以象表意，无现实之象的真实，有俨若现实象的形质意味，不可以作绘画形象来观赏，却可以使人从形象中感受到俨如某种现实物象的意味、动人的生命境界和书者进行这种艺术创造的美妙精神。所谓"以象表意"，即作为语言的载体，书法就是以挥写出的点画符号表达思想语言。失去象形性的文字，却显示出主体的情志、意兴、功力、修养，因此，书法艺术的高下与创作者个人趣味高低、品格是否良善之间的关系，存在有趣的关联。

不仅书法如此，中国古代的绘画也是如此，书法与绘画本是两个不同的艺术门类，但在中国传统艺术中，书法与绘画的关系却十分紧密。中国书法所写的方块汉字，在早期形成过程中，即有相当数量的单字具有象形的特征，如牛、羊、鱼、日、月等，这些文

---

① 叶朗、朱良志：《中国文化读本》，外语教学与研究出版社 2014 年版，第146 页。

字，称为"象形文字"。原始绘画的出现，早于文字，"象形文字"可以说是图形的简化和抽象，带有一定的绘画性质，这些文字和绘画之间，"源"是相通的。自从元代赵孟頫提出"书画同源""以书入画"以来，强调绘画的"书写性"成为中国画坛的一个普遍追求。赵孟頫曾题诗："石如飞白木如籀，写竹还应八法通，若还有人能会此，须知书画本来通。"他把"画"说成"写"，绝非是一时兴起。"写"的观念一经确立，中国画中的"笔法"便从以描摹对象、塑造形体为主要功能变为主动追求其相对独立的审美价值。"书画同源"是中国传统艺术中的一个重要命题，它包含两方面的含义：一是指中国文字与绘画在起源上有相通之处；二是指书法与绘画在表现形式方面，尤其是在笔墨运用上具有共同的规律性。中国历来讲究书画同源，这一是因为二者创作的工具相近，皆是用毛笔；二是因为不论书法还是绘画，中国人皆讲究以象称意，意图从纸面的构图中展示作者心中的沟壑山川。在画史上，先秦诸子所谓的"河图洛书"可为书画同源的依据。唐代张彦远在《历代名画记》中说："颉有四目，仰观垂象。因俪鸟龟之迹，遂定书字之形，造化不能藏其秘，故天雨粟；灵怪不能遁其形，故鬼夜哭。是时也，书画同体而未分，象制肇创而犹略。无以传其意，故有书；无以见其形，故有画。"此为最早的"书画同源"说。

宋代兴起的文人画，赋予了绘画新的精神和方式。在"文人画"以前，艺术理论的探讨偏重于所画的对象，侧重于体现客体性，注重理解"神"的含义，以及与所画对象的神似，而宋代文人画的出现改变了这一传统，文人画不仅创造了新的绘画技法，还更新了整套的美学理论。宋代文人画重视主体，强调作者的思想感情和理想，这对画理、画论无疑是一个创造性的发展，因此产生了巨大的影响。几百年来，文人画逐渐发展成为中国画坛的主导。他们讲究抒发灵性，强调神韵，讲求笔墨。有些画家，甚至专工一门，如文与可画墨竹，郑思肖画兰草，赵孟坚画水仙，杨无咎画梅花，等等。尤其是诗文书画皆极负盛名的苏轼，其主要成就以文学创作最为瞩目，被赞为唐宋八大家之一，书画不过是读书吟诗以外的业余爱好。不过，单就书法而论，苏轼、黄庭坚、米芾、蔡襄被称为"四大家"，而苏轼则被列为宋代四大书法家之首。在苏轼看来，诗与画是相通的，"诗画本一律，天工与清新"。他说文与可画竹，是"诗不能尽，溢而为书，变而为画"，其实苏轼自己的画也是如此。孙承泽说："东坡悬崖竹，一枝倒垂，笔酣墨饱，飞舞跌宕，如其书，如其文"①，还应该说"如其行草"。他画的"古槎怪石"，笔劲雄放，与其书法相映成趣。他强调画要"独得于象外"的"意气"，主张在作品中流露画家的情感、品德、学问、艺术修养。他自称作画是"笔墨游戏"，"不求形似"，这正好说明他所"求"的是象外、意气，讲究的是"遗貌取神"。他主张区分绘画的"雅"与"俗"，"艺画"和"术画"，不赞成只追求工整严法的"院体画"。这些，对我国文人画的发展，产生了深远的影响。另一位著名书画家米芾，也是苏轼的好友。他被列为宋代四大家之一，他对书画的艺术观点，也与苏轼类似。他对江南真山真水的云山烟雨，有深切感受，开创了"米家"山水画法，如烟似雾，在当时无疑是一种创新。米家山水的妙处，在于见笔又见墨。赵希鹄在《洞天清禄集》中说："画无笔迹，非谓其墨淡模糊而无分晓也，正如善书者藏笔锋，如锥画砂，印印泥耳，书之藏锋在乎执笔沉着痛快。人能知善书执笔之法，则知名画无笔迹之说。

---

① 孙承泽：《庚子消夏记》（外三种），上海古籍出版社 1991 年版，第 24 页上。

故古人如孙太古（知微），今人如米元章，善书必能善画，善画必能善书，书画其实一事尔。"还有一位黄庭坚（山谷道人），被后人评为"山谷写字如画竹"。他们把书法和绘画的技法与情趣互相融合，互相补充。在他们之后，书画家更为重视自身的文学修养，认为文学修养的深浅必然在书画作品中有所体现。这样的观念在之后的书画实践中得以证实，并深切地影响了宋代以后的书画传统。文人画家学养丰富，性情独特，强调在绘画中体现个人修养，抒发胸中块垒。文人画家大多书法修养很高，但造型能力有限，所以严谨的工笔画不是文人们的强项，而抒发性情的水墨写意是他们的所长。他们在绘画题材的选择上更多地倾向于花鸟、山水等自然题材，这也是为了以物托志、借景抒情，而人物画却没有得到相应的发展。

宋元以后，文人画家由于对笔墨的重视，又从新的角度强调了"书画同源"的观点，文人画家强调绘画用笔本身所具有的独立形式和审美意义。画的"书写性"来源于书法。汉代书法家蔡邕在《笔论》中谈道："书者，散也，欲书先散怀抱，任情恣性，然后书之，若迫于事，虽中山兔毫不能佳也。"意思是说，在书法创作的时候一定要放开手，敞开心扉，自由书写，如果心中有他事，用再好的笔都写不出好字。其实画画也是同样的道理，只有做到成竹在胸，心无旁骛，首尾相应，通篇贯气，才能使画者的情感和精神自然地流露出来，创作出情真意切的好作品，也只有这样的作品才能体现出画家的个性，张扬出画者的精神。唐代以前的中国画主要以工笔画为主，线条均匀细弱，目的在于描摹形象，自然使人物画成为重要的绘画体裁，而笔法中也并不具备"写"的特征。直到吴道子创造莼菜条画法，在用笔上流畅顿挫，这才使书法的用笔形式和鉴赏趣味加入绘画作品中。例如五代石格《二祖调心图》用笔纵意苍劲、衣袍疾行豪放就犹如草书，人物造型夸张，情态妙合禅意，便可以成为真正的写意画了。南宋的梁楷，使写意画达到了新的高度。他的写意人物，虽逸笔草草，却言简意赅，既塑造了人物，又抒发了性情。随着文人画的兴起，水墨写意画确立了其在中国画中的主导地位，笔墨中"写"的主观意向更加明确。文人们不仅在实践中借鉴书法的用笔，把"写"的意蕴推向空前的高度，还在理论上更加肯定了书写性笔墨的独立审美价值。写意当之无愧地成了中国画的精神主体，"书写性"线条的好坏也成为评价画的高下的主要标准。

◇◇六 中国建筑的伦理与审美

中国传统的价值观和审美趣味会渗透在社会文化的各个层面中，包括中国建筑中。中国传统的建筑结构和审美情趣，无论是宫廷建筑还是民居，在建筑设计和构造上，都会考虑时间上的血缘承继关系与空间上的社会关系，在伦理态度上，强调一种人际之和，有孝、悌、和、友、礼等伦理观念与规范作为内容。在空间的结构上，则主张人与自然环境的协调。

从伦理的特性上看，如作为汉族传统民居经典形式的北京四合院住宅，便在空间布局和居住用房的分配使用方面突出反映了儒家的人伦等级观念。四合院多有前院、中院、后院或外院、内院。一家之主自然而然地住在位于四合院中心的中院正房，而其中，前院和中院之间的垂花门是界分内外、引导秩序的重要枢纽，门内门外，形成内院外院，妇女不能随便到外院，客人不能随便到内院。四合院还具有严格的轴线对称，按照北屋为尊，两厢次之，倒座为宾的位置序列，象征并强调了尊卑、长幼及内外秩序。四合院中间的厅堂不住人，是一家的核心空间，专为家庭中婚丧寿庆祭祀等大事用之。在厅堂中，中间祖宗牌位的设置、祖宗画像的悬挂、不同身份和辈分人的不同座次规定等，都是伦理观念在建筑空间中的具体体现。

除了建筑的伦理性特点，在审美趣味上，中国传统建筑崇尚"中和"的倾向，尽量避免选择那种与自然相抗衡的大尺度、大体量的建筑样式，强调一种合适的、具有恰当分寸的人性尺度。《礼记·中庸》说："喜怒哀乐之未发谓之中，发而皆中节谓之和。中也者，天下之大本也。和也者，天下之达道也。致中和，天地位焉，万物育焉。"这里的"和"与"中"意思并不同，"中节"是指对喜怒哀乐的持中状态，即对喜怒哀乐等情欲要有一个适中的度的控制；"和"则主要是指协调。由此，传统建筑更讲究"适形"。

适形论从主张建筑应当"有度"开始。《考工记·匠人》中说："室中度以几，堂中度以筵，宫中度以寻，野度以步，涂度以轨"，这反映了早期营建活动中以人体为法的适度原则。在《国语·楚语上》（卷十七）中伍举与楚灵王的一段话说明了这一观点："夫美也者，上下，内外，大小，皆无害焉，故曰美。……故先王之为台榭也，榭不过讲军实，台不过望氛祥，故榭度于大卒之居，台度于临观之高。"这就是说，宫室台榭要建造得有度，榭之大不过供军卒居住，台之高不过可以供人临眺，超过这种功能需要之"度"的建筑，是不必要的。《吕氏春秋》一书中则将阴阳五行学说引入适形论的观念之中，指出："室大则多阴，台高则多阳，多阴则蹙，多阳则痿，此阴阳不适之患也，是故先王不处大室，不为高台。"较为明确地提出"适形"原则的可推汉代的董仲舒。他说："高台多阳，广室多阴，远天

地之和也，故人弗为，适中而已矣。"（《春秋繁露》卷十一）

"适形"与"便生"是相联系的，"适形"是作为营建的一种准则，而有利于居住才是营建的目标。墨子讲"是故圣王作为宫室，便于生，不以为观乐也"（《墨子·辞过》），虽然儒家和墨家对于礼乐的认识有根本性的对立，但是看重建筑的实用功能却是一致的。

受到"适形"和"便生"原则影响，中国建筑的造型或空间的规模，主要是通过向平面展开的群体组合来实现。单体建筑的外部造型和体量一般不会巨硕突兀，超过人的感知视觉的最大尺度。在群体建筑中每个单体之间的距离，最大单位是千尺，这是人体既能感到对象的坚实存在而又不会失去对象的最大尺度。紫禁城虽然以巍峨壮丽的气势和严谨对称的空间格局表现帝王的九五之尊，但其建筑艺术追求仍然具有鲜明的现实性、节制性特点，构成规模宏大的紫禁城建筑组群的各个单体建筑，其外部空间构成的基本尺度一般都遵循了"百尺为形"的原则，并没有以夸张的尺度来凸显帝王权威。

中国传统建筑几千年的设计手法和审美意趣是相当一贯的，即强调对偶互补，追求在变化中求统一、于对比中求和谐，强调对立面的中和、互补，而不是排斥、冲突。于是，我们看到，优秀的传统建筑在程式化的礼制形制的制约下，却交织着礼与乐的统一，文与质的统一，人工与天趣的统一，直线与曲线的统一，刚健与柔性的统一，对称方正与灵活有序等诸多和谐统一。始建于明永乐十八年（1420 年）的北京天坛，作为中国规模最大、伦理等级最高的古代祭祀建筑群，便是这种中和之美的完美体现。从建筑设计和群体布局上看，天坛处处是对比的，有空间形式的对比（如祈年殿和圜丘一高一低，一虚一实）、体量和造型的对比（如圆形建筑搭配方形外墙的设计，祈年殿和圜丘四周低矮的土遗墙与主体建筑形成高低对比）、色彩的对比

（祈年殿内部绚丽夺目的色彩与外部的素雅形成鲜明对比），但在这诸多对比之中始终抓住建筑的造型比例，在处理单体建筑的形式、尺度和色彩等方面尽量与整体建筑风格和谐统一，从而使一切对比都融入整体和谐之中。

以中和之美作为核心价值的传统建筑，最为突出的就是坚持人与自然的和谐，传统建筑文化中的人与自然的和谐，其积极意义主要表现为一种崇尚天地的营建思想和道法自然的审美追求。中国古代的空间环境观着重于人、建筑与自然环境三者的和谐，"人"总是千方百计地融于自然之中，而不是与之决裂和对抗，不是谁征服谁。因而，在中国传统的建筑文化观念中，人们将人为的建筑看作自然、宇宙的有机组成部分。

这种极为重视人与自然相亲和的人文理念，在园林、宫殿、民居、寺观等建筑门类中都有自觉体现。比如中国的民居建筑，无论是北方民居，南方山地吊脚楼，还是江南水乡民居与皖南民居，其建筑选址都充分考虑环境因素，强调人与自然和谐相处。江南水乡民居依水而建，因水成镇，人与水亲密结合；皖南民居掩映在青山绿水、茂林修竹之间；南方山地吊脚楼则充分借助地理环境的特点，依山傍水就势而建。

人与自然的亲和关系，在传统园林建筑中得到了淋漓尽致的表达。无论是追求气势的皇家园林，还是小巧精致的私家园林，无不遵循自然法则，以造化为师，十分注重模山范水，情景合一，通过"借景""框景""透景"等艺术表现手法，将大千世界引入园林之中，使人工建筑与自然环境融为一体，相互辉映，达到明代计成《园冶》中说的"虽由人作，宛自天开"的人与自然浑然一体的最高审美理想。

中国建筑的人与自然和谐的精神也体现在少数民族的建筑风格中。总是力求适应自然，顺应自然规律，与自然和谐共处。这种朴素的生态理念在少数民族建筑文化中有广泛的体现。无论是云南少数民族的传统村寨和民居建筑（如彝族、哈尼族和傣族的村寨与民居）、西藏高原的藏族乡土聚落和民居、西北回族及土族等少数民族的庄窠式民居，还是黔东南的苗族村寨、鄂湘西土家族的吊脚楼群以及桂北乃至整个侗族聚居区域的民居建筑，这些民族传统村寨和民居建筑都因地制宜，依山而建，灵活取势，顺风顺水，绝少破坏原有地貌特征；同时建筑材料大量采用本地的木、石、竹、土、草等自然资源，建筑与当地的地形、地势、水域构成一种密不可分、相互依存的"附生"关系，犹如是从大地上自然生长出来的苍天大树一样，和谐地融入自然，成为自然环境中的有机组成部分。

中国传统建筑除了呈现人与自然的和谐一致之外，在建筑布局和建筑装饰等方面，也体现出伦理秩序的影响，并善于利用自然景物的某些特征来比附、象征人的道德情操、精神品格，并将之结合到建筑营建过程中。即有意识地在审美对象那里寻求与主体的精神品德相似之处，从而把主体的社会价值与客体的特性联系在一起来判断一个对象是美还是不美，强调审美意识的人伦道德根源。人们喜欢松，是因为"岁寒而知松柏之后凋也"；人们喜欢梅花，是因为梅花傲霜斗雪、凌寒独开；人们喜欢竹，是因为竹"中通外直"。所以，自然界的一草一木，只有具备了某些可比的德性之后，才会被人们格外欣赏。

将自然山水与某种精神德性结合起来的思维方法，移植到建筑中来，对提升建筑的艺术感染力与精神功能有独特的作用。这一点除了体现于建筑装饰艺术中之外（如明清以来梅、兰、竹、菊被广泛用作建筑雕饰题材），更为典型地反映在古典园林的造园思想之中。中国园林早在先秦时就已发轫，至汉时的皇家园林便已开始模仿并寄情自然山水，这一造园思想经过魏晋南北朝的发展，至唐宋时由于文人墨客大量参与造园活动，使这种范山模水、寄情山水的造园思想几乎达到了炉火纯青的地步。园林至明清进入总结阶段，并发展成为抒情言志、记事写景的成熟艺术。中国园林之妙，不仅妙在有限与无限的和谐，还妙在美与善的和谐。园林不仅满足了人们的审美追求，同时也被借以表现主人的文化素养和品格情操。中国哲学偏重于伦理道德，中国园林有很浓厚的伦理性，偏重于抒情言志。中国古典园林或记事，或写景，或言志，总之都反映人情社会，具有极浓的伦理味。

例如，江南私家园林的代表之一苏州拙政园，据明嘉靖十二年文徵明的《王氏拙政园记》和嘉靖十八年王献臣《拙政园图咏跋》记载，园主明代弘治进士王献臣是想通过园林艺术抒发和宣泄自己因遭到诬陷罢官而不得志的情感，以及对朝政的不满之情。拙政园中的远香堂，为该园的主要建筑。从厅内可通过做工精致的木窗棂四望，尤其夏季可迎临池之荷风，馥香盈堂，所以取宋代理学家周敦颐之《爱莲说》中佳句"香远益清"活用之，做了该堂之雅名，以借莲荷的形象寄寓主人不慕名利、不与恶浊世风同流合污、洁身自好的操守。又如清代扬州园林中的名作个园，取名"个园"也有浓厚的比德之意，正如清代刘凤诰在《个园记》中所言："主人性爱竹。盖以竹本固，君子见其本，则思树德之先沃其根。竹心虚，君子观其心，则思应用之务宏其量。至夫体直而节贞，则立身砥行之攸系者实大且远。"

此外，中国历史上有许多文人喜欢借亭、台、楼、阁等建筑场所，在细致描绘人们对环境体验的同时，通过以某一建筑和建筑环境为比兴的箴言雅论，抒发自己对人生际遇的反思和对崇高美德的追求，从而创造出深远的意境，激发出形象的教化力量，提升了建筑对人的审美情趣的陶冶作用，如著名的《岳阳楼记》《滕王阁序》《醉翁亭记》《沧浪亭记》等。"醉翁之意"的最终目标不是这些物质性的亭、台、楼、阁，而是它们所涵育其中、润泽陶养的人之精神。

第 五 章

中外文化交流与人类命运共同体

◇ 一 丝绸之路与中外文化交流

"丝绸之路"一词最早的提出者是德国地理学家李希霍芬（Ferdinand Von Richthofen），在1877年，他将"丝绸之路"定义为："从公元前114年到公元127年间，连接中国与河中（指中亚阿姆河与锡尔河之间）以及中国和印度，以丝绸之路贸易为媒介的西域交通路线。"① 在今人的眼里，李希霍芬的这一定义或许存在不确之处。理由在于：

第一，在考古学和历史学的证据下可以得知，"丝绸之路"的发现和开启，与汉武帝和他的使臣张骞具有密切的联系。公元前114年，张骞逝世，而"丝绸之路"在他生前就已成为汉朝最重要的政治、外交路线。

西汉建元二年（公元前139年），张骞奉汉武帝之命，率领百余人的随从队伍，从长安出发，进入河西走廊。这是一次以政治结盟和外交出访为目的的出使，在地理空间上更是一次史无前例的拓展。在秦汉时期，中原政权遭遇到的最大的外部威胁主要来自匈奴民族。匈

---

① 转引自林梅村《丝绸之路考古十五讲》，北京大学出版社2006年版，第2页。

奴人在秦汉之际曾经称霸中原以北的大片土地，在秦始皇建长城、造工事的战略部署和大将蒙恬的强力打击下，匈奴被逐出黄河河套地区和河西走廊。但是，秦朝倾覆后，匈奴又再次强大起来，成为西汉前期的最大威胁。《史记·匈奴列传》记载，秦末，"蒙恬死，诸侯畔秦，中国扰乱，诸秦所徙適戍边者皆复去，于是匈奴得宽，复稍度河南与中国界于故塞"。在武帝之前的汉代君王，慑于匈奴的强大武力，对匈奴的政策大多以怀柔为主，和亲、联姻、馈赠成为主要的外交手段。但是，善战的汉武帝显然并不满意于他的祖辈们对于匈奴所采取的屈辱政策。这一骁勇的君王被后代谥为"武"帝，除了贬抑他穷兵黩武的性格外，其最大的功绩之一就在于其敢于对匈奴发动战争。刘彻即位称帝后，他意识到匈奴的强大是基于其对西域的控制，使得西域各国成为其军事和经济的后盾，才敢于屡屡进犯中原。于是，刘彻意图联络西域各国，共同抗击匈奴。当他听闻西域大月氏与匈奴结下世仇时，便决定派张骞出使，联合大月氏，以"断匈右臂"。因此，张骞的此次使命，不仅具有极大的特殊性和危险性，更是一次开拓性的交通探索。《史记·大宛列传》中记载了张骞首次出使的路线：

　　骞以郎应募，使月氏，与堂邑氏故胡奴甘父俱出陇西。经匈奴，匈奴得之，传诣单于。单于留之，曰："月氏在吾北，汉何以得往使！吾欲使越，汉肯听我乎？"留骞十余岁，与妻，有子，然骞使汉节不失。

　　居匈奴中，益宽，骞因与其属亡乡月氏，西走数十日至大宛。大宛闻汉之饶财，欲通不得，见骞，喜，问曰："若欲何之？"骞曰："为汉使月氏，而为匈奴所闭道。今亡，唯王使人导送我。诚得至，反汉，汉之赂遗王财物不可胜言。"大宛以为然，遣骞，为发导驿，抵康居，康居传致大月氏。……

留岁余，还，并南山，欲从羌中归，复为匈奴所得。留岁余，单于死，左谷蠡王攻其太子自立，国内乱，骞与胡妻及堂邑父俱亡归汉。……

堂邑父，故胡人，善射，穷急射禽兽给食。……

今使大夏，从羌中，险，羌人恶之；少北，则为匈奴所得。

由司马迁的笔下可以得知，张骞的此次出使，历经十三年，两度俘获于匈奴之手，其间经历了巨大的艰难险阻。张骞出使往返的线路，经过了今天河西走廊的全部路程，他以亲身见闻向汉武帝提供了河西地区最真实、最详细的情报。虽然最终未能成功地与大月氏结盟，却真正联络了西域，张骞对西域的地理、物产、风土人情有了充分的了解，完成了"探路者"的使命，更为汉武帝派霍去病出兵河西，开辟反击匈奴的战争做出了巨大的贡献。

在张骞两次出使西域、李广利征伐大宛之后，西汉王朝得到了许多有关西域的信息，汉武帝也基本完成了对匈奴的打击。元狩二年（公元前 121 年），盘踞在河西地区的匈奴浑邪王和休屠王投降汉朝，西汉王朝开始在河西地区的直接统治，设置武威、酒泉、张掖和敦煌四郡，派官治理，并建设邮驿传置和烽燧，贯通了河西走廊至关内的全部道路。汉朝的使者竞相奔走西域，西域诸国使节也"随汉使献见天子，天子大悦"（《史记·大宛列传》）。"大宛诸国发使随汉使来，观汉广大，以大鸟卵及犁靬眩人献于汉，天子大说。"（《汉书·张骞李广利传》）这些都促使汉王朝在西域等地建设和维护相关设施，进行仔细经营。公元前 60 年，匈奴罢设在西域的僮仆都尉，而西汉王朝却在西域地区设置了西域都护，这正式标志着汉朝实现了对西域地区的政治管辖。东汉政府继续在西域设立西域都护，《后汉书·西域传》记载："立屯田于膏腴之野，列邮置于要害之路。驰命走驿，不绝于时月，商胡贩客，日款于塞下。"而这一条布满张骞足迹的出使之路，便是后世所称的"丝绸之路"，用"丝绸"为这条路线命名极为贴切，中国是世界上最早开始种桑、养蚕、生产丝织品的国家，在张骞通西域之前，丝绸就已经运往西方进行贸易，更成为中华文明的标识。在经由丝绸之路外销的中国商品中，华丽的丝绸无疑是最受人关注的商品。中国丝绸在贵霜帝国、印度笈多王朝、罗马帝国等非常畅销。尤其是在罗马帝国，中国丝绸最受欢迎，皇帝恺撒曾身穿中国丝绸制成的衣服引来无数的惊叹和羡慕，中国丝绸成为当时罗马上层社会人士争相购买的奢侈品，丝绸服饰甚至被视作经济能力的象征。随着丝路贸易的蓬勃发展，公元3—4世纪，中国的养蚕缫丝技术传入西域，[①] 又经西域传入波斯，西方开始生产不同于中国样式的新式西域锦、波斯锦等织物。丝绸之路成为中西贸易往来、技术互通、文明中西合璧的重要载体。

第二，"丝绸之路"的开启缘由最初是以战略布局为主导的，客观上却极大地促进了中原与西域的文化交流。由张骞所开辟的这一条丝绸之路，既是人类对于天险和恶劣自然环境的挑战，更使得欧亚大陆的居民得以扩展商贸、丰富生活，成为欧亚文明体之间物质、技术、贸易、文化、宗教等互通有无、互相融合的桥梁，张骞的这一伟大探索，也被誉为"凿空之旅"，得以载入史册。

在中国历史上，中原文明一直与周边文明保持着交流互通。由张骞所开辟的丝绸之路，也不是孤绝一线的单一路径，更有多重文明交流的路线与之匹配，共同形成了立体、多元、深广的文明辐射图。

---

① 参见殷晴《中国古代养蚕技术的西传及其相关问题》，《民族研究》1998年第3期。

有学者认为，中国境内其实存在四条丝绸之路。一是汉唐两京（长安、洛阳）经河西走廊至西域路，它是丝绸之路的主道，包括原北道、会北道和青海道，它因通过新疆的塔克拉玛干沙漠和中亚的若犯沙漠地区而被称为沙漠丝绸之路。这条路东起长安（或洛阳），西至东罗马帝国首都君士坦丁堡，全长七千多公里，横贯欧亚大陆。这条东西交通主干线在中国境内约有 1700 公里。人们通常把这条沙漠丝绸之路分作东、中、西三段，东段：从长安出发，经陇西高原、河西走廊到玉门关、阳关，称为关陇河西道，此为汉代所开辟。中段：从阳关、玉门关以西至葱岭、帕米尔和巴尔喀什湖以东以南地区，称为西域道，亦为汉代开辟。西段：西域道、葱岭往西，经中亚、西亚，南到印度，西到欧洲、非洲，通常称为中国境外路段，为唐代所开辟。这条沙漠丝绸之路自汉张骞始，唐代至于鼎盛，及至宋、辽、金时期，战事不断，西行之路基本断绝，陆路丝绸之路开始步入衰落。改变这一局面的是蒙古人。成吉思汗及其子孙的西征，使亚洲大陆绝大部分地区成为蒙古人的天下。从波斯的伊利汗国到中国的元朝，从伏尔加河下游钦察汗国的都城萨莱到蒙古草原的哈喇和林，道路纵横交错，驿站沿途布设，沙漠丝绸之路再度繁华起来。由张骞所开辟的沙漠丝绸之路，则是丝绸之路系统的主干道。虽然，在张骞以前，中原经过西北地方与西域的文化通路早已发挥着促进文化沟通、文化交流、文化融会的历史作用[①]，但是，张骞出使西域的活动标志着中原文明与西域文化进行了贯通性的交流，丝绸之路正式成为一种国家战略，这条道路在国家的支持和重视下得以日益繁荣。

二是中国北部的草原丝绸之路，这是一条横贯欧亚草原的古代交通

---

① 王子今：《前张骞的丝绸之路与西域史的匈奴时代》，《甘肃社会科学》2015 年第 2 期。

路线。开发最早的草原通道是由漠北经过阿尔泰山向西的一条路线，在阿尔泰山东面自然地分出南北两条道路，南路沿阿尔泰山南麓西行，经过斋桑泊通过乌拉尔山南部草原，进入里海、黑海北沿岸的南俄草原。北路是沿阿尔泰山北行，经过今俄罗斯阿尔泰地区，而后南下与南路会合。这条草原通道的两端各连接着一个古老文明地区，东面与黄河流域的商周文明相连，由中国中原出发经河套地区至漠北或进入阿尔泰东部地区。西面与地中海北岸的古希腊文明相接，进入黑海地区。草原丝绸之路从新疆的伊犁、吉木萨尔、哈密，经额济纳、河套、呼和浩特、大同、张北、赤城、宁城、赤峰、朝阳、义县、辽阳，经朝鲜至日本，是连接西亚、中亚与东北亚的路线，这一路线的繁荣时期是元代，当时阿拉伯、波斯、中亚等地的商人通过草原丝绸之路往来中国，留下了今天出土于内蒙古各地的蒙元瓷器，同时也促进了回族的形成。

三是中国四川、云南和西藏的西南丝绸之路。西南丝绸之路也是由汉武帝下令探索开辟，在汉代就已经成为通商之路，其由成都作为起点，经水路或陆路到达缅甸、越南等地，将印度作为终点，对中国与南亚的交流起到了重要作用。

四是中国东南沿海的海上丝绸之路。[①] 海上丝绸之路也形成于汉武帝时期，到唐宋时期则最为繁荣，其贸易地位在元代以后甚至超越了沙漠丝绸之路。在安史之乱后，唐朝国力衰落，逐渐失去对西北地区的控制权，沙漠丝绸之路衰落，海上丝绸之路的作用凸显出来。为了促进海上贸易，唐朝在广州设置市舶司，专门管理海上贸易。宋代继续承袭唐朝海外贸易制度，以对外港口为出发点，在广州、明州、泉州、杭州、福州、温州、密州等继续设立市舶司或市舶务，从这些

---

① 　徐苹芳：《中国境内的丝绸之路》，《文明》2007 年第 1 期。

港口出口中国的瓷器、漆器，传播到南洋、欧洲和非洲。并于元丰三年（1080年）出台规范的海外贸易法《广州市舶条》，通行全国。海上丝绸之路在宋元时期达到鼎盛，出现碧海云帆、货通万国的繁荣景象，最终于清朝晚期融入世界贸易体系之中。

数千年以来，这一古老的丝绸之路系统，连接了中国与周边文明。千年丝路将不同的文明形态展现于各地居民面前，西方的物产和珍禽异兽也经由丝绸之路传入中国。张骞出使西域后，带回了许多中原本来不具备的物种，以葡萄、苜蓿最为知名，还有石榴、核桃等。此外，当时还出现了许多带有"胡"字的农作物，如胡麻、胡桃、胡豆、胡椒、胡瓜、胡萝卜等，都是由西域传入，这些称呼也一直延续到今天。从西域传来的香料也极大地丰富了中国人的生活，阿拉伯的乳香，索马里的芦荟、苏合香、安息香，北非的迷迭香，东非的紫植等，也经由丝绸之路传入中国，甚至被制作成药物使用。这就丰富了中原农作物的品种，并在不同程度上影响了中国人的饮食结构。不仅如此，在文明的互通与融合下，千年丝路更创造了若干文化与艺术的瑰宝。西汉时，佛教通过丝绸之路传入天山以南及河西走廊一带，西域及河西高僧辈出，传教译经盛极一时，修寺凿窟成风。龟兹、高昌、敦煌、凉州也成为著名的佛教圣地和传播中心。今天如果我们去拜访敦煌莫高窟的千佛洞，依然能够见到诸多佛像的面庞、身形都并非汉地人种的特征，而是呈现出中亚人种高眉深眼的特点。除此之外，随着丝绸之路上文化交流的深入，景教、祆教、摩尼教等宗教得以进入中原，与以儒家思想为主流的中国古代文化发生了碰撞，丰富了中国古代文明的内容。同样，儒家思想经由西南丝绸之路和海上丝绸之路，传播到中国周边地区，形成了儒家文化圈，对东南亚地区，尤其是越南、朝鲜产生了巨大的影响。

唐代诗人白居易作有一首著名的乐府诗《琵琶行》，诗中对琵琶弹奏者的精湛技艺进行了出神入化的描写："轻拢慢捻抹复挑，初为《霓裳》后《六幺》。大弦嘈嘈如急雨，小弦切切如私语。嘈嘈切切错杂弹，大珠小珠落玉盘。"琵琶演奏出的节奏感、乐曲的悦耳声跃然纸上，使人仿佛身临其境，绕梁不绝。而琵琶这一乐器，就是由波斯经丝绸之路而引入中国的。公元 5—6 世纪，随着中国与西域民族商业和文化交流的加强，从中亚地区传入一种曲项琵琶，当时称作"胡琵琶"。其形状为曲颈、梨形音箱，有四柱四弦。南北朝时，中原通过丝绸之路与西域进行文化交流，曲项琵琶由波斯经今新疆传入内地，并在公元 6 世纪上半叶传到南方长江流域一带。现云冈石窟乐器窟中存有中国古代乐器的石雕造型，其中曲项琵琶线条流畅，造型优美，正是中西文明经丝绸之路得以交融的有力例证。

◇◇二　中医文化与中西医结合

2015 年，中国科学家屠呦呦获得诺贝尔生理学或医学奖。其获奖的原因是她从中医古籍里得到启发，通过对提取方法的改进，首先发现中药青蒿的提取物有高效抑制疟原虫的成分，她的发现，在抗疟疾新药青蒿素的开发过程中起到关键性的作用。这一发现在全球范围内挽救了数以百万人的生命。

屠呦呦的获奖在中国引发了一些争议，其中之一就是青蒿素的发现是不是对中医药价值的一次肯定。屠呦呦在诺贝尔奖获奖典礼的致辞中说："通过抗疟药青蒿素的研究经历，深感中西医药各有所长，二者有机结合，优势互补，当具有更大的开发潜力和良好的发展前景。大自然给我们提供了大量的植物资源，医药学研究者可以从中开发新药。中医药从神农尝百草开始，在几千年的发展中积累了大量临床经验，对于自然资源的药用价值已经有所整理归纳。通过继承发扬，发掘提高，一定会有所发现，有所创新，从而造福人类。"屠呦呦将成为中医药走向世界的一个代表人物。

然而，近代以来，中医却命运多舛，在科学主义的影响之下，中医的科学性和疗效被广泛的质疑。1913 年民国政府出台的《大学规程》中，中医教育就被排斥在现代大学教育体系外。一些留学日本的学生，受日本废除中医药方（汉方）的刺激，提出了废止中医的提议。

1929 年 2 月 23 日至 26 日，南京国民政府卫生部第一次全国卫生会议，向来倡言"废止中医"的余岩等人在会上提出四项议案，中医必须前往卫生部门登记，申请职业执照才能执业，登记制度到一定年限即告终止，不再接受新的申请；同时禁止中医教育。会议最后通过的废止中医案——《规定旧医登记案原则》，在激进的余岩方案基础上有所折中，但基本吸收了余岩的意见，规定"不接受新的中医登记、禁止中医学校教育和禁止中医宣传"三条措施。这就意味着，现有中医要想继续行医就必须经过西医培训。而老中医虽然无须经过培训，但也意味着不再有新的中医出现。这个议案遭到了全国中医界的激烈反对，虽然中医界的反抗是努力获得与西医同样的地位，但是，中医越来越边缘化，即使到新中国成立之后建立起了专门的中医学院，依然没有转变。

那么，什么是中医呢？中医是中国独特思维方式下建立起来的一套医药体系，是中国人对人类健康事业的重要贡献。

中医在诊治疾病的过程中，是将人看作一个整体。首先，人的身体是一个整体，人体是由若干脏器和组织、器官所组成的。虽然五脏六腑有不同的功能，但是这些器官之间是互相联系、互相影响的，是一个有机整体。其次，人与自然界也是一个整体。人存在于特定的自然环境中，自然界的任何变化，都会影响到人的身体状况，因此，诊断人的疾病，不但要了解具体的症状，也要从人的身体和所处的自然环境，整体性地去了解疾病的产生、发展。

在整体思维的影响下，中医主张辨证施治，依据中医的理论，同一疾病在不同的发展阶段，可以出现不同的证型；而不同的疾病在其发展过程中又可能出现同样的证型。这样，医生在治疗疾病时就应该分别采取"同病异治"或"异病同治"的原则。"同病异治"即对同一疾病不同阶段出现的不同证型，采用不同的治法。例如，麻疹初期，疹未出透时，应当用发表透疹的治疗方法；麻疹中期，许多病人肺热明显，治疗则须清解肺热；而至麻疹后期，多有余热未尽，伤及肺阴胃阴，此时治疗则应以养阴清热为主。"异病同治"是指不同的疾病在发展过程中出现性质相同的证型，也就是不同的病用同一种方式来治疗。

中医还有独特的健康理念，比如看重身心协调的动态平衡观。中医认为，人的健康不仅仅是指身体无疾病，还需要保持一种良好的心理状态，因此，身心的协调是十分重要的。还有，中医还特别强调预防，固然这就是说，人要保持一种合理的生活方式和合适的生活节奏。这种建基于自然生活方式基础之上的健康观念，很显然是受到中国文化中道家、禅宗等宇宙观念和自然观念的影响，对于日趋紧张的现代生活方式而言，有很重要的矫正作用。

在中国传统的哲学思维的影响之下，中医建构了自己独特的理论体系，概而言之，有藏象（脏腑）学说、气血精津液学说和经络学说等。其中藏象学说是中医学理论体系的核心。

中医的藏象虽然也是以人体的主要器官为主，但与西医所不同的是，藏象学说认为人体是以心、肝、脾、肺、肾五脏为中心，以胆、胃、小肠、大肠、膀胱、三焦六腑相配合，以气、血、精、津液为物质基础，通过经络使内而脏腑，外而五官九窍、四肢百骸，构成一个有机的整体，并与外界环境相统一。中医脏腑概念虽然包含着解剖学成分，但主要是一个标示各种整体功能联系的符号系统，是人体整体的功能模型，主要是阐述其生理功能和病理现象，因而不能与现代解剖学的同名脏器完全等同。

气血精津液学说认为，气、血、精、津液既是脏腑功能活动的物质基础，又是脏腑功能活动的产物，气、血、精、津液学说主要探讨生命的物质组成以及生命活动的物质基础。比如我们经常可以听到医生做出"气血两亏"的诊断，表明脏器中缺乏某种物质而对身体产生了影响。一般而言，气血精津液学说应包含于藏象学说之中。

经络学说是研究人体经络系统的组成、循行分布及其生理功能、病理变化以及指导临床治疗的理论。经络是人体运行气血的通道，将人体内外、脏腑、肢节连成一个有机的整体。

独特的中医理论必然会产生其与众不同的诊治方式。中医诊治的方式，最为我们熟悉的就是望闻问切，也称为四诊法。据说这四种方法最初是由春秋战国时期的名医扁鹊发明的，之后一直为中医所沿用。

望就是通过观察病人形体、面色、舌苔，根据形色变化确定病位、病性的诊断方式。目前一般将望诊分为整体望诊、局部望诊、望舌、望排出物、望小儿指纹五项叙述。舌诊和面部色诊虽属头面五官，但舌象、面色反映内脏病变较为准确，实用价值较高，因此形成了面色诊、舌诊两项中医独特的传统诊法。

闻包括听与嗅两方面的内容，一是通过辨听病人的声音，如语音、呼吸、呕吐等来判断病人的气息；二是以嗅辨病人分泌物的气味，如脓液、痰涕等来判断病情。

问诊是询问病人及其家属病情的发展状况，在缺乏医疗检查仪器的情况下，问是一个十分重要的步骤。对此，明朝张景岳曾编有十问歌："一问寒热二问汗，三问头身四问便，五问饮食六问胸，七聋八渴俱当辨，九问旧病十问因，再兼眼药叁机变，妇女尤必问经期，迟速闭崩皆可见，再添片语告儿科，天花麻疹全占验。"这基本可以概括中医诊病时所要询问的主要事宜。

切诊指用手触按病人身体，借此了解病情的一种方法，最主要的方法是号脉。人体中的脉象是脉动对应于医生手指时所形成的映象。脉象的产生与心脏的跳动节律、脉道的通利和气血的盈亏相关。所以，心脏和血管是形成脉象的主要脏器。气血是形成脉象的物质基础。当血液循行血管之中，流布全身，当脏腑、气血发生病变后，就会在脉搏上有所反映，呈现病理脉象，这是医生诊断疾病的重要依据。

中医的治疗方法主要有六种，即砭、针、灸、药、按摩、气功，除药以外，基本上都属于自然疗法的范畴，这里主要介绍一下针灸。针灸是针法和灸法的合称，顾名思义，针法是把针具（通常指毫针）按照一定的角度刺入患者体内，运用捻转与提插等针刺手法来对人体特定部位进行刺激从而达到治疗疾病的目的。刺入点称为人体腧穴，简称穴位。中医认为，人体上有大约361个穴位，这些穴位对应着各自的身体经络，因此，当确定病情之后，就可以通过针法来治疗。灸法是以预制的灸炷或灸草在体表一定的穴位上烧灼、熏熨，利用热的刺激来预防和治疗疾病。通常以艾草最为常用，故而称为艾灸，另有隔药灸、柳条灸、灯芯灸、桑枝灸等方法。

与民国初年中医所面临的存废危机所不同的是，中医的价值目前并不存在争议。然而中医依然要面对科学性的挑战，作为中医理论支柱的藏象学说和经络学说，都难以获得实证性的证明。面对现代医学在科技手段的支持下，所获得的诊断准确性上的优势和诊疗手段的有效性，中医的发展还要做出艰苦的探索。新中国成立之后，面对中国缺医少药的局面，国家提倡中西医结合的方式，充分调动地方医疗力量对于防治疾病的作用，而且在思想上鼓励中医向西医学习、西医向中医学习，两者互相结合，取得了许多重大的成就，屠呦呦对青蒿素的发现就是一个典型的例子。但是中医药的诊断如何获得实证性的验证方式，如何建立独特的中医传承方式，这些都将是关系到中医未来的核心问题。

◇三 "各美其美"与人类文明共同体

中国在 1840 年之后，接连遭遇军事和经济的失败，因此在文化上也失去了自信心，这表现为在 20 世纪 10 年代中后期出现的新文化运动中，有一种将军事和经济失败的原因归结到文化的"文化决定论"倾向，并进一步将中国的落后归因为"儒家文化"。在呼唤"民主"和"科学"的过程中，儒家文化被视为是中国不能发展出民主政治和近代科学的主要原因，如此，在"全盘西化""充分世界化""破旧立新"等形形色色的文化和政治口号之下，否定自己的文化传统成为思想家和政治家的普遍认识。

其实，在中西相遇时，对于现代性与本土化的反思在 1840 年之后的中国思想家中亦始终进行着。晚清时期的康有为和章太炎，他们一方面认识到世界已经进入了全球性的时代，中国的国家形态和政治实践必须面对民族国家和议会政治的挑战；另一方面，他们又清醒地意识到中国在由王朝国家向民族国家转变的过程中，新的国家必须从本土的思想资源中寻求正当性资源和维护国家统一的凝聚力。同时，他们也认识到西方的议会制度、政党政治与所追求的公平目标之间所可能产生的紧张。

1919 年的五四运动之后，以梁漱溟为代表的新一代知识分子，则从文化的多元发展的可能性来思考中国文化的未来，并相信不同的文明有其独特的价值，而中国传统的独特文化价值体系和社会组织方式意味着中国既不可能完全模仿西方的社会发展道路，也不可能照搬苏联式的社会主义模式。出于救国和救文化的目的，梁漱溟放弃在北京大学的教席，去山东等地以"乡村建设"为途径，来寻求建立在中国自己的文化价值基础上的社会发展方向。

政治层面的意识形态建构并没有完全一面倒地偏向欧美，20 世纪 20 年代，随着孙中山的逝世，国民党内部意识形态"分裂"的倾向日趋明显，其中一部分人主张从儒家道统的方式来理解孙中山的"三民主义"的意义，并以此来与中国共产党以及国民党"左派"的"世界革命"理论做对抗。20 世纪 30 年代至 40 年代，随着日本帝国主义侵略的加剧，中华民族又陷于生死存亡的危急关头。民族的救亡与复兴成为中国政治和文化压倒一切的主题，于是政府主导的儒家化倾向和学术领域的保守主义立场在中国面临日本侵略的压力之下，转化为一种合力。民族危亡与拯救的意识，使人们认识到本国精神力量的重要性，从而导引出对于中国本土价值资源的重新认识。

发表于 1935 年 1 月的《中国本位文化的宣言》，是以当时十位比较有影响的知识分子所提出的，其核心就是强调中国价值的"本位"。所谓"本位"就是基础和目标。这样的文化观念，与当时国民党的意识形态有一定的关联性，如果将之看作一种政治姿态，我们固然可以认为是国民党政权试图进一步强化三民主义的本土性特色，而淡化其中的西方民主和社会主义的色彩。但如果是作为知识阶层一种回应时代需要而做的思考，也可以将之视为在民族主义的背景之下，对于文化发展的一种客观的思考。"本位文化"论强调从中国的现实出发去创造一种新的文明，这种见解也得到了中国共产党内的知识分子和受中国共产党影响的知识分子的呼应，并发展成为"新启蒙运动"。

张申府等人则提出在继承启蒙价值的同时，要对中国传统文化中的符合时代精神的思想资源做正确的评价，在文化价值上的回归，重构中国的文化认同。于是反思启蒙思潮的新启蒙成为一种新的文化认同的方式。"新启蒙"的提出，是因为许多人认为五四启蒙的任务没有完成。但新启蒙在提倡民主和科学的同时，却并不是要以否定文化传统作为前提。参加过五四启蒙运动的张申府则明确提出要矫正当时的偏激立场："新启蒙运动很可以说就是民族主义的科学民主的思想文化运动。对于自己传统的东西是要扬弃的。所谓扬弃的意思，乃有的部分要抛弃，有的部分则要保存而发扬之，提高到一个更高的阶段。五四时期的启蒙运动有的地方不免太孩子气了。因此为矫正'打倒孔家店'的口号，我曾提出：'打倒孔家店，救出孔夫子'，就是认为中国的真传统遗产，在批判解析地重新估价，拨去蒙翳，剥去渣滓之后，是值得接受承继的。"[1]

---

① 张申府：《论中国化》，载罗荣渠主编《从"西化"到现代化》，北京大学出版社 1990 年版，第 588 页。

对此，中国共产党人经过实践逐渐认识到马克思主义的民族化形式从而形成中国化的马克思主义是一条正确的道路。延安时期，毛泽东提出了新民主主义文化的目标，即建设民族的、科学的、大众的新文化，认为只有这样的新文化才能真正成为中国人的民族凝聚力和文化认同的依据。"这种新民主主义的文化是民族的。它是反对帝国主义压迫，主张中华民族的尊严和独立的。它是我们这个民族的，带有我们民族的特性。它同一切别的民族的社会主义文化和新民主主义文化相联合，建立互相吸收和互相发展的关系，共同形成世界的新文化；但是决不能和任何别的民族的帝国主义反动文化相联合，因为我们的文化是革命的民族文化。"

"这种新民主主义的文化是科学的。它是反对一切封建思想和迷信思想，主张实事求是，主张客观真理，主张理论和实践一致的。"

"这种新民主主义的文化是大众的，因而即是民主的。它应为全民族中百分之九十以上的工农劳苦民众服务，并逐渐成为他们的文化。"[1]

不过，新中国成立之后，中国的文化建设并没有完全遵循延安时期的包容精神，没有摆脱中西对立、古今对立的思维方式，在很长一段时间，不但全盘否定中国传统文化，也完全拒绝西方的文化，中国和西方的许多经典要么不允许阅读，要么是以批判为目的的阅读。中国大学里的许多社会科学的学科，比如政治学、社会学被取消，大学甚至一度停止了招生。

1978 年之后，这样的情况才得以改变，中国又重新向世界开放。20 世纪 80 年代，人们围绕中国如何面对西方、中国政治中的专制主

---

① 毛泽东：《新民主主义论》，载《毛泽东选集》第 2 卷，人民出版社 1991 年版，第 706—709 页。

义传统与中国传统文化的关系等展开了持续而深入的讨论，形成了
"文化热"，但基本问题和论说的方式，十分接近五四新文化运动的立
场，而主张"西化"立场是 80 年代文化热的主导性立场。

20 世纪 90 年代以来，文化争论不再是是否要学习西方，而是如
何面对全球化的问题。中国在确立市场经济体制和加入 WTO 之后发
现，如何理解全球化和本土化是问题的焦点。一些持有西方中心主义
立场的人似乎看到了西方文化一统天下而别的文明日趋终结的后果。
但与此同时，随着人们对于文化发展规律认识的日益深化，对于西方
启蒙思想的反思成为文化反思的核心，而对于相对西方价值观而凸显
出来的"地方性知识"的肯定和不可取代性的认识，则导致人们倾向
于接受经济一体化和文化多元化的结论。

而中国的情况与其他地区的人们在处理全球化和本土化的关系时
的理解又有所不同，随着经济的日益增长和意识形态对于民族主义意
识的有意识借用，文化民族主义的思潮受到更多人的认可。在经济高
速发展的刺激之下，人们试图恢复传统的价值观来重建中国人的民族
认同，并认定中国文化对解决日趋严重的种族、宗教和环境的危机有
不可替代的价值。因此，随着文化自觉而来的是文化自信。

对此，费孝通先生的理解有代表性，他提出了基于"自知之明"
的"文化自觉"主张。一般来说，传统的现代性理论具有强烈的单边
性，但全球化的浪潮使得人类可以更明确地感觉到世界是由各种不同
的文化、地域和国家构成的，充分交流的可能使人们能更直观地认识
到"他者"的存在，所以对于现代性的反思集中在对于"中心"的
解构和地方性的凸显。而在费孝通看来这个过程可以看作文化自觉的
过程。"如果大家能够同意现代化是当代世界中人际关系的新发展，
那么也当可以认为现代化应当是一个'文化自觉'的过程，即人类

（包括学术人）从相互交往中获得对自己和‘异己’的认识，创造文化上兼容并蓄、和平共处局面的过程。从这个角度来理解现代化，为的是在跨入 21 世纪之前，对 20 世纪世界‘战国争雄’局面应有一个透彻的反思，为的是避免在未来的日子里‘现代化’的口号继续成为人与人、文化与文化、族与族、国家与国家之间利益争夺的借口，为的是让我们自身拥有一个理智的情怀，来拥抱人类创造的各种人文类型的价值，克服文化隔阂给人类生存带来的威胁。"①

基于这样的思考和对于人类未来的祝愿，费孝通提出了"各美其美，美人之美，美美与共，天下大同"这句箴言。按他的解释，"各美其美"，就是不同文化中的不同人群对自己传统的欣赏；"美人之美"，就是要求我们了解别人文化的优势和美感；"美美与共"则是在"天下大同"的世界里，不同人群在人文价值上取得共识以促使不同的人文类型和平共处，让不同的文化在对话、沟通中取长补短。②

许多人或许会对文化的现状感到失望，因为西方的中心主义依然如故，而作为对西方文明中心论的对抗，各种类型的文化原教旨主义和文化民族主义也日趋激烈化。日益尖锐的资源和利益之间的冲突，不断以"文化冲突"的方式来展现，所以，甚至有人以文明冲突论来预言世界的未来。

不过，不完美甚至不合理的国际格局，意味着我们需要有一种新的价值观和文化理想来化解矛盾。而各美其美、美美与共的文化自觉，不仅是对中华文明自身精神特质的一种阐发，也是对处理全球化时代的不同文明之间关系的价值支撑。基于此，中国政府提出了建立

---

① 费孝通：《人文价值再思考》，载费孝通《从实求知录》，北京大学出版社 1998 年版，第 440—441 页。

② 同上书，第 435—436 页。

人类命运共同体的呼吁。

人类命运共同体的观念是中国人整体思维和天下情怀在处理多元文化关系时的一种体现。中国古人相信"大道之行也，天下为公"，追求"四海之内，皆兄弟也"。因此，在处理不同的事物之间的关系时，要求推己及人，有一种以天地万物为一体的"共同体"意识。人类命运共同体强调国家与国家之间既互相独立，但又是你中有我、我中有你的互济关系。

确立人类命运共同体的意识，不是要否定不同国家利益、不同宗教信仰、不同意识形态、不同社会制度的分歧甚至对立，而是呼吁人们通过共建人类命运共同体的价值而进行有序竞争，通过理性的选择，超越个人、民族和国家的利益，超越制度、观念和信仰的束缚，寻求最大限度的共同利益，避免以损害别人的利益来满足少数人的欲望。

我们相信，中国文化可以为人类的未来提供一种思考的方向。

参考文献

陈来：《诠释与重建：王船山的哲学精神》，北京大学出版社 2013
　年版。

陈来：《中华文明的核心价值》，生活·读书·新知三联书店 2015
　年版。

杜正胜：《古代社会与国家》，允晨文化实业股份有限公司 1992 年版。

方立天：《中国佛教哲学要义》，中国人民大学出版社 2002 年版。

费孝通：《从实求知录》，北京大学出版社 1998 年版。

冯友兰：《中国哲学简史》，新世界出版社 2004 年版。

丁春松：《儒学概论》，中国人民大学出版社 2009 年版。

葛剑雄：《历史上的中国：中国疆域的变迁》，上海画报出版社 2007
　年版。

葛兆光：《宅兹中国：重建有关"中国"的历史论述》，中华书局
　2011 年版。

葛兆光：《古代中国文化讲义》，复旦大学出版社 2012 年版。

葛晓音：《唐诗宋词十五讲》，北京大学出版社 2013 年版。

李泽厚：《中国古代思想史论》，生活·读书·新知三联书店 2008
　　年版。

李泽厚：《华夏美学·美学四讲》，生活·读书·新知三联书店 2008
　　年版。

梁漱溟：《中国文化要义》，上海人民出版社 2011 年版。

梁治平：《礼教与法律：法律移植时代的文化冲突》，上海书店出版社
　　2013 年版。

吕思勉：《中国制度史》，上海教育出版社 2002 年版。

牟宗三：《中国哲学的特质》，上海古籍出版社 1997 年版。

［美］倪德卫著，［美］万百安编：《儒家之道：中国哲学之探讨》，
　　周炽成译，江苏人民出版社 2006 年版。

钱穆：《中国历代政治得失》，生活·读书·新知三联书店 2001 年版。

钱穆：《国史新论》，生活·读书·新知三联书店 2001 年版。

王力编：《中国古代文化常识》，中国人民大学出版社 2012 年版。

严耕望：《中国政治制度史纲》，上海古籍出版社 2013 年版。

徐扬杰：《中国家族制度史》，武汉大学出版社 2012 年版。

许宏：《何以中国：公元前 2000 年的中原图景》，生活·读书·新知
　　三联书店 2014 年版。

叶朗、朱良志：《中国文化读本》，外语教育与研究出版社 2010 年版。

余敦康：《魏晋玄学史》，北京大学出版社 2015 年版。

张岱年：《中国哲学大纲》，中国社会科学出版社 2004 年版。

张光直：《中国考古学论文集》，生活·读书·新知三联书店 2013
　　年版。

周振鹤：《中国地方行政制度史》，上海人民出版社 2014 年版。

宗白华：《美学散步》，上海人民出版社 1981 年版。

索　引

后　记

　　要写一部简明又准确的中国文化史读本是十分困难的，因为其内容的涉及面很广。但完整体现博大丰富又悠长的中华文明又是一件十分迫切的工作，这里，要十分感谢中国社会科学出版社赵剑英社长的约请和鼓动，才使我有勇气接受这个工作。在资料收集和个别章节的写作过程中，得到了杨澜洁和秦红岭等同事和同学的帮助。本着严肃认真的态度，中国社会科学出版社又邀请了中国社会科学院历史所的卜宪群先生和考古所的白云翔先生审读了全稿或部分稿件，提出了许多修改意见，在此十分感谢。

　　本书也获得了中国孔子研究院"泰山学者"项目支持，在此亦表示感谢。

干春松

2016 年 10 月